vision machine

**Musée des Beaux-Arts de Nantes
13 mai-10 septembre 2000**

SOMOGY
ÉDITIONS
D'ART

REMERCIEMENTS

Nijole Adomaviciene, Jean-Jacques Aillagon, Patrice Allain,
Guy Amsellem, Jean Aubert, Judith Barry, Philippe Bataille,
Mikhaël Baumgartner, Jacques Beauffet, Frédéric Benhamou,
Chantal Bérêt, Christiane Berndes, Dieter Bogner,
Juan Manuel Bonnet, Miroslaw Borusiewicz, Marie-Ange Brayer,
Sabine Breitwieser, Mathieu Briand, Joke Brouwer V2_Organisation,
Ellen Callamari, Nelly Chanéac, Élizabeth Charazinska,
Tadeusz Chruscicki, Jean-Pierre Colle, Victoria Combalia,
Denis Crompton, Chantal Crousel, Osvalda Dauguelis,
Massimo De Carlo, Jacci Den Hartog, Robert Fleck,
Bertrand Fleury, Erich Franz, Ulrike Gauss, Atle Gerhardsen,
Bruno Gironcoli, Hisanori Gogota, David Greene, Josef Helfenstein,
Fabrice Hergott, Thessa Herold, Thomas Hirschhorn, Hans Hollein,
Carsten Höller, Madeleine Jenewein, Naoko Kanda, Lilian Kiesler,
Nicole Klagsbrun, Eva Kraus, Anna Krol, Éric Languenou,
Gaïta Leboissetier, Nadine Lehni, Nathalie Leleu, Serge Lemoine,
Gerard Lévy, Ann Lislegaard, Tommy Lund, Frédéric Migayrou,
Hervé Mikaeloss, Seiko Mikami, Reimer Möller, Alice Morgaine,
Aranxa Morlius, Hélène Moulin, Keiji Nakamura,
Alfred Pacquement, Paul-Hervé Parsy, Gilbert Perlein, Walter
Pichler, Sigmar Polke, Jorge Natalio Povarché, Anthony Reynolds,
Matthew Ritchie, Andrea Rosen, Guy Rottier, Nicolas Royer,
John Sailer, Osamu Saito, Laurent Salomé, Gernot Schauer,
Siegfried Schöffauer, Esther Shipper, Werner Spies, Fritz Storz,
Jean-François Taddei, Catherine Thieck, Patrick Tosani,
Guy Tosatto, Andrea Uberbacher, Magdalena Ulma-Gawlik,
Joep Van Lieshout, Ineke Van Tuinen, Steina et Woody Vasulka,
Mark Wallinger, Gabriele Wimmer, Andrea Witte.

Nous remercions pour leur gracieuse collaboration
à l'acheminement des œuvres de Xul Solar la fundación
Pan Klub/Museo Xul Solar, à Buenos Aires

ainsi que tous ceux qui ont souhaité garder l'anonymat.

Nous remercions les étudiants de l'Institut de recherche en
informatique-université de Nantes : Michel Blancsube,
Marc Christie, Philippe Escalona, Michel Valinsi et Marie-Luce
Viaud, qui ont participé à l'élaboration du logiciel de l'œuvre
de Mathieu Briand, ainsi que Frédéric Benhamou, professeur
et directeur de l'IRIN, Philippe Codagniet, professeur
à l'université Paris VI et Éric Languenou, maître de conférence
à l'université de Nantes.

**Avec le soutien de la banque NSMA, de CGA assurances
et de Cofiroute.**

LISTE DES PRÊTEURS

Nous tenons à remercier chaleureusement les collectionneurs,
artistes, galeries, institutions et musées qui, par les prêts qu'ils
nous ont consentis, ont rendu possible cette exposition.

Beaune, musée Marey
Belvédère, Guy Rottier
Berlin, galerie Shipper et Krome
Bern, Kunstmuseum
Buenos Aires, fundación Pan Klub/Museo Xul Solar
Cracovie, Musée national
Copenhague, galerie Tommy Lund
Eindhoven, Stedelijk Van Abbemuseum
Ginales, Caisse nationale des monuments historiques
et des sites, abbaye de Beaulieu
Musée de Grenoble
Juvisy-sur-Orge, Société astronomique de France
Kaunas, Musée national M. K. Ciurlionis
Londres, Archives Archigram
Lodz, Musée Sztuki
Londres, David Greene
Londres, galerie Anthony Reynolds
Milan, galerie Massimo De Carlo
Montrouge, Patrick Tosani
Münster, Westfälisches Landesmuseum für Kunst und
Kulturgeschichte
New York, Judith Barry
New York, Matthew Ritchie
New York, galerie Nicole Klagsbrun
New York, galerie Andrea Rosen
Nice, musée d'Histoire naturelle
Nice, musée d'Art moderne et d'Art contemporain
Niigata, City Art museum
Orléans, FRAC Centre
Oslo, galerie Atle Gerhardsen
Paris, Centre Antoine-Béclère/faculté de médecine
Paris, Centre Georges-Pompidou, Musée national
d'art moderne
Paris, galerie Gérard Lévy
Paris, galerie de France
Paris, galerie Thessa Herold
Paris, Société française de photographie
Puteaux, Fonds national d'art contemporain
Rennes, musée des Beaux-Arts
Rotterdam, Atelier Van Lieshout
Saint-Étienne, musée d'Art moderne
Santa Fé, Steina et Woody Vasulka
Soest, Wilhelm-Morgner-Haus
Strasbourg, musée d'Art moderne et contemporain
Stuttgart, Staatsgalerie
Stuttgart, Fritz Storz
Tokyo, NTT InterCommunication Center (ICC)
Valence, musée de Valence
Varsovie, Musée national
Vienne, Dr Dieter Bogner
Vienne, Generali Foundation
Vienne, Pr Hans Hollein
Vienne, Österreichische Friedrich
und Lilian Kiesler-Privatstiftung
Vienne, Gernot Schauer

ainsi que tous les prêteurs ayant souhaité garder l'anonymat.

AVANT-PROPOS

«Vision Machine», c'est un titre étrange. Si l'on ignore à quoi il fait référence (les dispositifs optiques inventés par Frederick Kiesler pour l'exposition «Art of this Century» à New York en 1942), on peut légitimement s'interroger sur ce qu'il recouvre. Il concerne une exposition se déroulant au sein du musée des Beaux-Arts de Nantes, dans le cadre de l'opération «Jules Verne, les mondes inventés», coproduite par la Ville de Nantes et la Mission 2000 en France. Et après ? Quelle est donc cette «machine» qui s'intéresserait aux arts plastiques et à l'architecture en cette année 2000 ?

«Vision Machine», c'est d'abord le musée lui-même qui est déjà une machine à voir des œuvres d'art, une boîte centenaire (l'actuel musée des Beaux-Arts de Nantes a été ouvert au public en 1900) qui, suivant un principe de linéarité (des galeries et des cimaises) et de chronologie historique, nous invite à voyager dans le temps de la création artistique.

«Vision Machine», c'est ensuite un dispositif à l'intérieur du musée, une sorte de musée dans le musée mais d'un type nouveau, qui tenterait de «rendre visible l'invisible». Comme les œuvres qui ont été choisies, ce dispositif même est une œuvre à part entière qui nous invite à nous débarrasser de nos habitudes par trop cartésiennes et de nos schémas mentaux d'espace eucli- dien. Cette structure a été «inventée» par Lars Spuybroeck, un architecte hollandais tenant de «l'architecture liquide». Il est amusant de se rappeler qu'en d'autres temps, ce qui n'étaient pas encore les Pays-Bas mais les Provinces-Unies ont déjà fait profiter Nantes de leur savoir-faire en matière d'architecture pour l'élément liquide mais, alors, ces dispositifs avaient pour noms canaux, biefs, écluses... Aujourd'hui, il s'agit tout au contraire de ne rien canaliser mais plutôt de jouer sur la notion d'aléatoire et de fluidité, de laisser le visiteur se perdre et se retrouver dans une machine à voir qui, certes, sou- ligne les dynamiques et les connections entre les œuvres présentées, mais qui est aussi et surtout une invitation à les ressentir physiquement.

Je ne commenterai pas ici le choix des œuvres présentées dans «Vision Machine», d'autres le feront mieux que moi, et chacun jugera cette exposition suivant sa sensibilité et ses références, mais ce qui me paraît important dans un tel projet, c'est qu'il est une invitation à s'interroger sur nos conceptions de l'espace (espace du musée mais aussi espace de la cité) et sur nos modèles d'orga- nisations sociales (dans l'entreprise, dans la société...). Cette «machine à voir», qui doit beaucoup à l'intervention de l'ordinateur, renvoie aux notions de réseaux, de connections, souvent invisibles mais qui conditionnent de plus en plus nos vies. À l'heure triomphante de l'Internet, peut-on encore continuer à voir le monde avec les mêmes yeux que ceux des femmes et des hommes du XIXe siècle ? Il serait naïf de penser que les victoires de la technique changeront positivement, par simple voie de conséquence, les rapports économiques et sociaux entre les êtres humains. La nouvelle économie n'est nouvelle que dans ce qu'elle a à vendre. Néanmoins, alors que la technologie induit des compor- tements nouveaux, n'est-ce pas le moment d'essayer d'inventer un monde moins figé dans son organisation ? Moins fermé à l'expérimentation sociale ? Plus ouvert au dialogue et à l'auto-organisation ? Un monde en définitive plus humain parce que plus vivant...

Jean-Marc AYRAULT
Député-maire de Nantes

Sommaire

vision machine

les mondes connectés

la photographie des fluides ou les lapsus du révélateur

Clément Chéroux

Ce travail est en partie issu d'une étude commanditée par l'Institut für Grenzgebiete der Psychologie und Psychohygiene de Fribourg. Certains éléments de réflexion ont été publiés une première fois dans mon texte « Ein Alphabet unsichtbarer Strahlen : fluidalfotografie am Ausgang des 19. Jahrhunderts », dans le catalogue *Im Reich der Phantome. Fotografie des Unsichtbaren*, Cantz, Ostfildern-Ruit, 1997, p. 11-22. Une partie de ces recherches a été entreprise en collaboration avec Andréas Fischer qui, le premier, a posé les bases historiques nécessaires à une réflexion théorique sur le sujet. Il m'a de surcroît aimablement communiqué certaines informations contenues dans cet article. Qu'il en soit ici remercié.

« [...] et le diable fut lâché[1]. »

C'est par ces mots que Wilhelm Konrad Röntgen décrit l'annonce, dans les premières semaines de 1896, de sa découverte des rayons X. La figure du Malin est dans ce contexte particulièrement bien choisie tant il est vrai que la nouvelle de la découverte de ces mystérieux rayons, affublés du symbole mathématique de l'inconnu, se propagea à travers le monde, à l'allure infernale d'une traînée de poudre en laissant, de surcroît, derrière elle une odeur des plus sulfureuse.

L'expérience, en elle-même peu compliquée, est immédiatement reprise dans les principaux laboratoires de la planète (p. 9). Aussitôt, les milieux médicaux envisagent les applications de ces rayons : ils permettront de voir au travers des corps sans ouvrir les chairs, de diagnostiquer sans disséquer. Quant au grand public, s'il entrevoit leur intérêt clinique, c'est principalement l'aspect fantastique de la découverte qu'il retient. Par extrapolation, il prête d'ailleurs aux rayons X d'extraordinaires facultés curatives. Ils semblent guérir certaines maladies de peau et permettront bientôt d'éradiquer le cancer, la tuberculose et les bactéries les plus irréductibles[2]. Et puisque ces rayons perçoivent ce qui ne se voit pas habituellement, les plus ingénus envisagent un instant qu'ils pourraient peut-être rendre la vue aux aveugles[3]. La révélation de Röntgen apparaît, en somme, comme le remède universel, la panacée qui préservera l'humanité de tous ses maux.

Avec ses philtres et ses potions, le diable évoqué par Röntgen n'est effectivement pas loin. Les images du squelette photographié à travers son enveloppe charnelle (p. 8) iront d'ailleurs rejoindre la cohorte des fantasmagories, diableries et autres attractions scientifiques

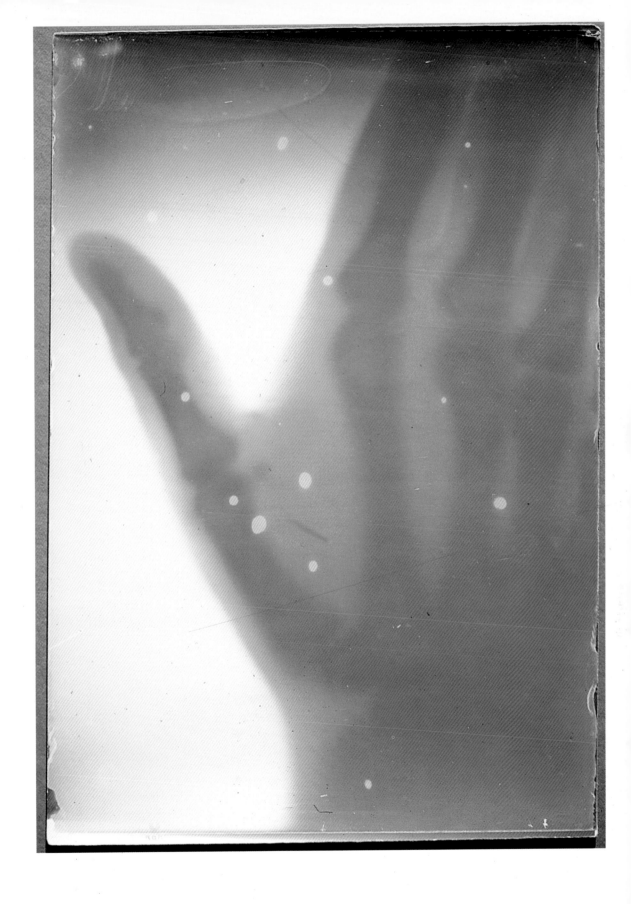

exploitées par les montreurs d'ombres ou les bonimenteurs des champs de foire. Dès la fin du siècle, les rayons x sont montrés sur les grands boulevards ou dans les baraques foraines. La propriété qu'ils ont de faire briller d'une étrange fluorescence les objets en verre est également utilisée pour effrayer la bonne société lors de séances de néo-occultisme[4] (p. 10). Décidément, Röntgen ne croyait pas si bien dire. «Les rayons x, c'est le diable», écrit encore Jean Cocteau une génération plus tard[5].

Dans les milieux de l'occultisme, on n'apprécie guère ce genre de plaisanterie qui tend à discréditer la validité des expériences traditionnelles. En revanche, on utilise volontiers la crédibilité scientifique des rayons x pour légitimer d'anciennes pratiques. Le don de clairvoyance, c'est-à-dire la possibilité de voir à travers les corps opaques, trouve ainsi, dans la découverte du professeur Röntgen, une explication toute rationnelle. La célèbre demoiselle Pedegasche qui, au XVIIIe siècle, pouvait dis-

Fig. 91.

LUMINOSITÉ DES SUBSTANCES VITRIFIÉES
Voir Communication à l'Académie des sciences du 25 janvier 1897, à la Société
de physique, séances de Pâques 1897.

ACCESSOIRES POUR SÉANCES de NÉO-OCCULTISME
Voir le journal LA REVUE du 6 mars 1898, 10 avril 1897,
L'ILLUSTRATION du 10 avril 1897,
et tous les journaux scientifiques et quotidiens de France et de l'Étranger de cette époque.

Produits fluorescents et phosphorescents divers :
Poudre fluorescente de diverses couleurs, le gramme. 0,25 et 0,50
Sel néo-fluorescent, les 100 grammes.................... 12 francs.

Gants, têtes, squelettes, etc., pour répéter les expériences de néo-occultisme.

Écran phosphorescent au sulfure de zinc de Charles Henry pour obtenir
des épreuves lumineuses et persistantes du squelette de la main.

tinguer ce qui était caché dans les entrailles de la terre[6], cet individu que le mathématicien Huygens avait observé dans les prisons d'Anvers et qui était capable de voir à travers les habits, pourvu qu'ils ne fussent pas rouges[7], le jeune garçon du Massachusetts qui désignait à travers la chair l'emplacement des fractures[8], l'hystérique du Dr Pététin qui voyait l'intérieur d'une lettre fermée en apposant simplement sa main sur l'enveloppe[9]... et tant d'autres cas sont ainsi élucidés. Le don de clairvoyance n'est qu'une hypersensibilité de la rétine à un rayonnement semblable à celui découvert par Röntgen. «Les voyants possèdent une espèce de tube de Crookes, très développé, en connexion avec leur sens visuel, de telle sorte que les objets cachés à des yeux ordinaires sont exposés par la lumière astrale aux rayons cathodiques générés par ces médiums; les images se photographient sur leur cerveau[10]», écrit un chroniqueur de La Revue spirite en 1897. Il y aurait donc, affirme Jules Bois, des «regards x», capables, comme les rayons x, de traverser les corps opaques[11].

Si les rayons x cautionnent d'anciennes théories occultes, ils en générèrent aussi de nouvelles. Ils laissent par exemple augurer que l'on pourra prochainement, grâce à un semblable dispositif et de similaires rayons, photographier les pensées. Comment ne pas espérer, en effet, devant le prodige d'une ossature humaine radiographiée à travers l'épiderme, qu'on pourrait bientôt photographier les pensées dans la boîte crânienne. William Crookes, l'éminent chimiste et physicien anglais, dont les tubes étaient régulièrement utilisés en radiographie, évoque lui-même cette hypothèse lors d'une allocution à la Société des sciences

à gauche
POYET
**Publicité pour les séances
de néo-occultisme,**
vers 1900
Collection Pallardy,
Paris

à droite
DARGET
**Photographie de la
pensée,** vers 1896
Collection particulière,
Paris

Photo.. de la Pensée

—

Tete obtenue par M⁰ H
ayant une plaque entourée
de papier noir sur le front
pendant qu'il jouait du
piano.
Or il avait en face de lui,
sur le piano, un portrait
de Béthoven:
serait-ce ce portrait réfléchi
par le cerveau sur la plaque
a travers le papier noir.

psychiques de Londres [12]. À l'aide des rayons x et d'une étrange couronne sertie autour de la tête, le fils du célèbre inventeur Thomas Edison, qui semble vouloir marcher sur les traces de son père, essaie également de photographier ses pensées [13]. Entre la fin du XIXᵉ siècle et le début du XXᵉ, il devient même difficile de recenser, tant ils sont nombreux, les opérateurs qui tentent ainsi de fixer sur la plaque sensible leurs circonvolutions cérébrales : les docteurs O'Donnel et Veeder aux États-Unis, Ingles Rogers à Plymouth, René Bertin à Vienne, un certain Noëls au sein du Cercle métapsychique de Bruxelles (p. 15) et tant d'autres probablement.

En France, pour photographier leurs pensées, Hippolyte Baraduc et Louis Darget élaborent un dispositif, le radiographe portatif (p. 12), dont le nom révèle combien il est inspiré de la découverte de Röntgen. Il s'agit d'un petit étui opaque chargé d'une plaque sensible et fixé sur le front à l'aide d'un serre-tête. Comme pour la radiographie, l'appareillage photographique se réduit à son plus strict minimum (pas de chambre noire, ni d'objectif) et comme pour les rayons x, la plaque sensible est placée à la surface de l'endroit dont il faut reproduire l'intérieur. À l'instar de Röntgen qui dispose la plaque sous la main pour photographier les phalanges, Baraduc et Darget considèrent, avec la plus simple évidence, qu'il suffit de placer celle-ci sur le front pour photographier la pensée. Pour Darget, «la pensée est une force rayonnante, créatrice, presque matérielle. [...] Lorsque l'âme humaine émet une pensée, elle fait vibrer le cerveau, elle fait radier le phosphore qui y est contenu ; et les rayons sont projetés à l'extérieur [14]». À la différence de Baraduc, qui ne produit de cette manière que de vagues tourbillons informes, des taches et des nuées [15], Darget obtient des formes distinctes et parfois même figuratives. Ainsi, lorsqu'il dispose le radiographe portatif sur le front de Monsieur H., qui s'applique à déchiffrer au piano une partition de Beethoven, c'est le portrait de ce dernier qu'il obtient sur la plaque (p. 11). Et lorsque Madame A. contemple un atlas céleste, c'est l'image de deux sphères, une planète et son satellite, qu'elle obtient de la sorte (p. 13).

C'est également sur le modèle opératoire de la radiographie que l'on tente alors de photographier le fluide vital. Dans un premier temps, c'est le corps de l'opérateur lui-même qui sert d'«ampoule de Crookes, fournissant à dessein, pour ces clichés, sa lumière cathodique [16]». C'est ainsi qu'en saisissant d'une main la bobine génératrice de courant et en posant l'autre sur la plaque Jacob von Narkievicz Jodko obtient l'image de son fluide vital (p. 18 au c.). Le dispositif radiographique, sans cesse revu et corrigé, est bientôt amputé d'une autre de ses composantes. Après le tube de Crookes, c'est la bobine électrique qui est supprimée, car l'énergie du médium doit être suffisante pour ne pas avoir recours à l'électricité. Dans le plus simple appareil, c'est désormais en posant simplement la paume de la main ou le bout des doigts sur la plaque qu'Hippolyte

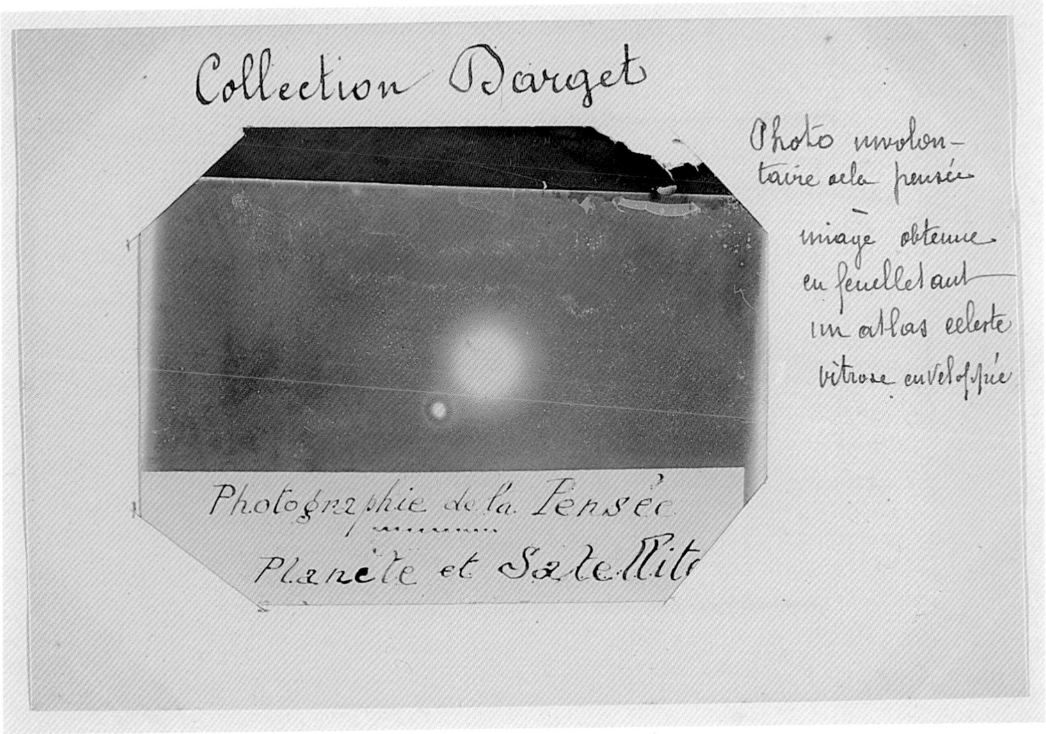

Collection Barget

Photographie de la Pensée

Planète et Satellite

Photo involon-
taire de la pensée
image obtenue
en feuilletant
un atlas celeste
vitrose enveloppée

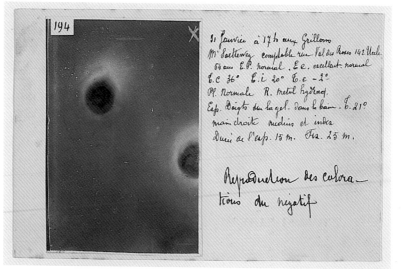

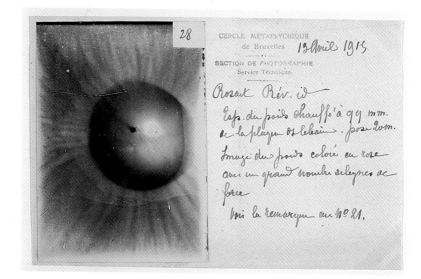

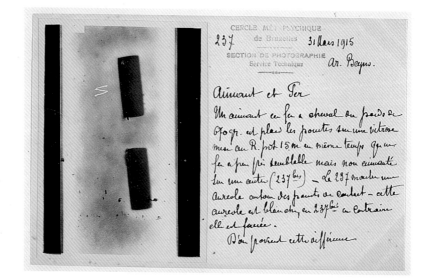

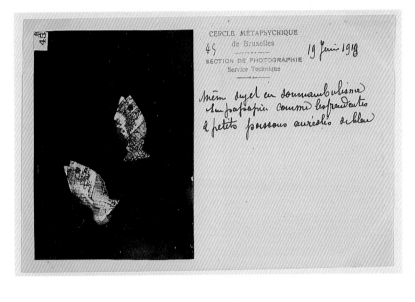

CERCLE MÉTAPSYCHIQUE
de Bruxelles

SECTION DE PHOTOGRAPHIE
Service Technique

45   19 Juin 1919

Même sujet en somnambulisme
sur papier comme les précedentes
2 petits poissons auréolés de bleu

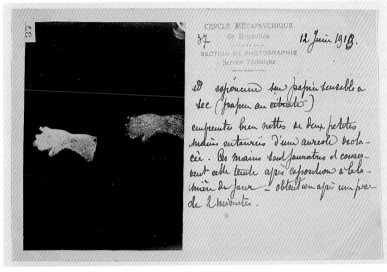

CERCLE MÉTAPSYCHIQUE
de Bruxelles

SECTION DE PHOTOGRAPHIE
Service Technique

37   12 Juin 1918

d° expérience sur papier sensible à
sec (papier au citrate)

empreintes bien nettes de deux petites
mains entourées d'une auréole viola-
cée. Ces mains sont jaunâtres et conser-
vent cette teinte après exposition à la lumière du jour — obtenu au après une pose
de 2 minutes.

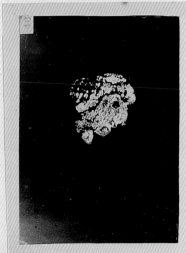

CERCLE MÉTAPSYCHIQUE
de Bruxelles

SECTION DE PHOTOGRAPHIE
Service Technique

46   19 Juin 1918

d° d° que 45
tête de femme jaunâtre

Baraduc, Louis Darget, Adrien Majewski (p. 18 à g.) et tant d'autres obtiennent ces images qu'Albert de Rochas s'obstine encore à appeler «radiographies [17]». Mais l'emprise du modèle radiographique s'étend bien au-delà du simple dispositif. C'est à la même fonction heuristique que se rattachent les images du fluide vital et celles produites par les rayons x: il s'agit bien sûr dans les deux cas de révéler l'intérieur invisible de l'être, mais surtout d'en tirer un bilan. Au diagnostic physique que permettaient les rayons x succède ainsi le diagnostic psychique, déterminé en fonction de l'intensité et même de la couleur (p. 14 en h.) des fluides photographiés. «L'effluve ne jaillira pas de la même façon d'un organisme morbide que d'un organisme sain; le trouble fonctionnel de l'appareil se répercute sur le régime de débit de forces. Si cette découverte, qui n'est encore qu'à l'état embryonnaire, se trouve confirmée, c'est la révolution radicale de la science du diagnostic», écrit Marius Decrespe en 1896 [18].

En 1897, le docteur Jules Bernard Luys entreprend à son tour de semblables expériences. Ce célèbre neurologue, chef de service à l'hôpital de la Salpêtrière puis à celui de la Charité, avait commencé dans les années quatre-vingts, sur les conseils de Jean-Martin Charcot, à utiliser l'hypnose. Avec l'aide de son chef de laboratoire, le docteur Gérard Encausse, plus connu dans les milieux de l'occultisme sous le pseudonyme de Papus, se livre à des expériences hypnotiques à sensation qui lui valent une renommée de scandale. Le tout-Paris se presse à ses séances publiques dont les journaux rendent souvent compte dans la rubrique des spectacles. En mai 1897, quelques mois avant sa mort, il se lance avec son collègue Émile David dans la photographie des effluves digitaux [19] (p. 18 à dr.). Si ces expériences sont largement postérieures à celles de Baraduc et de Darget, elles bénéficient, en revanche, par la célébrité de ceux qui les conduisent, d'un retentissement médiatique beaucoup plus important et déclenchent une polémique sans précédent. Pendant l'été 1897, s'engage ce que l'on appelle alors le «débat sur les fluides» qui oppose les tenants de l'école effluviste à quelques experts en physique et chimie photographique.

«C'est en termes d'obstacles qu'il faut poser le problème de la connaissance scientifique», écrit Gaston Bachelard dans *La Formation de l'esprit scientifique* [20]. Dans la photographie des fluides, telle qu'elle fut pratiquée au tournant du siècle, deux obstacles majeurs sont venus divertir et pervertir l'expérience cognitive. Le premier apparaît durant la réalisation de l'expérimentation et le second lors de son interprétation: un accident de parcours et une erreur de jugement, donc. C'est sur ces deux points que se basent d'ailleurs les experts pour réfuter les théories des effluvistes.

Dans un premier temps, la Société française de photographie, à laquelle Luys a déposé deux épreuves, engage une série d'expertises sur les conditions de réalisation de l'expérimentation [21]. La plaque photographique au gélatino-bromure d'argent, écrit René Colson, «se trouve, par le fait de son extrême sensibilité, entourée de nombreuses influences qui tendent à une véritable confusion; dans la photographie courante, elles conduisent à des insuccès, à des voiles accidentels, à des taches, dont il est essentiel de déterminer l'origine afin d'y remédier; dans les recherches scientifiques, par exemple dans la photographie de l'invisible ou à travers les corps opaques, elles induisent facilement en erreur sur les vraies causes du phénomène observé[22]». C'est donc à établir les «vraies causes» de ces accidents, artefacts ou obstacles, que s'emploient tour à tour Colson, Dujardin, Houdaille, Guébhard et Yvon à travers les colonnes du *Bulletin de la Société française de photographie*[23]. Rapidement, il ne fait plus aucun doute que les traces sur la plaque ne sont pas de nature psychique mais physique. La preuve la plus explicite, c'est sans doute Paul Yvon qui l'apporte en comparant l'action de sa main à celle d'un cadavre de la morgue (p. 19 à g. et à dr.). À la première expérience, la main vivante produit des effluves, tandis que la morte n'en donne point. Les théories des effluvistes semblent donc confirmées. Mais lorsque la main morte est réchauffée à une température de 35°C, les effluves réapparaissent. Finalement, les seuls effluves dont l'existence fut démontrée avec certitude furent ceux qui, au bout du troisième jour d'expérience, incommodèrent les narines des opérateurs[24].

Mais c'est sans conteste Adrien Guébhard, agrégé de physique de la faculté de médecine, qui pousse alors l'exercice de la réfutation à son paroxysme. À travers une vingtaine d'articles souvent caustiques[25], il démontre que les deux causes principales de la méprise effluviste sont dues à la mauvaise dilution du révélateur et à l'action calorifique de l'épiderme. Dans une première série d'articles, il montre que l'apparition des multiples taches en stries ou en volutes résulte du manque d'homogénéité du révélateur, réduisant l'argent de la plaque selon son degré de concentration (p. 21 en h.). Quant aux formes de ces linéaments, elles sont dues aux remous provoqués par l'immersion de corps étrangers dans les bains. Il le vérifie d'ailleurs simplement en reproduisant l'expérience avec de petits objets inanimés – donc dépourvus de fluide vital – qui lui procurent les mêmes résultats que les effluvistes (p. 21 en b., p. 22 en b., p. 23 en b. à g. et à dr.). Dans une seconde salve polémique, Adrien Guébhard prouve que le doigt artificiel fait d'un boudin de caoutchouc empli d'eau chaude, qu'il emploie pour ses expérimentations, produit en effet les mêmes auréoles que les mains des effluvistes les plus convaincus (p. 23 en h.). Si le fluide vital n'est que de la chaleur, tout le monde «efflue» donc, comme Monsieur Jourdain, sans le savoir.

C'est à Albert Londe que revient cependant le dernier mot. Dans une lettre datée du 15 décembre 1897, le chef du service photographique de la Salpêtrière remercie Adrien Guébhard de l'envoi des quelques tirés à part où celui-ci pourfend, une fois encore, les théories des effluvistes: «Cela m'intéresse d'autant plus que mon laboratoire est

ADRIEN MAJEWSKI ET T. COURTIER
Main de Majewski, doigts de
Courtier, vers 1900
Collection particulière,
Paris

JACOB VON NARKIEVICZ-JODKO
Main électrifiée posée sur
une plaque photographique,
vers 1896
Fonds Camille Flammarion,
Juvisy-sur-Orge

JULES-BERNARD LUYS ET ÉMILE DAVID
Effluves digitaux, 1897
Société française de
photographie, Paris

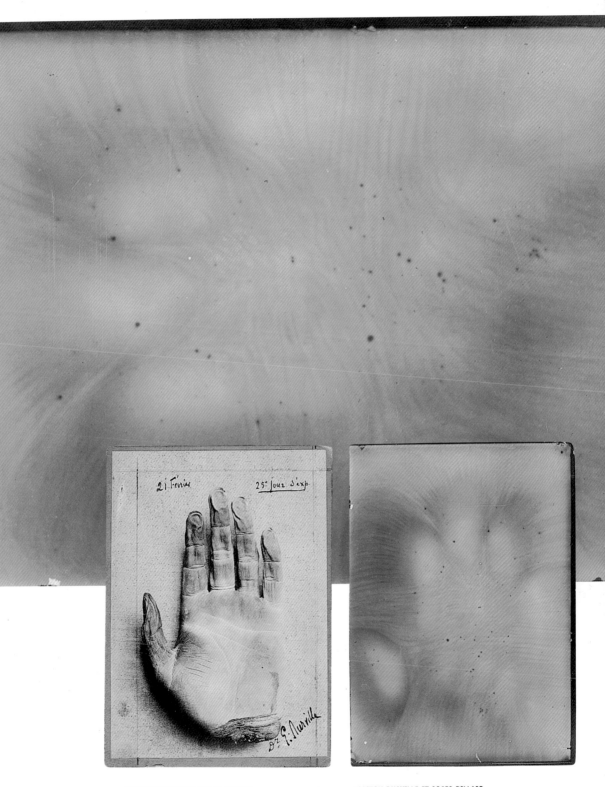

GASTON DURVILLE ET ROGER PILLARD
Main d'un cadavre momifiée
par magnétisme, 21 février 1913
Collection Gérard Lévy, Paris

GASTON DURVILLE ET ROGER PILLARD
Empreinte de la même main laissée
sur une plaque photographique,
21 février 1913
Collection Gérard Lévy, Paris

devenu le centre où se réunissent Baraduc, Méry, Varaigne, Ct. Tegrad [Darget] et autres apôtres de *L'Écho du merveilleux*. Quoique cela me fasse perdre beaucoup de temps, je les écoute, j'accepte leurs épreuves et vais d'ici peu leur faire répéter leurs fameuses expériences. Je pense qu'après il y aurait matière à un article amusant[26].» Il le félicite enfin d'avoir expliqué, par les causes simples de la physique et de la chimie, ces images d'effluves qui constituent, à ses yeux, «la plus belle collection que l'on puisse rencontrer des accidents opératoires dus à l'inexpérience de l'auteur[27]».

À ce stade du processus de connaissance, il n'est pas encore possible de parler d'erreur – tout juste d'accident. Quelque chose d'imprévu est survenu durant le processus expérimental et la plaque photographique l'a consciencieusement enregistré. Car elle ne différencie guère entre l'habituel et l'accidentel, le prévu et l'imprévu, «tout lui est égal», écrit Hermann Vogel[28]. Cette aptitude de la photographie à enregistrer les artefacts peut s'avérer féconde. C'est «grâce» à un semblable accident photographique que Röntgen découvrit les rayons X[29]. Les effluvistes auraient pu ainsi découvrir de nouvelles méthodes pour enregistrer la chaleur humaine ou le mouvement des liquides, au lieu de quoi ils inventèrent la photographie des fluides. C'est bien la preuve qu'un second obstacle – une véritable erreur cette fois-ci – est intervenu dans le processus cognitif. Ce second obstacle apparaît après l'enregistrement des accidents, au moment de leur analyse. Il est, selon les experts, le résultat des «interprétations fantaisistes[30]» ou des «imaginations vraiment fécondes[31]» des effluvistes, «comme le brave commandant Tegrad [Darget], qui expliqu[e] indifféremment par le fluide les accidents opératoires les plus divers et aperçoi[t] – tel le voyageur découvrant à chaque silhouette de roche une forme animée –, dans les moindres noirceurs de [ses] clichés, les choses les plus extraordinaires[32]...».

C'est effectivement chez Darget que l'interprétation des accidents est la plus inventive ; c'est par conséquent chez lui que le travail de l'imagination est le plus évident. Ainsi, deux taches circulaires, obtenues par Madame A. tandis qu'elle regarde une carte céleste avec une plaque sur le front, sont interprétées comme une planète et son satellite (p. 13). Par un même principe d'association, une vague nébuleuse de traces irrégulières se transforme en portrait de Beethoven (p. 11). Adrien Guébhard ne manque pas de remarquer que Darget en voit autant dans ces marques et ces macules que les «oracles dans le marc de café[33]». Il est vrai qu'il y a dans ce déchiffrage d'images quelque chose qui a trait à la lecture des signes de l'informe : nuées d'étoiles, entrailles des animaux, liquides troubles ou allure des nuages, telle qu'elle se pratique dans la plus pure tradition des arts divinatoires.

Cependant, en cette fin de XIXe siècle positiviste, ces pratiques connaissent une profonde remise en question. Certains ont déjà compris que les signes ne provenaient pas des dieux ou des muses, mais d'eux-

ADRIEN GUÉBHARD

«Plaque à l'envers», expérimentation destinée à démontrer les causes d'erreurs de la photographie fluidique, 1897-1898

«Anneau de nourrice», expérimentation destinée à démontrer les causes d'erreurs de la photographie fluidique, 1897-1898

Musée d'Histoire naturelle de Nice

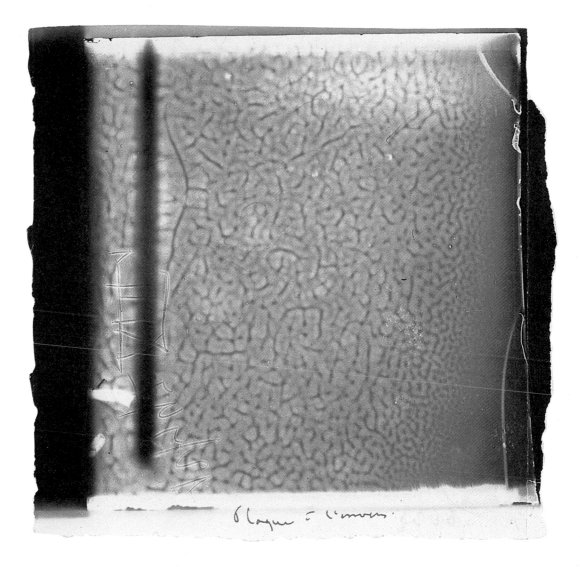

Plaque à l'envers.

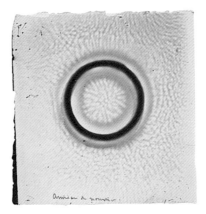

Anneau de poussière.

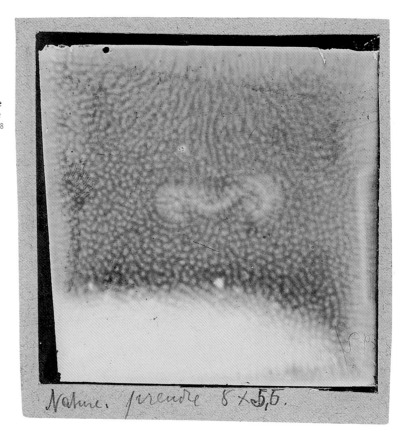

ADRIEN GUÉBHARD
«Épreuve d'une partie de plaque voilée, laissée 20 minutes au repos dans 40 centimètres cubes de révélateur. Sitôt survenue la stase apparente du bain, il en avait été rajouté, de 1 cm de haut, trois gouttes», expérimentation destinée à démontrer les causes d'erreurs de la photographie fluidique, 1897-1898
Musée d'histoire naturelle de Nice

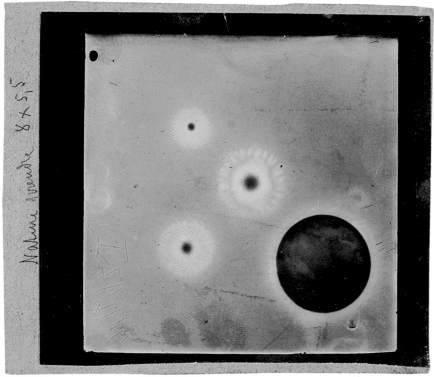

«Épreuve d'une portion de plaque sèche 9 9 sur laquelle ont été apposés, après immersion dans un bain très appauvri et de faible épaisseur, une pièce de deux francs, deux billes inégales et un grain de gros plomb», expérimentation destinée à démontrer les causes d'erreurs de la photographie fluidique, 1897-1898
Musée d'histoire naturelle de Nice

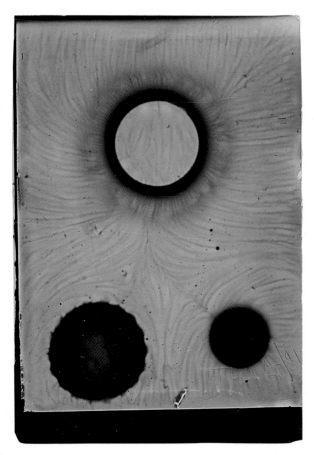

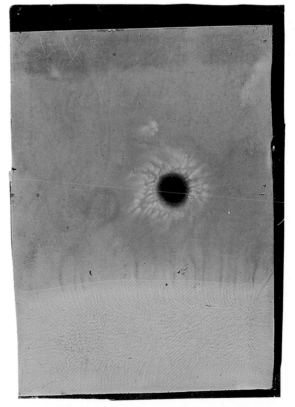

mêmes, qu'ils ne venaient pas de l'extérieur, mais de l'intérieur, de ce que Sigmund Freud désigne à la même époque comme l'inconscient. C'est précisément en 1896 que Freud a l'intuition que les lapsus, les oublis, les actes manqués et les erreurs de lecture ont la capacité de révéler l'inconscient[34]. Dans la *Psychopathologie de la vie quotidienne* où il formule ces hypothèses quelques années plus tard (1re édition en 1901), Freud écrit d'ailleurs à propos des «erreurs de lecture»: «Dans la majorité des cas, en effet, c'est le désir secret du lecteur qui déforme le texte, dans lequel il introduit ce qui l'intéresse et le préoccupe[35].» Ce sont de semblables «erreurs de lecture» qui agissent lorsque Darget interprète ses images. Selon «ce qui l'intéresse et le préoccupe», il transforme quelques taches en planète et en portrait. Son «désir secret» déforme l'image – ou plutôt l'informe puisqu'il donne forme à ce qui n'en a pas. Et Freud de préciser: «Pour que l'erreur de lecture se produise, il suffit alors qu'il existe entre le mot du texte et le mot qui lui est substitué une ressemblance que le lecteur puisse transformer dans le sens qu'il désire[36].» N'est-ce pas précisément ce qui est à l'œuvre lorsque Darget semble apercevoir les silhouettes de deux phoques dans l'image obtenue par le docteur... Fauque (p. 25)?

En somme, Darget voit dans ses images ce qu'il veut bien y voir, ses fantômes sont ses fantasmes. «Il lit en lui à livre ouvert», pour reprendre la très belle formule d'André Breton[37]. Le regard posé par Darget sur ses propres maladresses opératoires fonctionne donc selon le principe freudien des «erreurs de lecture», ses photos ratées en révèlent autant que des actes manqués, ses accidents de développement deviennent des lapsus révélateurs – ou plutôt faudrait-il dire *les lapsus du révélateur*.

Pour un observateur négligent, ou peu regardant, il n'y aura guère de différence entre les photographies des effluvistes et celles des experts, entre Majewski et Yvon, Luys et Guébhard (p. 18 à dr. et p. 23 en h.). Si elles se ressemblent, elles ne sont pourtant pas identiques. Correspondance formelle ne veut pas dire équivalence de sens. Bien au contraire, une semblable image peut servir aux uns à démontrer le bien-fondé du fluide vital, tandis qu'elle permet aux autres de le nier. Dans ce contexte, une image analogue sert ainsi à prouver une chose... et son contraire.

Ce contraste extrême s'explique aisément par les manières différente qu'eurent les adeptes de l'occultisme et les partisans d'un rationalisme technique d'aborder les obstacles du processus de connaissance. Les experts provoquèrent les accidents pour les analyser, tandis que les effluvistes les subirent innocemment puis en firent de surcroît une lecture entachée d'erreurs (l'expression est ici pour le moins justifiée). Les images de ces derniers sont donc le résultat d'un accident et d'une erreur, le «produit hybride du hasard et de l'imagination[38]». Et c'est précisément ce double obstacle, cette mise au carré de la difficulté, qui explique leurs étonnantes conclusions.

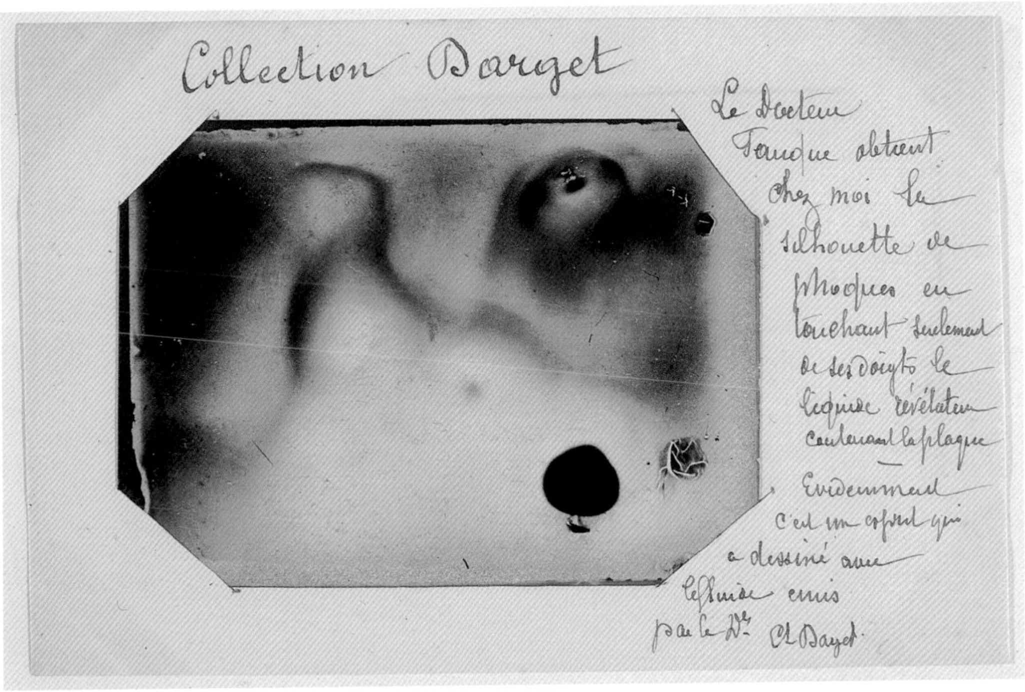

Collection Barget

Le Docteur
Tanque obtient
chez moi la
silhouette de
plusieurs en
touchant seulement
de ses doigts le
liquide révélateur
couvrant la plaque

Évidemment
c'est un esprit qui
a dessiné avec
l'effluve émis
par le Dr Ch. Bayol.

Il faut dire cependant à la décharge des effluvistes que leurs photographies étaient propices aux pires méprises. Car ces images ne décrivent rien – si ce n'est, aux dires des experts, la cartographie de leur propre mésaventure opératoire. Elles ne représentent, pour être plus précis, rien de réel, rien qui n'ait été prélevé au *continuum* espace-temps. Elles sont abstraites, ou plutôt «a-photographiques», comme les désigne Adrien Guébhard à de multiples reprises [39]. Et c'est justement parce qu'elles ne figurent rien que ces images peuvent tout *imager*... et celui qui les regarde tout *imaginer*. Dans ces photographies «a-photographiques», d'où l'image du réel s'est retirée, le regardeur reprend ses droits, donnant libre cours à son imagination, laissant parler son inconscient. Comme si la pénurie du réel ne pouvait se combler que par un excès d'imagination, voire d'imaginaire. C'est ce qui explique qu'une même nuée de taches blanches sur un fond noir puisse vouloir dire tout... et n'importe quoi [40]. Manifestement, les effluvistes ne connaissaient pas ce vieux proverbe qui met en garde contre les imaginations débordantes – et, par là même, prévient des charmes polysémiques de l'«a-photographie»: «Celui qui attend un cavalier doit veiller à ne pas prendre les battements de son cœur pour le bruit des sabots.»

Face à ces images, l'historien de la photographie se retrouve dans la situation de l'expérimentateur qui a engagé une expérience, tout en prenant soin de conserver un témoin qui ne sera pas affecté par la procédure. Côte à côte, les images des effluvistes et celles des experts offrent un extraordinaire modèle théorique pour comprendre ce qu'André Gunthert décrit comme «le décalage absolu entre ce que montre l'image et le contenu qui lui est attribué [41]». Mieux encore, elles démontrent, pour citer cette fois-ci Bernard Lamarche-Vadel, que «la photographie est un point de vue unique sur l'aveuglement de son spectateur [42]». ❧

1 Wilhelm Konrad Röntgen dans une lettre à son élève Ludwig Zehnder, datée de mars 1896, citée par Guy et Marie-José Pallardy, Auguste Wackenheim, *Histoire illustrée de la radiologie*, Roger Dacosta, Paris, 1989, p. 83.

2 *Cf.* L. Aubert, *La Photographie de l'invisible et les rayons X*, Schleicher, Paris, 1898, p. 142-148.

3 *Cf.* Anonyme, «Les rayons x et la cécité», *La Radiographie*, n° 10, novembre 1897, p. 21 et Foveau de Courmelles «L'œil les rayons x», *La Radiographie*, n° 16, mai 1898.

4 *Cf.* Jean Rosero, «Le néo-occultisme», *L'Illustration*, n° 2824, 10 avril 1897, p. 275; L. Aubert, *op. cit.*, p. 149-154 et Guy et Marie-José Pallardy, Auguste Wackenheim, *op. cit.*, p. 100-102.

5 Jean Cocteau, «Lettre ouverte à Man Ray, photographe américain», *Les Feuilles libres*, n° 26, avril-mai 1926, p. 133-135, cité par Michel Poivert, «Der unsichtbare Strahl», *Im Reich der Phantome. Fotografie des Unsichtbaren*, *op. cit.*, p. 124.

6 Anonyme, «Enfoncés les rayons x et la photographie de l'invisible», *Les Nouvelles scientifiques et photographiques*, 1896, p. 135.

7 *Ibidem*.

8 Anonyme, «Courrier photographique», *La Photographie moderne*, 1899, p. 80.

9 Gaston de Messimy, «Phénomène de lucidité à travers les corps opaques», *Journal du magnétisme*, 1896, p. 197-198.

10 P. Bloche, «Les rayons cathodiques et la lumière astrale», *La Revue spirite*, 1897, p. 669.

11 Jules Bois, «L'âme scientifique»,
La Revue spirite, 1896, p. 355.

12 William Crookes, «Discours prononcé à la
Société des recherches psychiques de Londres»,
Annales des sciences psychiques, juillet 1897, p. 89.

13 L. Caze, «La photographie de la pensée»,
L'Arc-en-ciel, 1898, p. 65-66.

14 Louis Darget, cité dans *La Photographie
transcendantale*, Librairie nationale,
Paris, 1911, p. 31.

15 *Cf.* Hippolyte Baraduc, *L'Âme humaine,
ses mouvements, ses lumières et l'iconographie
de l'invisible fluidique*, Ollendorff, Paris, 1897.

16 Georges Brunel, «La photographie du fluide
humain», *Les Nouvelles scientifiques
et photographiques*, 1898, p. 103.

17 *Cf.* Albert de Rochas, *Les Frontières de la
science*, Librairie des sciences psychologiques,
Paris, 1902, t. I, p. 98.

18 Marius Decrespe,
«L'invisible et la photographie», *Photo-Revue*
(supplément), 1er octobre 1896, p. 47.

19 *Cf.* Jules Bernard Luys et Émile David, «Note
sur l'enregistrement photographique des
effluves qui se dégagent des extrémités des
doigts et du fond de l'œil de l'être vivant,
à l'état physiologique et à l'état pathologique»
et «Fixations par la photographie des effluves
qui se dégagent de l'appareil auditif. Réponse
à certaines objections concernant l'émission
des effluves digitaux», *Comptes rendus
hebdomadaires des séances et mémoires
de la Société de biologie*, séance du 29 mai
et du 10 juillet 1897, p. 515-519 et p. 676-678.

20 Gaston Bachelard, *La Formation de l'esprit
scientifique* [1938], Vrin, Paris, 1999, p. 13.

21 *Cf.* Anonyme, «Procès-verbal de la séance du
5 novembre 1897», *Bulletin de la Société française
de photographie*, 1897, p. 542-543.

22 René Colson, *La Plaque photographique.
Propriété. Le visible – L'invisible*, Carré et Naud,
Paris, 1897, p. II.

23 *Cf. Bulletin de la Société française
de photographie*: P. J. R. Dujardin, «Sur les
prétendus effluves humains», 1897, p. 596-597;
René Colson, «Action de la main sur la plaque
sensible», 1898, p. 25-35; Houdaille, «Note sur
une méthode de mesure de l'intensité du voile
au moyen des effluves dits "magnétiques"»
1898, p. 39-42; René Colson, «Le développement
confiné», 1898, p. 108-111; Paul Yvon, «Sur les
causes d'erreur inhérentes à la production
du voile en photographie», 1898, p. 111-119;
Adrien Guébhard, «De l'emploi de la plaque
voilée comme enregistreur», 1898, p. 439-445.

24 *Cf.* Paul Yvon, *art. cit.*, p. 114-119.

25 Dans la vingtaine d'articles éparpillés,
tant dans la presse locale que dans les revues
scientifiques ou spécialisées, on retiendra
principalement «Petit manuel de photographie
spirite sans fluide», *Le Journal La Photographie
pour tous*, 1897-1998, p. 65, 81, 97 et les autres
références citées dans le présent article.

26 Lettre inédite d'Albert Londe à Adrien
Guébhard du 15 décembre 1897, conservée
au musée d'Histoire naturelle de Nice.

27 *Ibidem.*

28 Hermann Vogel, *Die chemischen Wirkungen des
Lichts und die Photographie in ihrer Anwendung in
Kunst, Wissenschaft und Industrie*, Leipzig, 1874,
p. 124, cité par Peter Geimer, «L'autorité de
la photographie. Révélations d'un suaire»,
Études photographiques, n° 6, mai 1999, p. 92.
Cf. également Peter Geimer, «The enemies of
representation. On photographic accidents»,
tapuscrit confié à la rédaction d'*Études
photographiques*.

29 *Cf.* L. Aubert, *op. cit.*, p. 5-6.

30 Adrien Guébhard, «De l'emploi de la plaque
voilée comme enregistreur», *art. cit.*, p. 440.

31 Léon Gimpel, «Quarante ans de reportages
photographiques. Souvenirs de Léon Gimpel
(1897-1932)», 1944, manuscrit conservé à la
Société française de photographie, p. 95.

32 Adrien Guébhard, «Les clichés colorés»,
Le Journal La Photographie pour tous, n° 8, 30 mars
1898, p. 113-114.

33 Adrien Guébhard,
«À propos des enregistrements photographiques
d'effluves humains», *La Revue scientifique*,
15 janvier 1898, tiré à part, p.7.

34 *Cf.* James Reason, *L'Erreur humaine*, PUF, Paris,
1993, p. 46.

35 Sigmund Freud, *Psychopathologie de la vie
quotidienne. Oublis. Lapsus. Erreurs. Méprises.
Maladresses. Actes manqués et symptomatiques*
[1901], Payot, Paris, 1967, p. 130.

36 *Ibidem.*

37 André Breton, *Manifestes du surréalisme*,
Gallimard, Paris, 1985, p. 40.

38 Poirrier, «Iconographie de l'invisible»,
L'Arc-en-ciel, novembre 1897, p. 108.

39 *Cf.* Adrien Guébhard, «Un cas nouveau
d'action photographique à travers corps
opaques», *L'Amateur photographe*, 8 avril 1898,
p. 145 et «De l'emploi de la plaque voilée
comme enregistreur», *art. cit.*, p. 441.

40 *Cf.* Clément Chéroux, «Un regard vers
le ciel», *L'Expérience photographique d'August
Strindberg*, Actes Sud, Arles, 1994, p. 59-63.

41 André Gunthert, «Le complexe de Gradiva»,
Études photographiques, n° 2, mai 1997, p. 120.

42 Bernard Lamarche-Vadel, *Lignes de mire. Écrits
sur la photographie*, Marval, Paris, 1995, p. 182.

Nodule, module et podule : voyages dans l'espace intérieur

ROBERT FLUDD
Supernaturali, 1629

Mark Gisbourne

« Quant à l'œil du poète qui roule dans un beau délire, il court du ciel à la terre et de la terre au ciel ; et comme l'imagination prête un corps aux choses inconnues, la plume du poète leur donne une figure, et assigne à ces bulles d'air un lieu dans l'espace et un nom [1]. »

Quand le philosophe-mathématicien René Descartes (1596-1650) utilisait la localisation comme mode de représentation matérielle ou mentale des ressources de l'être humain, il s'attachait invariablement à la fois à la notion de *site* et à celle de *mécanisme* [2]. Dans cet ordre d'idées, le cœur humain devient en effet une pompe qui fait partie d'un système nerveux de type hydraulique, tandis que l'âme *se situe* (est visualisée) dans le cerveau, plus précisément dans la glande pinéale, ce nodule glandulaire étant simultanément un instrument-mécanisme et le siège de l'esprit-imagination [3]. Cette localisation de l'origine, typique des discours rationalistes théorisés par Descartes, permet de définir le caractère physique de l'âme et sa mise en images en tant qu'œil intérieur. Une énergie obscure, émanant de la glande pinéale, agit à la manière d'une pompe sur un muscle en forme d'œil, qui stimule en conséquence les

Oculus Imaginationis

esprits animaux de l'homme : on a ici un exemple littéral du *nodule* en tant que site et de la pompe en tant que mécanisme.

L'œil *pinéal* cartésien est donc bien distinct de la représentation de l'imagination comme « palais des images[4] », conception passablement grandiose proposée par un contemporain anglais de Descartes, le rosi-crucien Robert Fludd (1574-1637). Celui-ci, dans son œuvre *Utriusque cosmi* (1629) consacrée à l'étude de la conscience, désigne par le simple terme d'*oculus imaginationis* cette faculté d'imagination intérieure. Alors que les préférences de Fludd vont à un cinématographe de la prévision intérieure, la *vision machine* cartésienne se déplace littéralement sur une projection spectrale plu-tôt qu'elle ne constitue un site en elle-même. À l'instar des images d'un film, qui ne sont pas stables et n'ont pas de liaison immédiate avec la machine qui les traite, il se produit un transfert vers un autre espace physique et imaginaire : dans le cas des images, le mur ou l'écran sur lequel elles sont projetées. En anglais, *site* et *sight*, le site et la vue, sont des homophones, et ce rapproche-ment joue sans doute pour Fludd au point de l'entraîner de la chose vue à la vision intérieure et pénétrante ou *insight*. La vision, selon cette théorie, se transpose donc de l'objet, de la chose appelée « glande pinéale » à un autre lieu de pro-jection, un nouveau site (ou point de vue) doté d'un potentiel de trans-formation et de changement[5].

Lorsque Georges Bataille (1897-1962) revient à la poétique de la glande pinéale, celle-ci s'est depuis longtemps unie à l'*oculus* de Fludd pour devenir l'œil pinéal des surréalistes, qui se situe assurément dans la postérité du mouvement de renouveau instauré par des artistes de la fin du XIXe siècle, tels Odilon Redon et d'autres membres de la mouvance symboliste[6]. L'œil pinéal de Bataille brouille la dichotomie antérieure ; bien loin d'une base du savoir, on accède à la représentation d'un « uni-vers sans forme », existant au-delà du domaine de la science et du mythe. La « connaissance méthodique ne peut être écartée qu'en tant qu'elle est devenue une faculté acquise[7] » ; quant au mythe : « La science procédant à partir d'une conception mystique de l'univers en a séparé les éléments constitutifs en deux classes profondément distinctes : elle en a élaboré par assimilation les parties nécessiteuses et pratiques, trans-formant en un instrument utile à la vie matérielle de l'homme une acti-vité mentale qui n'était jusque-là que l'instrument de son exploitation. En même temps, elle a dû écarter les parties délirantes des vieilles constructions religieuses pour les détruire. Mais cet acte de destruction devient à l'extrémité du développement un acte de libération : le délire échappe à la nécessité, rejette son lourd manteau de servitude mystique et c'est alors seulement que, nu et lubrique, il dispose de l'univers et des lois comme des jouets[8]. »

C'est ainsi que la pseudo-science du surréalisme s'est, en quelque sorte, approprié le *pinéalisme*, l'œil intérieur de l'imagination personnelle, devenu pour Max Ernst un *alter ego*, un troisième œil[9]. Pour Bataille lui-même, rien d'autre que l'«œil pinéal» dans tous ses aspects n'en fait une contre-partie de l'*anus solaire*[10].

Une sorte de révolution s'est donc déroulée au cours du xxe siècle, privant de substance les vieilles dichotomies qui opposent les diverses façons de voir, celles qui répondent

aux conventions de la mécanique ou celles qui sont régies par l'imaginaire. Car la nouvelle *vision machine* est évidemment redevable à notre sens contemporain du déplacement[11]. Par-dessus tout peut-être, l'ancienne dichotomie engendre une non-substantialité des limites entre l'être et la faculté imaginative, entre le site et l'espace et, plus avant, la déstabilisation de l'espace modulaire en tant que lieu doté de paramètres définissables. Ce qui l'emporte, c'est une vision d'un nouveau type, une simultanéité au sein de laquelle les architectures du site nodulaire, de l'espace modulaire et du *lieu podulaire* (le terme est de mon propre cru) se recouvrent partiellement, selon le registre de nos *esprits animaux* d'aujourd'hui. La vision moderne intègre à la fois l'espace manœuvrable et dimensionné et le lieu comme participation et communion : c'est l'arrivée perpétuelle selon Paul Virilio, uniquement résolue par l'épisode final de l'*accident*[12].

Une analyse rétrospective, surtout si elle considère le xxe siècle comme un tout, est capable de voir que l'imagination humaine s'est laissé entraîner sur une trajectoire qui mène irrésistiblement à l'effondrement et au désastre[13]. La tonalité, le timbre d'une *utopie* initiale qui conduit à la *dystopie* et plus récemment à l'*atopie*, se fait entendre ; en même temps, le désir de s'en échapper se fait de plus en plus intense[14]. C'est peut-être ainsi que les larmes *qui voient* exercent pleinement leur ascendant, au long de cinq décennies de diagnostics et de théorie des catastrophes[15]. La clairvoyance, la fuite, et aussi une tristesse tragique sont presque invariablement présentes dans le champ de perception de l'œil intérieur, comme le montre de façon évocatrice l'œuvre visionnaire de Mikalojus Konstantinas Ciurlionis (1875-1911)[16].

L'œil intérieur de Ciurlionis est celui de l'espace imaginaire, cosmologique, de la projection différée : il se place dans une altérité spatiale néces-

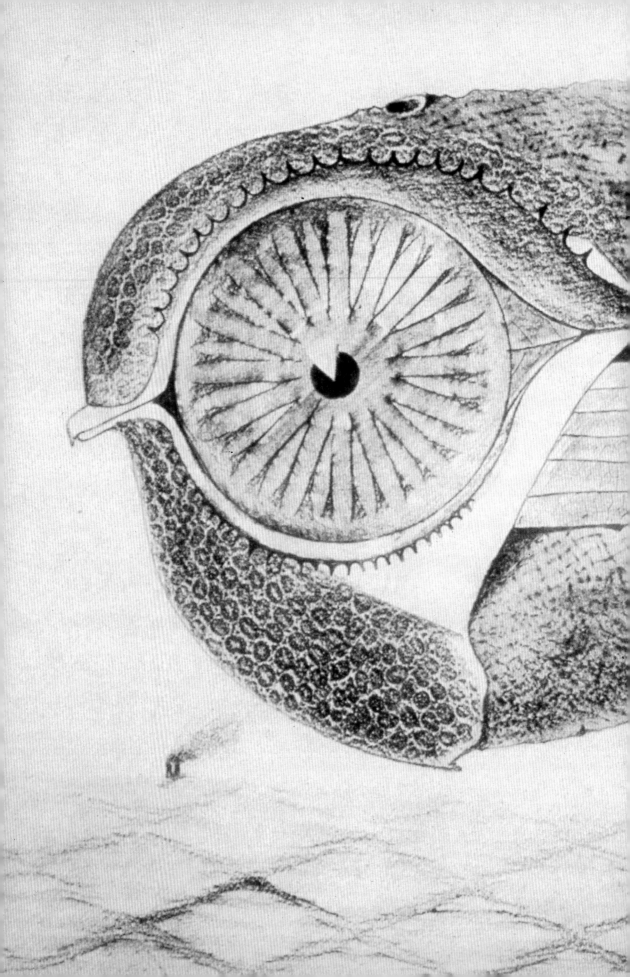

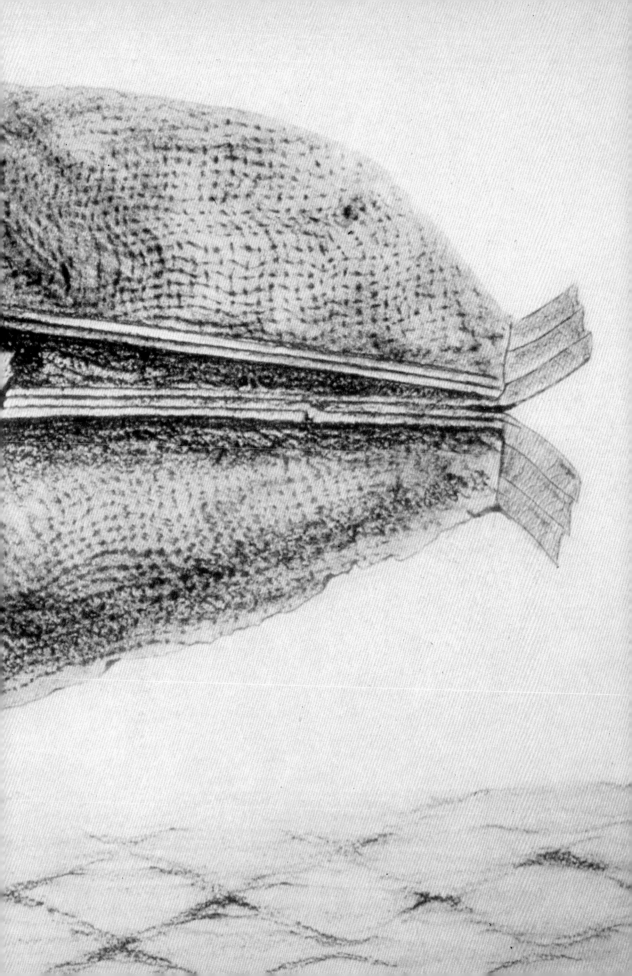

saire à la synthèse opérée par l'artiste, sur une base temporelle, entre la musique et les arts plastiques[17]. Il ne se rattache de façon spécifique ni à un site ni à un lieu, les lieux relevant de la plus pure fantaisie. En somme, le point de départ de l'image n'est pas localisé en un endroit clairement déterminé de la mémoire ou de la conscience, hormis le fait que l'artiste ne peut échapper à une période donnée, celle où il vit[18]. Comme toujours quand l'œil s'inscrit dans un espace et une séquence temporelle de l'ordre de l'imaginaire ou de la projection, la figuration se teinte d'un climat d'aspiration nostalgique. Dans les œuvres de Ciurlionis, les «saisons» sont celles d'un temps générique et non d'un lieu, les «villes» sont fantastiques et non identifiables, en dépit de leur représentation de style médiéval. Plutôt que de ressortir à une source d'inspiration lituanienne, elles présentent des analogies avec celles de ses contemporains, de certains médiums comme Victorien Sardou (1831-1908)[19] ou Hélène Smith[20]. Pourtant, les historiens ont mis une grande détermination à attribuer à cet artiste des résonances «folkloriques», animés peut-être par la volonté d'établir un parallèle, dans le domaine plastique et synthétique, avec des musiciens comme Bedrich Smetana (1824-1884) ou Bela Bartok (1881-1945)[21]. Pour d'autres raisons, l'œuvre de Ciurlionis serait à rapprocher, par certains points, des tableaux de jeunesse de Frantisek Kupka (1871-1957), avec lesquels elle partage un intérêt pour les aspects métaphysiques de la rédemption; cependant – et peut-être en raison d'une imagination de plus en plus perturbée –, il manque au Lituanien la clarté, le sens symbolique de l'étiologie, du ou des commencement(s), qui sous-tendent l'œuvre de son contemporain tchèque[22]. On peut relever certaines analogies du même ordre avec d'autres visions appartenant à un imaginaire baltique, celles par exemple d'Ernst Josephson (1851-1906) ou de Carl Fredrik Hill (1849-1911)[23].

Quoi qu'il en soit, cette tradition visuelle donne naissance à des mondes de plus en plus fantastiques: il n'est peut-être pas étonnant que son épanouissement coïncide avec les débuts de la littérature de science-fiction[24]. Ces mondes imaginaires, définissables mais non délimités, sont caractérisés par l'importance que revêt dans leur contexte la question des images de durée non mesurable, mais cela non plus n'a rien de particulièrement surprenant à l'ère de la psycho-phénoménologie d'Henri Bergson[25]. Les rapports de l'œuvre de Ciurlionis avec l'abstraction ne sont pas clairs et ne seront pas élucidés, pas plus que pour Kupka: des sujets de controverse comme la délimitation entre symbolisme et abstraction appartiennent désormais à une période dépassée de l'histoire de l'art[26]. Ils reflètent tout simplement des préoccupations survenues au début du siècle dernier, liées à une conception modulaire du temps et de l'espace[27]. À la fin du XXe, est apparue une notion non-spatiale de l'abstraction, tant et si bien que nous entrons maintenant dans l'espace virtuel, celui de l'allusion (et non de l'illusion), dans un monde sans substance: bref, l'espace en tant que *module* a été évacué et celui qui est imaginé est en train

MIKALOJUS KONSTANTINAS CIURLIONIS

ci-contre
La Ville, 1908

double page suivante
à gauche
Été, 1907

à droite
Été, 1907

Musée national des beaux-arts M. K. Ciurlionis, Kaunas

d'imploser. Pour envisager cette question par un autre biais, les images et les mouvements de la photographie disposés selon une séquence temporelle, qu'Étienne-Jules Marey (1830-1904) ou Eadweard Muybridge (1830-1904) ont pris grand soin de dissocier pour en faire une étude à la fois pratique et esthétique, se sont de nouveau enchevêtrés dans la simultanéité du moment et nous font face sur l'écran de l'ordinateur[28]. L'invisible, que jadis la photographie rendait visible, s'est dissous et se traduit aujourd'hui par le visible caché, structuré de façon permanente, de la technologie moderne; il n'y a plus de spectre dans la machine, mais le spectre lui-même est devenu machine.

Dans leur chute, le *site* et l'*espace modulaire* fusionnent et engendrent le *lieu podulaire*, le *podule* (de *pod*, capsule ou nacelle en anglais) étant le lieu où nous recevons notre nourriture quotidienne, l'intimité sans fin de notre subsistance humaine. D'une manière générale, le *site* est une idée abstraite, à la différence du *lieu*: le premier se réduit à une localisation alors que le second correspond à la fois à une localisation et à une habitation, le *site* ne contribuant pas davantage que l'espace à construire l'identité; enfin, il peut être un simple fait ou une projection subjective, alors que le lieu est empreint de «la nature irréductible de l'expérience consciente. L'expérience vécue est notre point de départ[29]». Le désir de renouer avec des aspects directs et simples de cette expérience ne saurait mieux s'exprimer que dans l'intérêt actuel pour l'architecture environnementale: on constate aujourd'hui un très fort mouvement en faveur d'une architecture d'immersion physique et émotionnelle. La cellule, la capsule, le *pod* ont souvent joué ce rôle, sous forme de constructions élémentaires, qui parfois méritent à peine le nom d'architecture et qui semblent pourtant fonctionner avec bonheur, en s'inscrivant dans le souvenir d'«une expérience formatrice[30]».

Une préfiguration de cette tendance existe pourtant depuis longtemps et se traduit dans les projets architecturaux tardifs du créateur austro-américain Frederick Kiesler (1890-1965). Les élans bio-organiques fantastiques de Kiesler ont abouti à la Endless House (1950-1959), qui concrétise la recherche d'un espace sans fin[31]. De nombreuses maquettes de ce projet ont été conçues et réalisées pour le jardin du Museum of Modern Art de New York (1958-1959), mais la Endless House n'a jamais été construite[32]. Un glissement historique s'opère dans l'œuvre de Kiesler: aux positions constructivistes des années vingt (essentiellement associées à l'espace modulaire) succède un penchant pour la forme organique. Et il ne s'agit pas seulement d'adopter une perception phénoménologique palpable qui prendrait le pas sur le concept ou la géométrie[33]. L'application d'une démarche fonctionnaliste, organico-biologique, passe par le recours à des irrégularités et à des asymétries délibérées, nées d'un ensemble de conceptions à la fois nietzschéennes, surréalistes et dionysiaques, acquises par Kiesler dans les années trente et quarante du XXe siècle et qui s'opposent à son ancien déterminisme esthétique,

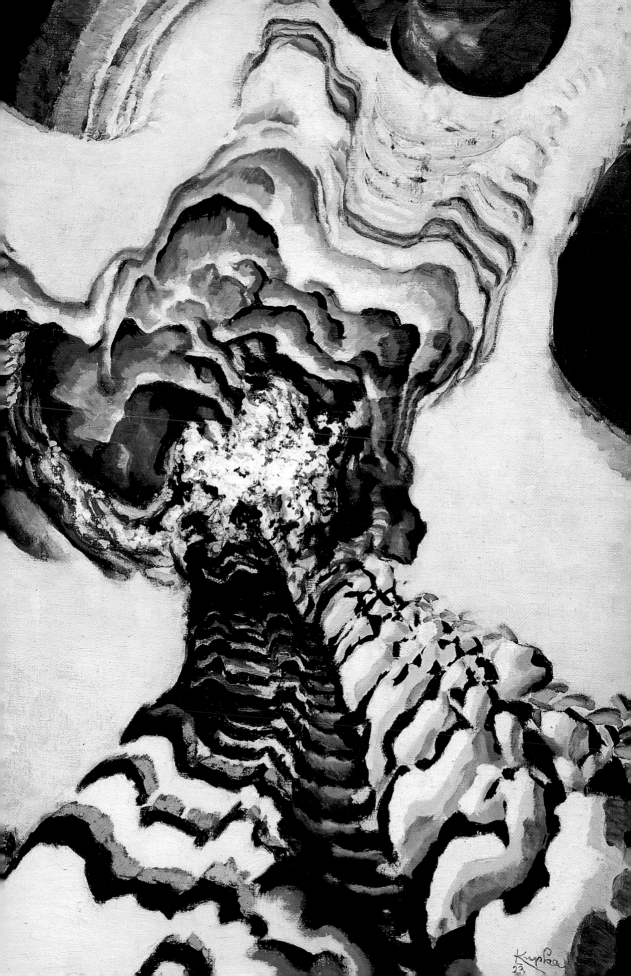

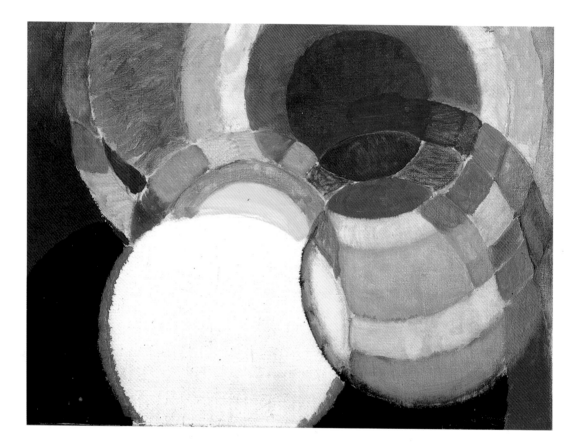

correspondant aux tendances géométriques apolliniennes mises en œuvre dans l'architecture moderniste internationale. Chez Kiesler, ce prétendu biomorphisme est pourtant moins lié à la morphologie qu'à un sens profond de l'habitation organique. C'est aussi le cas d'installations plus anciennes, par exemple celle réalisée pour Art of this Century, la galerie surréaliste de Peggy Guggenheim : ce sont des lieux faits pour l'être, conformément à la position de ce mouvement, pour qui le surréel est un état de la conscience bien plus qu'un style ou un type particulier d'œuvre.

Les implications visuelles des formes créées par Kiesler, ovules ou capsules, les associent à la formation de l'être et à l'apport d'une nourriture à la fois physique et psychico-magique. Elles prennent racine dans les imaginations fantastiques de la conscience humaine, qui n'est pas un site où surviendraient des événements mais un lieu de production d'images. La métaphore de l'œuvre sans fin s'est amorcée dès 1926, avec le Model of the Endless Theatre (maquette du théâtre sans fin)[34]. Initialement, la forme ovoïde conserve une certaine symétrie, mais au fil des décennies elle devient bio-asymétrique ; la maquette finale de la Endless House revêt l'apparence d'une série de tubercules semblables à des rhizomes et rattachés les uns aux autres. Assurément, le modèle deleuzien du rhizome ne saurait être mieux illustré que par cette maquette de Kiesler, puisque le rhizome n'est en somme qu'une horizontalité potentielle qui tend, par un élargissement progressif, à devenir sans fin[35]. Si l'on sectionne une quelconque excroissance de cette végétation tubéreuse, une correction aura lieu spontanément dans une autre direction. Pas de hiérarchie, aucune arborescence clairement définie, aucun lieu de pouvoir ; le rhizome refuse obstiné-

ment d'endiguer sa propre extension. Il n'existe pas de site unique de conformité nodulaire, mais simplement un site générique, l'espace étant un infini abstrait qui finira par être cerné. Enfin, tout doit être subsumé sous la catégorie *podule*, caractérisée comme l'arachide (ce rhizome typique) par l'irrégularité. Alors que la sphère représente la symétrie céleste de la répétition, le rhizome est du côté de la terre, tout en différence, en prodigalité, en asymétrie imprévisible, du côté où abondent «les mouvements de déterritorialisation et la déstratification[36]». Ainsi donc, la Endless House surgit comme un plateau-champignon.

Si le rhizome représente un modèle théorique, il existe aussi une iconographie simplement visuelle, induisant d'autres réflexions sur les caractéristiques psychiques du *podule* et autres capsules ou cellules. Dans l'œuvre de Kiesler, la coquille d'œuf, forme optique qui présente toutes les apparences de la fragilité, se rattache à la tradition magico-fantastique de Jérôme Bosch (vers 1450-1516). Il n'est pas nécessaire de chercher plus loin que *Le Concert dans un œuf* (d'après Bosch) pour constater que l'extravagance proverbiale de l'univers de l'artiste flamand trouve une résonance visuelle dans les formes ovulaires utilisées par Kiesler. En fait, on rencontre partout dans l'œuvre de Bosch des habitacles fantastiques en forme de capsule, et tout particulièrement dans le célèbre *Jardin des délices* (vers 1500-1505), où certains éléments du volet droit semblent préfigurer les maquettes successives de la Endless House : l'homme-arbre au corps béant, qui forme le motif central du panneau de droite, emprunte les contours de l'œuf alchimique si présent dans l'œuvre de Bosch.

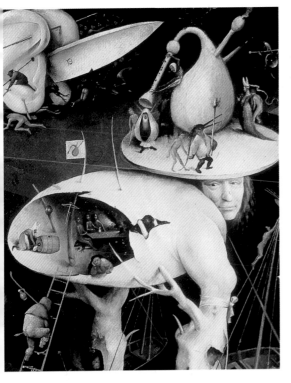

Peut-être y a-t-il là une clé : certes, Kiesler ne doit rien aux aspects moraux de la conception du monde de Bosch, cet homme de la fin du Moyen Âge qui condamne la sensualité, mais son œuvre s'inspire bel et bien du climat magique créé par ses peintures. Nous dessinons ainsi une boucle en revenant à l'amour de la magie professé par Kiesler, à ses réflexions sur l'alchimie du *pod*, de la cellule, de la capsule, « à partir d'une seule cellule germinative qui contenait le tout et qui s'est lentement développée pour produire les différents étages et pièces de l'homme », à son rejet d'une bonne partie de l'architecture moderne : « La forme ne suit pas la fonction. La fonction suit la vision. La vision suit la réalité[37]. » Car, de même que la cellule contient en elle-même le site à partir duquel se déclenchera sa propre germination – l'espace de sa nécessité –, ce n'est que par le rôle qu'elle joue dans le maintien de la vie humaine que se crée sa signification. Le *podule* est le lieu qui enserre la vie et où elle acquiert ce sens.

Le *pod*, la cellule, la nacelle, le cocon ont pris une place croissante dans les obsessions de nombreux artistes du XXᵉ siècle, parmi lesquels la plus remarquable a sans doute été Louise Bourgeois[38]. Elle illustre peut-être mieux que quiconque la tendance évoquée par Virilio : des voyages, des départs jamais réalisés et, dans la cellule de son imagination, tout est dans un état d'arrivée. De sorte que nous considérons le corps de Louise Bourgeois comme une cellule ou une maison : « J'ai habité ce corps. Je le connais. Il a plusieurs étages. Je crois qu'on y accède par une large bouche ventrale, un peu comme au centre d'une pieuvre : un bec descend en escalier et vous cueille doucement. Le risque n'est pas exactement d'être mangée. On peut être goûtée, bercée, embrassée, aimée, éventrée; et aussi cisaillée, emmaillotée, langée, entoilée, cousue, bordée, décousue. On peut aller dans toutes les directions, monter ou descendre les escaliers, grimper les échafaudages, faire du trapèze au plafond, se pendre par les pieds, se balancer, jouer à l'équilibriste le long d'une poutre, dormir blottie sous des draps; on peut faire tout ce qu'on veut tant qu'on reste dans le corps[39].»

La condition du corps considéré comme un *pod*, comme une cellule vouée à l'existence – ce voyage entrepris sans jamais aucun départ – joue un rôle central dans l'état d'affaissement qui caractérise actuellement la faculté humaine de la vision, réduite à la simulation et à l'implosion. À mesure que le monde devient virtuel, nous sommes amenés dans notre nouvelle réalité à rencontrer les gens que nous n'avons jamais vus, inversant ainsi la formule de Kiesler «la réalité est la vision», pour découvrir que la vision est la réalité. Ou, si vous voulez, dans le sillage de Bataille: disposer «de l'univers et des lois comme des jouets».

Pour revenir à notre point de départ, la «localisation» de Descartes s'est dissoute et la projection de Fludd dans un autre espace sensoriel ou imaginaire est devenue opaque et incompréhensible. De plus en plus, l'espace restant devient interne et numérisé; selon la formule d'un contemporain, «être numérique, c'est presque génétique[40]». Alors que Le Corbusier dessinait une maison conçue comme une machine à habiter, la nouvelle réalité est telle que cette notion est pratiquement redondante, le corps humain et les conditions *podulaires* qui l'entourent constituant la seule machine qui puisse exister aujourd'hui; la machine dont la conception est importante est humaine[41]. Les conséquences qui en découlent pour l'imagination, pour la vision humaine sont moins effrayantes que nos angoisses technologiques ne pourraient nous amener à le penser: ce n'est pas la machine froide de l'industrialisme. Après tout, on appelle cette dernière un PC – *personal computer* ou ordinateur personnel. La simultanéité moderne qui a succédé à notre ancien sens indéfini du site, de l'espace et du lieu ne signifie pas que ces données aient disparu, mais plutôt qu'elles sont superposées les unes aux autres et vécues toutes à la fois: c'est l'inter-net, le réseau interconnecté des liaisons électroneuronales. Et, dans ce sens, il ne peut y avoir d'autre mesure que celle qui constitue une pure expérience, en elle-même, d'elle-même. Il n'y a donc pas alors à craindre que les mondes inventés ne cessent d'exister; bien au contraire, ils risquent plutôt de s'élargir à l'infini, de perdre leur horizon. Ils en viennent presque à s'engendrer eux-mêmes, et le sujet, le je, s'en trouve perturbé, cet *I* anglais qui évoque l'*eye*, l'œil ancien de notre ego et de notre projection imaginaire. Le moi subjectif ne s'évanouira pourtant pas, mais il peut avoir, pour changer, à entrer en concurrence avec sa propre progéniture. Nous ne sommes pas dans l'univers de la psychose où l'on échafaude des architectures imaginaires que l'on choisit d'habiter; ce que l'on pressent plutôt, c'est que le moi et le moi vécu en tant qu'autre seront amenés à jouer ensemble dans la cour unique de notre imagination humaine. ❧

traduction: Sophie Mayoux

1 William Shakespeare, *Le Songe d'une nuit d'été*, acte v, scène i, trad. Maurice Castelain, Aubier-Montaigne, Paris, 1948.

2 Marc Jeannerod, *Le Cerveau-Machine: physiologie de la volonté*, Librairie Arthème Fayard, Paris, 1983.

3 René Descartes, *Les Passions de l'âme* (1649), articles XXXI à XXXVI, GF Flammarion, Paris, 1996, p. 119 à 123. Descartes avait déjà affirmé, dans un ouvrage antérieur, que la glande pinéale constituait le «siège de l'imagination» et du sens commun. Voir *Traité de l'homme* (1633).

4 Marina Warner, «Making Secret Visions Visible», *The Inner Eye: Art beyond the Visible*, The South Bank Centre (National Touring Exhibitions), Londres, 1996, p. 12. (Cette exposition a circulé dans les lieux suivants: City Art Galleries, Manchester; Museum and Art Gallery, Brighton; Glynn Vivian Art Gallery, Swansea; The Dulwich Gallery, Londres, entre le 14 septembre 1996 et le 1er juin 1997.)

5 Paul Virilio, *La Machine de vision*, éd. Galilée, Paris, 1988. Le terme «machine de vision», ou «vision machine» entre en résonance avec la réalité différée du cinématographe. «Guerre des images et des sons, dit ainsi Virilio, qui supplée celle des objets et des choses [...]», *op. cit.*, p. 147.

6 Nous n'aborderons pas ici le rôle du mouvement symboliste français dans le renouveau de la Rose-Croix. L'ouvrage de Robert Pincus-Witten, *Joseph Peladan and the Salons de Rose-Croix*, université de Chicago, thèse, 1968, paraît aujourd'hui daté, mais n'en offre pas moins quelques aperçus intéressants. Toute la littérature récente sur le symbolisme justifie d'ailleurs ses positions.

7 Georges Bataille, «L'œil pinéal», *Écrits posthumes*, 1922-1940, *Œuvres complètes*, vol. II, Gallimard, Paris, 1970, p. 22.

8 *Idem*, p. 24.

9 Le thème de l'«œil» et de la cécité dans son lien avec le surréalisme n'a pas besoin de légitimation dans le présent contexte. Au sujet d'Ernst, voir Werner Spies, *Max Ernst-Loplop: The Artists as Third Person*, George Braziller, New York, 1983.

10 Cette notion est à la fois comparable et opposable à l'«œil pinéal» de l'imagination pure; il s'agit plutôt d'immersion sensuelle. «*L'anneau solaire* est l'anus intact de son corps à dix-huit ans auquel rien d'aussi aveuglant ne peut être comparé à l'exception du soleil, bien que l'anus soit la *nuit*», «L'Anus solaire» in Georges Bataille, *Œuvres complètes, Premiers Écrits 1922-1940*, vol. I, Gallimard, Paris, 1970, p. 86.

11 Selon Paul Virilio, «si l'on suit les trois phases du déplacement – le départ, le voyage, l'arrivée – et après la disparition du "voyage", c'est soudain le "départ" que nous avons perdu. Dorénavant, tout arrive sans que nous ayons à partir».
Voir http://www.crocker.com/plindale/virilio.htm.

12 «Aujourd'hui, comme nous l'avons vu plus haut, la question de l'"accident" est passée de l'espace de la matière au temps de la lumière. Un accident est avant tout un accident de transmission de la vitesse absolue des ondes électromagnétiques, une vitesse qui, ici-bas, nous permet non seulement d'entendre et de voir, comme c'était le cas à l'époque du téléphone, de la radio ou de la télévision, mais maintenant d'agir à de plus grandes distances: d'où la nécessité d'un troisième type d'intervalle...» Voir Paul Virilio, «The Third Interval: A Critical Transition», *Rethinking Technologies*, chapitre I, éd. Verena Andermatt Conley, University of Minnesota Press, Minneapolis et Londres, 1993, p. 3 à 12; également disponible à l'adresse Internet suivante:
http://www.duth.gr/-mboudoir/virilio1.html (p. 5); voir aussi:
http://www.georgetown.edu/grad/cct/tbase/viriliotext.html où l'on trouvera le texte qui a servi de point de départ à celui-ci.

13 «Le désastre ruine tout, et cependant laisse tout intact.» Voir Maurice Blanchot, *L'Écriture du désastre*, Gallimard, Paris, 1980, p. 7.

14 Moyennant une lecture chronologique, on peut voir se succéder le «monde imaginé», le «déplacement», et enfin le «non-lieu» du monde moderne.

15 Le même pessimisme, le même sentiment d'une ruine visuelle se manifeste dans les écrits de Jacques Derrida, qui s'approprie ce texte : « En vous, laissez le torrent déborder la source / Qu'œil et larme soient un : / Alors chacun porte la différence de l'autre / Les yeux pleurant, ces larmes voient. » Voir *Mémoires d'aveugle : l'autoportrait et autres ruines*, cat. d'exp., musée du Louvre, Paris (26 octobre 1990-21 janvier 1991), Réunion des musées nationaux, Paris, 1990, p. 130 ; le poème cité est emprunté à Andrew Marvell (1620-1678), satiriste et poète anglais : « Thus let your streams o'erflow your springs, / Till eyes and tears be the same things ; / And each the others difference bears ; / Those weeping eyes, those seeing tears », « Eyes and Tears », *Complete Poems*, 1972, p. 52.

16 Stasys Costautus, *Ciurlionis : Painter and Composer (Collected Essays and Notes, 1906-1989)*, éd. Vaga, Vilnius, 1994. Cet ouvrage rassemble la plupart des écrits importants consacrés à Ciurlionis au XXe siècle.

17 « C'est ainsi que la mélodie originelle de l'image dans la peinture est susceptible d'un développement thématique gouverné par les lois de la musique. » Voir Viacheslav Ivanov, « Ciurlionis and Synthesis in the Arts », *ibid.*, trad. Robert E. Richardson, p. 74 à 95 (p. 77 pour la présente citation). Cet essai, d'abord destiné à une conférence à Saint-Pétersbourg, a été initialement publié en russe dans la revue d'art *Apollon*, n° 3, 1914.

18 Alfred Erich Senn, « Ciurlionis : A Life », *ibid.*, p. 30 à 43.

19 Victorien Sardou, médium spirite, était renommé à la fin du XIXe siècle pour ses voyages imaginaires, et réalisa toute une série de paysages visionnaires de la planète Jupiter. L'œuvre qui se prête le mieux à notre propos est peut-être *La Maison de Mozart dans Jupiter* (1857-1858). Voir Christian Delacampagne, *Outsiders, fous, naïfs et voyants dans la peinture moderne*, Mengès, Paris, 1989, p. 46 et 49.

20 Les aspects médiumniques de la vie d'Hélène Smith (Elise Müller) sont retracés dans une analyse psychologique de ses voyages réalisés par projection et des produits de son imagination : Théodore Flournoy, *Des Indes à la planète Mars : étude sur un cas de somnambulisme avec glossolalie* (publié en français, allemand et anglais, 1900), Éditions du Seuil, Paris, 1983 ; voir aussi Olivier Flournoy, *Théodore et Léopold : de Théodore Flournoy à la psychanalyse* (correspondance et documents de Hélène Smith, Ferdinand de Saussure, Auguste Barth, Charles Michel), Fantasme et Vérité - La Baconnière, Neuchâtel, 1986.

21 Cette présentation « folklorique » dérive pour une part du fait que Ciurlionis était également un compositeur, et que des formes « populaires » simples – qui n'étaient autres que les forces qui maintenaient en vie son identité lituanienne – jouaient un rôle dominant dans ses images. Néanmoins, il ne s'agit là que d'éléments dépendant de circonstances contingentes. Les compositeurs que j'ai cités se trouvent simplement avoir été contemporains de cet artiste et illustrent l'utilisation de danses populaires bohémiennes, tchèques ou hongroises. On peut tout aussi bien citer Dvorak, à la même période.

22 Jaroslav Andel, « In Search of Redemption : Visions of Beginning and End », *Czech Modernism 1900-1945*, cat. d'exp., The Museum of Fine Arts, Houston (8 octobre 1989-7 janvier 1990), Boston - Toronto - Londres, Bulfinch Press - Little, Brown and Co., 1989, p. 15 à 33.

23 Au sujet de Josephson et Hill, voir Carl Friedrich Hill, *Ernst Josephson : zwei Künstler des späten 19 Jahrhunderts*, cat. d'exp., Hamburger Kunstverein, Hambourg (13 octobre-25 novembre 1984) ; au sujet de la dissémination, voir *Georg Baselitz + Carl Friedrich Hill*, cat. d'exp., Stockholm Konsthall (septembre 1995-janvier 1996), Stockholm, 1995. On trouvera une vue d'ensemble dans *Dreams of a Summer Night : Scandinavian Painting at the Turn of the Century*, cat. d'exp., Hayward Gallery, Londres (10 juillet-5 octobre), 1986, p. 146 à 153.

24 On pense à l'écrivain moscovite souvent considéré comme « le père des fusées spatiales », Konstantine Tsiolkovski (1857-1935) dont le premier récit, *Sur la Lune*, fut publié dans un magazine de Moscou en 1892. En 1895, paraissait un autre récit, *Rêves à propos de la Terre, du ciel et des effets de la gravitation universelle* ; la même année était publiée une histoire de satellite due à la plume de A. N. Contcharov, *Rêveries sur la Terre et le ciel*. La période située entre 1890 et 1910 a peut-être été particulièrement importante pour Ciurlionis et ses contemporains ; pour en savoir plus, voir http://www.magicdragon.com/UltimateSF/timeline1910.html ; sur l'histoire de la science-fiction, voir Brian W. Aldiss, *Billion Year Spree : The True History of Science Fiction*, Doubleday, New York, 1973. Il ne faut pas oublier, dans ce contexte, le rôle du cinéma dès ses débuts, avec par exemple les œuvres de Georges Méliès, *Voyage dans la Lune* et *Voyage à travers l'impossible* ; dans ce dernier film, un train se métamorphose en vaisseau spatial.

25 La partie de l'œuvre de Bergson consacrée à l'«intuition» et à la «durée» est immense. Voir Gilles Deleuze, *Le Bergsonisme*, Presses universitaires de France, Paris, 1966.

26 On trouvera chez Linda Dalrymple Henderson *The Fourth Dimension and Non-Euclidian Geometry in Modern Art*, Princeton University Press, Princeton, 1983.

27 On songe immédiatement aux théories d'Einstein sur la relativité restreinte et généralisée; voir *ibid.*, p. 228-229, 292-293, 298-299, 317-321, 334-339, 341-344 et 355-359.

28 Voir également «The Age of Positivism» in Jean Clair (sous la direction de), *Identity and Alterity: Figures of the Body 1895-1995*, cat. d'exp., biennale de Venise, Marsilio Editori, Venise, 1995, p. 103 à 189.

29 La nature de la conscience humaine et la science cognitive de l'«expérience» (qu'il faut distinguer de la projection subjective habituellement associée à la cognition et aux événements mentaux) ont récemment fait l'objet d'un intérêt renouvelé à travers un nouveau domaine d'étude appelé neurophénoménologie. Voir Francisco Varela, «Special Issues on Hard Problems», *Journal of Consciousness Studies*, sous la direction de J. Shear, juin 1996; cet essai est plus facilement accessible sous le titre «Neurophenomenology: A Methodological Remedy for a Hard Problem», à l'adresse http://www.ccr.jussieu.fr/varela/jcons.

30 Au sujet de l'attirance que nous pouvons éprouver pour des lieux construits sans plan ni dessin, voir Ann Cline, *A Hut of One's Own: Life Outside the Circle of Architecture*, MIT Press, Cambridge Massachusets et Londres, 1997, p. 124.

31 Cette idée a été avancée pour la première fois dans un article de Frederick Kiesler, «The Endless House and its Psychological Lighting», dans le magazine *Interiors*, vol. CX, n° 4, novembre 1950.

32 En février 1958, par l'intermédiaire d'Arthur Drexler, Kiesler reçut une aide de 12 000 dollars de la part de la D. S. and R. H. Gottesman Foundation pour les étapes préliminaires du projet.

33 Dieter Bogner, «The Endless House», *Frederick Kiesler 1890-1965*, cat. d'exp., sous la direction de Yehuda Safran, Architectural Association, Londres, 1989, p. 42 à 50.

34 Dieter Bogner, «Une architecture corréaliste: Inside the Endless House», *Frederick Kiesler, artiste-architecte*, cat. d'exp., Centre Georges-Pompidou, Paris (3 juillet – 21 octobre 1996); «Pour Kiesler, le "corréalisme" qui abolit les frontières entre les différents domaines artistiques et intègre les découvertes de la science physique et naturelle, la magie et le mythe, est un savoir où l'homme et son environnement sont appréhendés comme un système total de relations réciproques», p. 167. Le lecteur sera sensible à la similitude entre cette définition et les idées de Bataille, évoquées plus haut. Le *Manifeste du corréalisme* de Kiesler a été publié pour la première fois à Paris, en 1947.

35 Gilles Deleuze et Félix Guattari, «Introduction: Rhizome», *Mille Plateaux: capitalisme et schizophrénie*, Éditions de Minuit, Paris, 1980, vol. II.

36 Gilles Deleuze et Félix Guattari, «Un rhizome ne cesserait de connecter des chaînons sémiotiques, des organisations de pouvoir, des occurences renvoyant aux arts, aux sciences, aux luttes sociales. Un chaînon sémiotique est comme un tubercule agglomérant des actes très divers, linguistiques, mais aussi perceptifs, mimiques, gestuels, cogitatifs [...]», *ibid.*, p. 14.

37 Frederick Kiesler, «Pseudo-Functionalism in Modern Architecture», in Yehuda Safran, *op. cit.*, p. 56 et 58.

38 *Louise Bourgeois – Sculptures, environnements, dessins, 1938-1995*, cat. d'exp., musée d'Art moderne de la Ville de Paris (23 juin-8 octobre 1995), Éditions de la Tempête-Paris-Musées, Paris, 1995.

39 Marie Darrieussecq, *Louise's House / Dans la maison de Louise*, livret-supplément du catalogue, cat. d'exp., CAPC-musée d'Art contemporain de Bordeaux et Serpentine Gallery London, Bordeaux, Londres, 1998-1999, p. 3 et 4.

40 Nicholas Negroponte, *Being Digital*, Alfred A. Knopf, New York, 1995.

41 Brian Massumi, *Interface and Active Space: Human-Machine Design*, actes du sixième colloque international sur l'art électronique, Montréal, 1995; repris à l'adresse http://www.anu.edu.au/HRC/first-and-last/works/interface.htm.

Wilhelm Morgner

Andrea Witte

«L'Être est illusion et je suis la vérité[1]»

Expressionniste reconnu, originaire de Westphalie, Wilhelm Morgner créa, en l'espace de quatre ans de 1910 à 1914, une œuvre volumineuse comptant plus de deux cent cinquante tableaux et plus de deux mille dessins, aquarelles et œuvres imprimées [2].

L'art fut toujours pour Morgner un moyen de s'explorer, d'étudier le sens de la vie et l'homme dans sa condition existentielle. Dans la *Composition ornementale XIV* de 1912, on assiste, grâce à toutes sortes de raccourcis formels, à la transformation de la nature en un équivalent d'images de celle-ci. Le spectateur familier des œuvres de Morgner peut apercevoir, disposée de biais dans le tableau, la petite briqueterie de son village natal, Soest – avec au premier plan les lignes de chemin de fer traitées de manière schématique – , assemblée en une structure linéaire aux motifs réguliers. Le soleil, qui apparaît à plusieurs reprises, surplombe le tableau de ses rayons et abolit toute délimitation entre ciel et terre. Par son caractère monumental, la nature se trouve ainsi presque dotée d'un caractère symbolique.

À lire les soixante-cinq lettres de l'artiste qui nous sont parvenues, il semble que le thème du soleil, tout comme la simplification formelle, cache une signification plus profonde. Morgner tint ainsi les propos suivants à son ami Georg Tappert:

WILHELM MORGNER
Composition
ornementale **XIV**, 1912
Wilhelm-Morgner-Haus,
Soest

«Le soleil est le symbole dominant de la plus haute féminité... En tant que peintre, le symbole de cette féminité universelle est la couleur; en tant que dessinateur, c'est le mouvement circulaire [3].»

Le soleil, les étoiles et la lune constituent également les éléments essentiels du dessin *Composition astrale 24* [4]. Ils apparaissent sans cesse comme motifs principaux dans ses travaux. Très répandus dans l'expressionnisme, ils conduiraient, selon Wolfgang Rothe, «des mythes astraux au

mythe gnostique de la lumière-esprit[5]». Au sein de l'expressionnisme, le topos de la «lumière» prend une importance qu'il est difficile d'imaginer plus prépondérante. Les écrivains de cette génération chez qui on ne trouve nulle trace des vocables «lumière» ou «soleil» sont peu nombreux. De manière analogue, ceci vaut pour les artistes de cette époque. Morgner fait même un pas de plus que les autres. Dans ses œuvres, on a en effet le sentiment que les astres, en accord avec une mythologie céleste, deviennent des puissances divines, l'élément cosmique représentant le niveau spirituel le plus élevé de la vie, conformément à l'anthroposophie.

Dans ses *Compositions astrales*, Morgner parvient à dépasser la nature en tant que telle pour construire son propre monde d'images[6].

WILHELM MORGNER
Composition astrale 24, 1912
Westfälisches Landesmuseum für Kunst und Kulturgeschichte, Münster

«**Même si je n'ai pas le bonheur de parvenir à quelque chose de juste. La délimitation est toujours présente dans mes tableaux alors que je ne cesse de vouloir la dissolution [...]. Je pense avoir assez de force pour revêtir mon moi d'une forme. Je ne veux pas représenter la nature. L'image peinte ou les dessins doivent se comporter par rapport à mon moi comme la main agit avec le pendule d'une montre lorsqu'elle en accompagne le mouvement [...]. Je demeure toujours, d'une certaine manière, dépendant de la nature[7]...**»

Ce sont là des pensées que Morgner ressasse dans sa correspondance, pour révéler à travers diverses variations formelles ce qu'il nomme le «spirituel[8]». Il n'est plus possible de définir dans quelle mesure cet ensemble de pensées propre à Morgner se rattache clairement à des considérations sur l'art en vigueur à son époque. Car, dès le tournant du siècle, avec «le renforcement des courants du renouveau idéaliste dans le domaine de l'art et de la philosophie», on introduit déjà de manière programmatique le «concept d'esprit[9]».

Morgner renonce de plus en plus au monde des objets. Grâce à l'abandon de l'élément «matériel et objectif» et mû par le désir de devenir un «homme nouveau[10]», il veut abolir toute séparation entre la nature et l'homme, et tendre vers une spiritualité plus élevée[11]. Car il ne peut envisager la création d'une nouvelle forme d'art qu'à travers une symbiose:

«**Il me faut d'abord éprouver la vie de la nature pour éviter que la croyance dans la matière (dans la mort) ne pétrifie mon moi [...]. Je crois en une fécondation artistique de la vie qui mène à l'œuvre d'art [...], à l'homme nouveau [...]. J'abandonne la vie**

qui est en moi aux oscillations de celle de la nature, ainsi
ne deviendrai-je jamais... chose morte [12]. »

C'est avec la *Composition astrale III* de 1912 que Morgner s'engage
dans une voie très personnelle qui le fait entrer dans l'art du xxᵉ siècle.
Ses traits vifs et brefs donnent au spectateur la possibilité de ressentir le
scintillement fascinant de la lumière à l'intérieur d'une trame vibrante,
riche de nuances subtiles. Sa recherche d'une simplification de l'élément objectif le conduit à créer un monde-image qui lui est propre et à
dissoudre la forme en soi. Les séries de traits, disposés parallèlement les
uns aux autres, donnent l'impression de très peu se recouper et de
constituer ainsi des couches isolées. Chacune de ces couches délimitant
les lignes et les couleurs selon une densité variable, seul le plan demeure
comme élément identifiable en tant que tel. Morgner accentue ceci en
recourant au mordant de traits dominants qui vont se perdre à l'arrière-
plan sous l'aspect de vagues ou qui se jettent au premier plan, tels des
contours circonscrits par des ovales, dans de petites zones distinctes en
forme d'arches. Ce sont donc de minces passerelles qui établissent la
construction de l'image, nous donnant l'impression d'une surface qui
s'étire dans toutes les directions. En dynamisant le langage des formes
et en mettant en relief une ligne génératrice de mouvement, Morgner
s'approche d'une image de la «vie», susceptible de déboucher sur une
«symphonie de la vie [13]». Il écrit :

WILHELM MORGNER
**Composition
astrale III,** 1912
Wilhelm-Morgner-Haus,
Soest

« **Chaque image doit être une symphonie de la vie. Ici, il n'est pas
question d'une allégorie, d'une symphonie à la vie ou quelque chose
du genre, mais bien de la vie qui doit résonner par sa volonté dans
les lignes et les couleurs... Celles-ci doivent s'organiser de manière à
prolonger les oscillations de mon moi, telles les vibrations de
n'importe quel instrument qui prolongent dans l'air où elles se
propagent des variations similaires à celles qu'elles ont reçues de
l'instrument... L'image ne doit, par exemple, offrir aucun endroit mort.
Chaque partie doit être une expression, une symphonie de la vie [14].** »

Morgner montre ici avec beaucoup de justesse que son intérêt pour l'élément ornemental est vivant, tout comme la nature.
    On retrouve également cet état d'esprit dans la *Composition astrale*
de la même année 1912. Dans ce tableau où s'exprime un processus identique de traits parallèles juxtaposés, des formes irradiantes dégagent de
fortes impulsions colorées qui diffusent de tous côtés, en lignes courbes
et par vagues. Des amas de petites stries se mettent à vibrer. Des auréoles

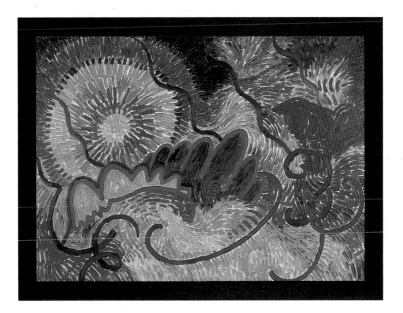

aux contours irréguliers débordant vers l'extérieur se créent en plusieurs endroits. Entre elles, des conglomérats d'aspects variés viennent se former, contrecarrant les habitudes élémentaires de la vision. Dans une série d'œuvres, toujours à partir de formes complexes et biomorphiques qui rappellent les cellules originelles ou les cellules reproductrices, Morgner donne naissance au mécanisme de la création, à la vie dans son devenir, mais aussi au chaos en tant qu'état primitif de l'univers.

Morgner adopte la même démarche dans les dessins de 1913 (voir par exemple *Composition astrale III*, 1913). Il invoque un monde où l'homme et la nature font l'expérience d'un lien nouveau avec le cosmos. Rien n'est réel, le monde est une création de l'artiste : «Toutes les choses sont esprit, maintenues ensemble par les liens de l'esprit [15].» Morgner voudrait rendre visible l'état d'âme, donner à voir la caractéristique de «l'invisible» dans l'image. On peut ici mesurer l'intensité de la relation qui devait l'unir au cercle du Blaue Reiter, en particulier aux artistes Franz Marc [16] et Wassily Kandinsky. Dans son essai «Sur la question de la forme», Kandinsky illustre bien le lien étroit qui relie cette formulation de Morgner – également proche du romantisme [17] – aux intentions du Blaue Reiter :

«Ce n'est pas la forme (matière) en général qui importe le plus, c'est le contenu (esprit) [18].»

Morgner et le Blaue Reiter sont unis par une vision du monde identique, de nature à la fois panthéiste et métaphysique, qui tend vers l'abstraction, vers l'utilisation d'éléments formels non-objectifs, et qui nécessite le recours aux symboles comme vecteur de l'expression.

«L'art véritable vient de l'éternité... Certains souhaitent une œuvre matérialiste, d'autres la veulent vivante. Je conçois l'art comme ces derniers [19].»

Ainsi, Morgner ne fait pas seulement l'expérience du rapport naturel et indissociable de l'homme avec le cosmos, mais il cherche en plus une voie qui lui permettrait de saisir le monde à travers l'âme et l'esprit. Il donne ainsi une impulsion essentielle au mouvement en faveur de l'expressionnisme [20]. Dans le dessin *Paysage astral VII* de 1913, des amas de formes s'agitent, s'interpénètrent dans un mouvement final de rotation rythmique. Leur caractère tridimensionnel est aboli, tout ce qui est statique sombre. Morgner emploie cette formulation pathétique :

«Je ne suis toujours pas parvenu [...] à saisir l'infini du mystère... Je suis le cri [...] le cri qui tourne en rond et pénètre à travers le tout [21].»

WILHELM MORGNER

Composition
(Paysage rayonnant),
détail, 1912

double page suivante
Paysage astral III, 1912

Westfälisches
Landesmuseum
für Kunst
und Kulturgeschichte,
Münster

En 1913, les œuvres de Morgner deviennent de plus en plus abstraites. La nature et le monde n'en sont pourtant pas exclus. Ils sont seulement déplacés dans un univers aux dimensions élargies par l'artiste. Dans la *Composition astrale I*, Morgner renvoie de nouveau au thème du processus de la création. De façon similaire, à travers la représentation de la femme, il veut créer une allégorie du devenir et de l'être qui corresponde à sa vie. L'aspect mystérieux de l'élément objectif est renforcé par l'impossibilité d'identifier les formes. Le sujet ornemental, organique, biomorphique et les souvenirs se mêlent avec une fécondité et une prodigalité identiques à celles qui sont à l'œuvre dans la nature. L'artiste aborde les thèmes de la maternité et du mystère de la naissance par des formes étoilées, «électriques», un soleil, une lune dans un paysage imaginaire. Morgner attribue au sexe féminin un potentiel à la fois destructeur et vital. Il existerait des femmes «à l'électricité magnétique et conductrice». Il ajoute :

«**Je crois que c'est cet être-là qui un jour apportera l'édifice à mon œuvre. Et par œuvre, je n'entends pas, comme Rubens, quelque chose de bachique mais un mystère rayonnant**[22].»

Morgner a tenté de rendre compréhensible son fantasme utopique d'un *Dasein* originel en attribuant à l'homme – être vivant au milieu de la nature et des animaux – une place dans un monde qui lui est propre.

«**La nature est un produit de mon imagination qui sollicite tous les moyens d'expression artistique possibles. Je ne vois pas pourquoi je devrais chercher à représenter la nature. L'être est illusion et je suis la vérité**[23].»

La clef de l'art de Morgner réside peut-être aussi dans le propos de Dieter Honisch, pour qui l'artiste aurait cherché «la réconciliation avec le tout, la dissolution de l'homme dans l'ensemble des rapports cosmiques[24]». Si les déclarations de Morgner paraissent aujourd'hui exaltées, elles confirment seulement que Morgner était «un enfant de son temps». ❧

traduction : Christine Lecerf-Héliot

1 Wilhelm Morgner, Lettre à Georg Tappert du 27 novembre 1911, *Briefe und Zeichnungen*, sous la dir. de Christine Knupp-Uhlenhaut, Mocker et Jahn-Verlag, Soest, 1984, p. 33.

2 «En tant que véritable expressionniste, il considérait la peinture comme l'expression du sentiment universel et la poussa jusqu'à l'abstraction. Ses tableaux sont des exemples pénétrants de l'expressionnisme tel que le concevait la jeunesse allemande, l'année qui précéda la Première Guerre mondiale, et dont le centre était *Der Sturm*.» Werner Haftmann, *Malerei im 20. Jahrundert*, Prestel Verlag, Munich, 1962, 2nde éd. revue et corrigée, p. 167.

3 Lettre à Georg Tappert du 19 janvier 1913, Ch. Knupp-Uhlenhaut, *op. cit.*, p. 84.

4 Andrea Witte, *Wilhelm Morgner, 1891-1917. Zeichnungen und Aquarelle*, éd. en collaboration avec le musée d'Histoire de l'art et de la Culture du Land de Westphalie, Münster, 1998, vol. I, p. 313, vol. II, ill. 1102.

5 Wolfgang Rothe, «Der Mensch vor Gott. Expressionismus und Theologie», *Expressionismus als Literatur. Gesammelte Studien*, Bern, Munich, 1969, p. 42.

6 On voit ici l'opposition formulée par Panofsky entre la *Abbildthéorie* et le «conceptualisme», dans la mesure où « le rapport du sujet à l'objet est tantôt interprété dans le sens d'un geste de pure reproduction tantôt dans le sens d'une activité abstraite qui opère un choix à partir de ce qui est donné, synthétisant le contenu de ce choix. » Erwin Panofsky, *Sinn und Deutung in der bildenden Kunst*, Cologne, 1975, p. 71.

7 Lettre à Georg Tappert du 10 mars 1912, Ch. Knupp-Uhlenhaut, *op. cit.*, p. 42.

8 Même s'il ne précise pas le mot «spirituel», on peut supposer que Morgner, comme beaucoup d'artistes autour de 1910, se préoccupait des niveaux de sens plus profonds et différenciés de cette notion. Voir à ce sujet Maurice Tuchman, «Verborgene Bedeutungen in der abstrakten Kunst», *Das Geistige in der Kunst. Abstrakte Malerei 1890-1985*, sous la dir. de Judi Freeman, Stuttgart, 1988, p. 17.

9 *Expressionismus. Manifeste und Dokumente zur deutschen Literatur 1910-1920*, introduction et commentaires de Thomas Anz et Michael Stark, Stuttgart, 1982, p. 215. Voir également Richard Haman, Jost Hermand, *Deutsche Kunst und Kultur von der Gründerzeit bis zum Expressionismus*, Berlin, 1967, vol. IV, p. 133-135.

10 Lettre à Georg Tappert du 26 avril 1912, Ch. Knupp-Uhlenhaut, *op. cit.*, p. 47.

11 Walter Riedel, *Der neue Mensch. Mythos und Wirklichkeit*, Bonn, 1970.

12 Lettre à Georg Tappert du 26 avril 1912, Ch. Knupp-Uhlenhaut, *op. cit.*, p. 46.

13 Van Gogh a comparé de la même manière son art à une symphonie : «Je vois toujours de ma fenêtre la grande fleur du soleil. Tout cela doit devenir une symphonie de jaune et de bleu.» Vincent Van Gogh, *Correspondances générales*, Gallimard, Paris, 1990. Morgner reprend souvent des pensées tirées de la correspondance de Van Gogh, faisant bon nombre de parallèles. Voir Jürgen Wissmann, «Wilhelm Morgner – ein westfalischer Van Gogh ?», *Der Expressionismus und Westfalen*, cat. d'exp. du musée d'Histoire de l'art et de la Culture du Land de Westphalie, Münster, Bonn, Bruxelles, Lüdenscheid, 1990, p. 159-175.

14 Lettre à Georg Tappert du 10 novembre 1911, Ch. Knupp-Uhlenhaut, *op. cit.*, p. 28-29.

15 Lettre à Georg Tappert du 16 juin 1912, Ch. Knupp-Uhlenhaut, *op. cit.*, p. 62.

16 Andrea Witte, «Zeichnungen von höchster Originalität ? Zum graphischen Werk Wilhelm Morgners», *Wilhelm Morgner 1891-1917. Gemälde, Zeichnungen, Druckgraphik*, sous la dir. de Klaus Bussmann, cat. d'exp. du musée d'Histoire de l'art et de la Culture du Land de Westphalie, Münster, 1991, p. 31-52 et 45-59.

17 M. H. Abrams, «Spiegel und Lampe», *Romantische Theorie und die Tradition der Kritik*, Munich, 1978, p. 119. Voir aussi Clara Schulz-Hofmann, *Franz Marc und die Romantik. Zur Bedeutung romantischer Denkvorstellungen in seinen Schriften*, cat. d'exp., Munich, 1980, p. 95-111.

18 Wassily Kandinsky, «Sur la question de la forme», *L'Almanach du Blaue Reiter*, éd. Klincksieck, Paris, 1981, p. 192-240.

19 Lettre à Georg Tappert du 7 juin 1912, Ch. Knupp-Uhlenhaut, *op. cit.*, p. 58.

20 Arnold Gehlen, *Zeit-Bilder. Zur Soziologie und Ästhetik der Modernen Malerei*, Francfort-sur-le-Main, 1960. Arnold Gehlen déclare que Franz Marc a créé «un univers (Reich) qui n'était pas de ce monde», p. 144.

21 Lettre à Georg Tappert du 22 février 1913, Ch. Knupp-Uhlenhaut, *op. cit.*, p. 110.

22 Lettre à Georg Tappert de 1913, Ch. Knupp-Uhlenhaut, *op. cit.*, p. 106.

23 Voir note n° 1.

24 Dieter Honisch, *Wilhelm Morgner 1891-1917*, cat. d'exp., musée d'Histoire de l'art et de la Culture du Land de Westphalie, Münster, 1967, p. 54.

Paul Klee

le lieu de la cosmogenèse

Judith Quentel

Paul Klee nous a légué plus de neuf mille œuvres dont beaucoup de dessins, des gravures, des aquarelles, quelques objets et de nombreuses peintures, mais aussi une œuvre théorique majeure, constituée pour l'essentiel des notes pédagogiques qu'il rédigea pendant son séjour au Bauhaus. Les notes qui suivent rappellent l'itinéraire singulier de ce peintre pour qui «la création vit en tant que genèse sous la surface visible de l'œuvre[1]».

Lorsque Paul Klee voyage en Tunisie au cours de l'année 1914, il décrit dans son journal la révélation qu'il a de la couleur et met en œuvre la relation entre sa perception et la fluidité du monde qui l'entoure[2]. Si les aquarelles qu'il réalise alors témoignent de l'expérience intense du peintre – enchevêtrement de formes dissoutes, variations de trait ou d'intensité chromatique –, elles sont aussi le constat que la vision euclidienne de l'espace ne suffit pas pour explorer le cosmos. Paul Klee pressent alors que l'expérimentation de la perception est infinie. 1914 est aussi l'année de la ligne qui rend manifeste la genèse de l'œuvre, comme le démontre Boris Eizykman dans son étude consacrée à *La Balançoire (des mondes)*. Comme d'autres, ce dessin condense une pluralité de problématiques liées à la conception que l'artiste a de la création et renvoie, en particulier, «à la dialectique incertaine de l'équilibre et du déséquilibre, au conflit primordial des principes statiques et dynamiques[3]». De plus, le caractère aléatoire de la construction, les «micro-organismes graphiques qui enveloppent le squelette de leurs

PAUL KLEE
Starres und Bewegtes geistert, 1929
(L'Immobile et le mouvement rôdent en fantôme)
Kunstmuseum Bern

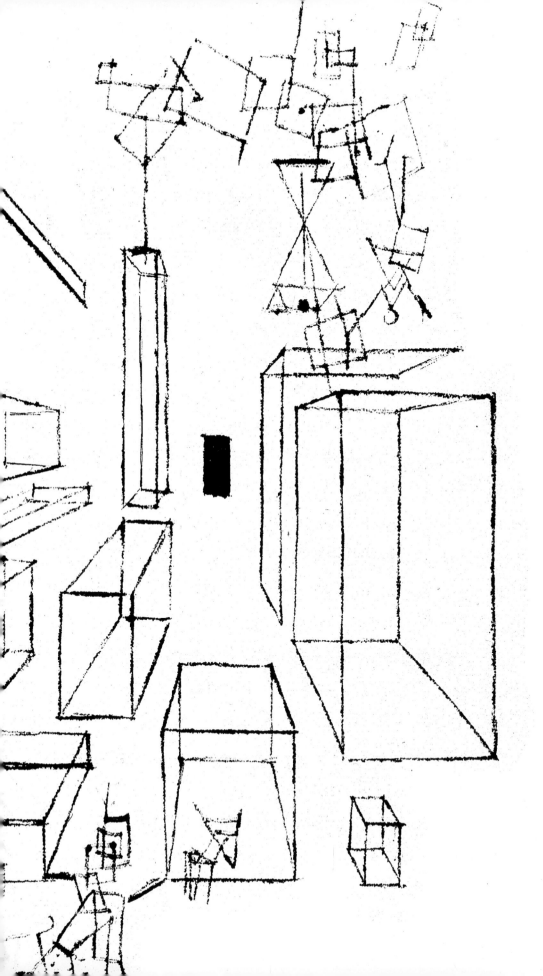

traits discontinus[4]», le «fouillis» des unités qui le constituent modifient les conditions de perception et de vision du spectateur. Telle une balançoire, l'œil est amené à voyager d'un point à l'autre de la composition pour en saisir la cohérence, car pour Paul Klee, le mouvement est à l'origine de toute chose et la temporalité du geste créateur est associée à la temporalité optative du spectateur[5] : «L'œuvre d'art naît du mouvement, elle est elle-même mouvement fixé, et se perçoit dans le mouvement (muscle des yeux)[6].» La fonction dynamique que Paul Klee accorde à la peinture est aussi une métaphore de la création.

Dans l'article intitulé «Voies de l'étude de la nature» (1923), Paul Klee réalise un diagramme circulaire «organisé» en quatre parties, comprenant l'artiste, l'objet, la terre et le monde dans une sorte de synthèse des visions intérieure et extérieure : «La seule voie optique ne correspond plus à la totalité de nos besoins actuels, de même qu'elle ne couvrait pas celle d'avant-hier [...]. D'anatomique, l'optique devient de plus en plus physiologique[7].» La voie physique définie par l'optique est dépassée. L'artiste doit s'approcher d'un point «cosmo-génétique», «au sein de la nature», «dans la matrice de la création». Pour y parvenir, il puise dans ses propres fonctions vitales, dans la biologie et l'anatomie autant que dans son rapport au monde terrestre et cosmique. Deux voies non-optiques sont ainsi explorées : celle de «l'enracinement terrestre commun qui, à l'intérieur du moi remonte jusqu'à l'œil» et «la voie d'unité cosmique qui s'impose par le haut». Toutes les voies se croisent finalement dans l'œil et débouchent sur la «synthèse de la vue extérieure et du regard intérieur[8]».

La création artistique témoigne de la genèse cosmique, à l'origine de cette genèse se trouve le Chaos. Il est symbolisé par «le point gris» qui irradie et qui croît, à partir duquel le cosmos s'organise[9]. Par-delà les apparences, la création est un perpétuel passage du chaos au cosmos, du visible à l'invisible : un «entre-monde[10]». En formulant ces conceptions, Paul Klee va infléchir l'orientation d'une partie de l'enseignement au Bauhaus où il est nommé en 1920. En effet, la notion de genèse, donc de mouvement, exclut d'emblée le recours à la géométrie euclidienne. Vues plongeantes, cubes et structures transparentes, mobilier en lévitation... Malgré l'apparente rigueur de ses «perspectives», Paul Klee propose une nouvelle façon de penser l'espace.

Au Bauhaus, Paul Klee explique à ses élèves qu'il faut suivre les voies de la création naturelle, la nature demeurant le modèle et son observation «une condition *sine qua non*» de l'activité artistique. Toutefois, insiste-t-il, les normes tant naturelles que géométriques doivent être confrontées à l'intuition. Les «énergies structurantes» des nervures d'une feuille développent une forme comme les lignes parallèles tracées à main levée par l'artiste dans *Un jardin pour Orphée* (1926). Dans sa volonté de remonter «du modèle à la matrice», du visible à l'invisible, Paul Klee pense la densité énergétique de la ligne : le trait actif délimite

PAUL KLEE

Gestirn über Felsen,
1929
(Constellation
au-dessus des rochers)
Kunstmuseum Bern

Weltenschaukel,
1914-1917
(La Balançoire
[des mondes])
Albertina, collection de
dessins, Vienne

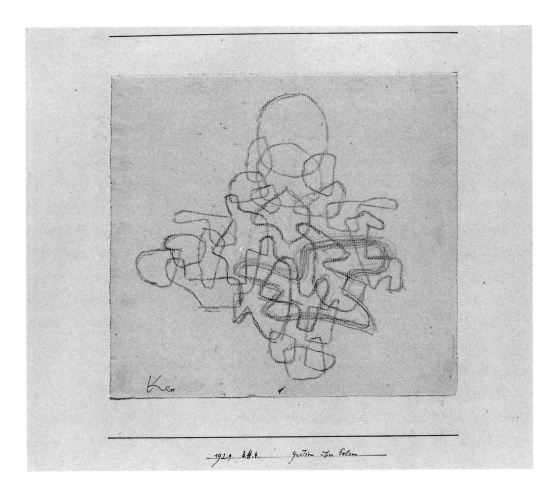

1929 S.#.9.   Geister über Felsen

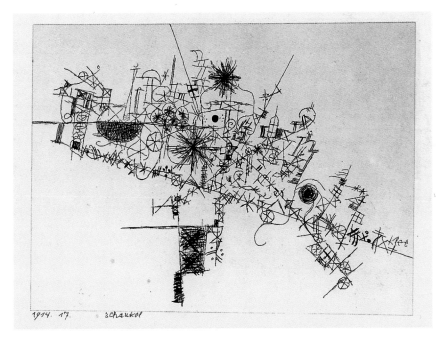

1914. 17.   Schaukel

1 Paul Klee, *Journal*, 1914, Grasset, Paris, 1959, p. 297.

2 Paul Klee, *op. cit.*

3 Boris Eizykman, *La Balançoire (des mondes)*, L'univers du discours, Boucherville (Québec), 1997, p. 18.

4 Boris Eizykman, *op. cit.*, p. 87.

5 «Le facteur temps intervient dès qu'un point est en mouvement et devient ligne [...]. Et le spectateur, est-ce instantanément qu'il fait le tour de l'œuvre ? (souvent oui, hélas).» «Chez le spectateur également, l'activité principale est temporelle. L'œil est ainsi construit qu'il fournit des morceaux successifs à la cavité oculaire» in Paul Klee, *Théorie de l'art moderne*, Conthier, Paris, 1971, p. 37-38.

6 Paul Klee, *op. cit.*, p. 38.

7 Paul Klee, «Voies de l'étude de la nature», *Écrits I : La Pensée créatrice*, Dessain et Tolra, Paris, 1980, p. 66.

8 Paul Klee, *op. cit.*, p. 66-67.

9 «Le moment cosmogénétique se situe à cet instant précis» in Paul Klee, «Cosmos-Chaos», *Écrits I : La Pensée créatrice, op. cit.*, p. 3.

10 Jean-François Lyotard, *Discours, figure*, éd. Klincksieck, Paris, 1971, p. 224.

11 Petra Petitpierre, citée par Christian Geelhhaar, *Paul Klee et le Bauhaus*, Ides et Calendes, Neuchatel, 1972, p. 130.

12 Christian Geelhhaar, *op. cit.*, p. 134-135.

13 Will Grohmann, *Paul Klee*, Éditions Flincker, Paris, 1954, p. 282.

14 Paul Klee, *Le Credo du créateur*, 1920, in *Théorie de l'art moderne, op. cit.*, p. 34 et suiv.

des surfaces passives ou des espaces intermédiaires. Là où l'énergie de la ligne s'éteint, les plans s'interpénètrent et créent des illusions de perspective... La ligne est bien au centre de cette confrontation de l'ordre et du chaos, du statique et du dynamique.

Dans les travaux que Paul Klee réalise à Düsseldorf à partir de 1930, les superpositions de mouvements simultanés donnent naissance aux œuvres polyphoniques, le cheminement de la ligne y est continu et «se charge d'un élément temporel au fur et à mesure de son développement [11]». Le flux des courbes et des méandres contournent des surfaces, des plans superposés à l'instar de différents thèmes musicaux qui seraient joués en même temps. Le terme «polyphonie» est d'ailleurs emprunté à la théorie de l'harmonie. C'est l'empiètement des formes, leur interaction et la transparence de la composition qui rendent visible cette simultanéité polyphonique [12]. Paul Klee expérimente la polyphonie linéaire dans de nombreux dessins des années vingt comme *Constellation au-dessus des rochers* (1929) et, de façon plus aboutie, dans *Groupe dynamiquement polyphonique* (1931), où les plans du dessous vibrent simultanément avec ceux du dessus par un subtil jeu de hachures et de superpositions.

Au début des années trente, la composition polyphonique devient une tentative de matérialisation de la lumière dans le tableau. La seule ligne, le dessin improvisé ne suffisent plus. Paul Klee crée à partir de la couleur. Toute la composition se subordonne au schéma «divisionniste» vibratoire. L'œil intérieur et l'œil extérieur sont en parfait accord. La surface des tableaux pointillistes qui précèdent *Mosaïque de PRHUN* (1931) opèrent presque sans relevé graphique une véritable harmonie musicale. Will Grohmann [13] souligne la place à part qu'occupe *Mosaïque de PRHUN* au sein de ce groupe d'œuvres. À la façon d'un puzzle, ce tableau évoque les mosaïques de Ravenne admirées par Paul Klee et auxquelles le titre fait directement allusion. Avec cette multitude de petits rectangles de couleur sur fond noir et superposés, le tableau apparaît aussi sonore qu'harmonique. La ligne se fait insistante, par les signes hiéroglyphiques «abstraits» et les successions de formes de couleur identique. Les rectangles ainsi collés sur un fond immobile participent d'un espace tactile autant qu'optique. Le pointillisme de Klee, comme son recours aux structures musicales, est un procédé qui lui permet de mieux approcher le fonctionnement organique de la nature.

La peinture est finalement un paradoxe : elle n'existe que par son assise formelle graphique mais à l'instar du cosmos, elle est une véritable condensation du mouvement invisible de la création. À la fois cause et effet, mouvement figé et espace temporel, l'œuvre pour garder le signe de sa mobilité doit être vivante et productive [14]. Cette conception de la création exige un renouveau de la perception. ❧

PAUL KLEE
Mosaik aus PRHUN, 1931
(Mosaïque de PRHUN)
Niigata City Art Museum

Mosaik aus PRHUN

la mécanique
des fluides
selon Marey

N. B.: l'auteur tient à remercier Marion Leuba,
conservateur du musée Marey, pour son aide précieuse.

Clément Chéroux

Spiromètre, odographe, myographe, sphygmographe, pneumographe, cardiographe, etc. Ce sont là quelques-uns des appareils utilisés par le physiologiste Étienne-Jules Marey (1830-1904) afin d'enregistrer les manifestations tangibles de la vie humaine ou animale. La «méthode graphique», qu'il définit en 1878 dans un livre éponyme [1], lui permet de transformer chacune de ces manifestations vitales en signe, de transcrire la vie en une graphie, c'est-à-dire en une information visible, lisible et surtout mesurable. Dans cette tentative d'objectiver la vie, de la transformer en une chose concrète et quantifiable, la photographie, idéal outil de réification, trouve tout naturellement son utilité à partir de 1882. C'est alors le début de la chronophotographie, véritable déclinaison photographique de la méthode graphique. Marey cherche alors à obtenir des photographies du mouvement qui en soient une véritable «épure géométrique [2]», une représentation schématique proche d'un graphique, sur lequel il pourra apposer un repère orthonormé, avec ses abscisses et ses ordonnées.

Locomotions aérienne, aquatique ou terrestre, attitudes de gymnastique, mesure du travail dépensé dans l'emploi de la bicyclette, mouvement que certains animaux exécutent pour retomber sur leurs pieds, étude de la trajectoire d'une balle rebondissante, vibration des cordes, résistance de l'air aux appareils volants, etc., tout semble devoir passer au crible de ce regard instrumental. En 1893, la chronophotographie connaît cependant un nouveau développement. Marey ne s'intéresse plus seulement au mouvement, mais étudie désormais le milieu dans lequel celui-ci s'effectue. Après des travaux sur la locomotion aquatique, il entame donc des recherches sur l'eau elle-même. Pour ce faire, il construit un aquarium dont l'arrière (vertical) est constitué d'un panneau noir et le fond (horizontal) d'un miroir réfléchissant la lumière. L'appareil chronophotographique est placé face au panneau noir. Le ménisque qui se forme à la surface de l'eau renvoie par réflexion un filet de lumière vive,

ÉTIENNE-JULES MAREY
Mouvement d'un liquide à la rencontre d'un obstacle plan et **Mouvement de clapotis par l'artifice de pastilles brillantes en suspension dans le liquide**, vers 1892-1893
Musée Marey, Beaune

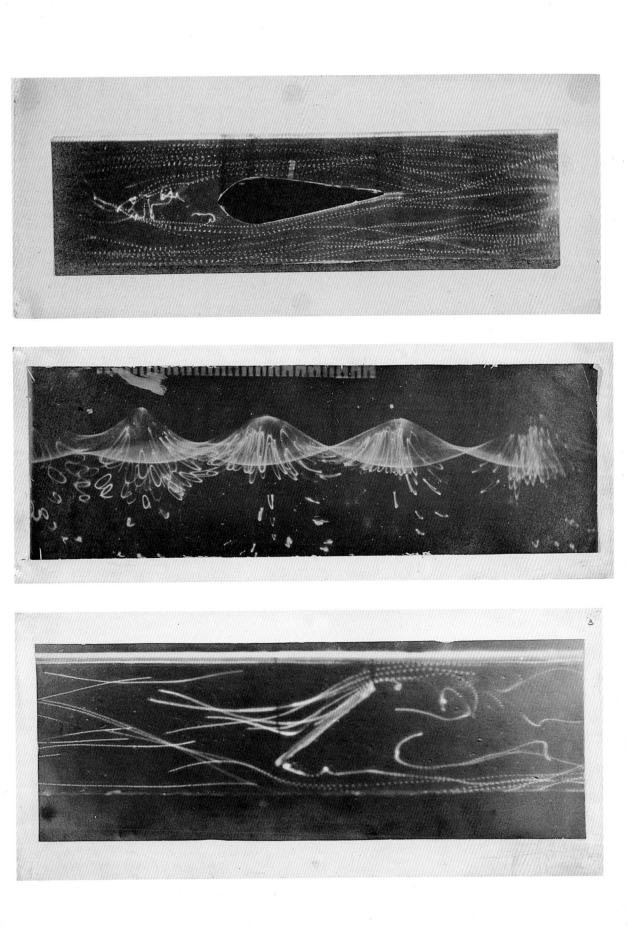

qui ondule avec le liquide et dessine sur la plaque des vagues en crête et en creux. Pour rendre visibles les mouvements qui s'opèrent à l'intérieur même du liquide, il suffit d'y mettre en suspension de petites boules argentées (de la même densité que l'eau), qui laisseront sur l'image la trace de leur animation. Enfin, ces perles brillantes permettent également de visualiser les remous qui se forment lorsqu'un courant rencontre des surfaces de différentes formes immergées dans l'aquarium[3]. «Les expériences de ce genre éclairent le mécanisme de la natation des poissons; elles seront peut-être utiles aussi pour déterminer expérimentalement les formes de moindre résistance, soit pour les corps immergés dans un liquide en mouvement, soit pour ceux qui se meuvent dans un liquide immobile. Ces conditions sont en effet réversibles d'après la plupart des auteurs[4].»

Au moment où il entreprend ses premières recherches sur l'hydrodynamique, Marey envisage déjà de les étendre à l'aérodynamique. Et lorsqu'il réalise enfin ces travaux en 1901, il ne manque pas de rappeler l'antécédent: «Dans le but d'éclairer le mécanisme de la locomotion du poisson, j'ai fait en 1893 une série d'expériences dans lesquelles j'étudiais, par la chronophotographie, le mouvement de perles brillantes [...] pour connaître l'action de l'aile de l'oiseau sur l'air, il était important de faire des expériences analogues montrant la direction que prennent les filets d'air lorsqu'ils rencontrent la surface d'une aile plus ou moins inclinée et présentant une courbure variable[5].» Marey rêve alors d'une espèce de soufflerie qui rendrait visibles et permettrait de photographier les divers mouvements de l'air dans des circonstances variées. Mais le dispositif est éminemment plus complexe que l'aquarium de 1893. «Depuis longtemps, écrit Marey, je poursuivais cette recherche au moyen d'appareils imparfaits; ce n'est que ces derniers temps que j'ai réussi à trouver une méthode dont les résultats semblent pleins de promesses[6].» Le dispositif, construit en 1901, se présente sous la forme d'une caisse hermétique dont l'un des côtés a été muni d'un verre transparent afin de pouvoir photographier l'expérience. La fumée est distribuée par une rampe de petits tubes situés en haut de la boîte et est aspirée par le bas à l'aide d'un ventilateur. Un courant d'air, matérialisé par une série de filets de fumée rectilignes, parallèles et équidistants, se forme donc dans la boîte. Il suffit alors d'introduire dans ce courant régulier des obstacles de diverses formes pour voir les filets s'écraser, s'élargir ou décrire de capricieux méandres. C'est le dessin de ces perturbations que vient instantanément fixer l'appareil de Marey, à l'aide d'un éclair magnésique partant de l'un des côtés de la boîte. À dessein, Marey reprend pour ces expériences les mêmes formes d'obstacles qu'il avait utilisées en 1893: triangles, cubes, corps pisciformes, lames courbes ou droites, etc. Et ses résultats sont à l'avenant, il en conclut que «l'air et les liquides se comportent sensiblement de la même manière[7]», que les lois de l'aérodynamique semblent répondre à celle de l'hydrodynamique.

ÉTIENNE-JULES MAREY
Déformations de filets de fumée rectilignes à la rencontre de corps divers, vers 1900
Musée Marey, Beaune

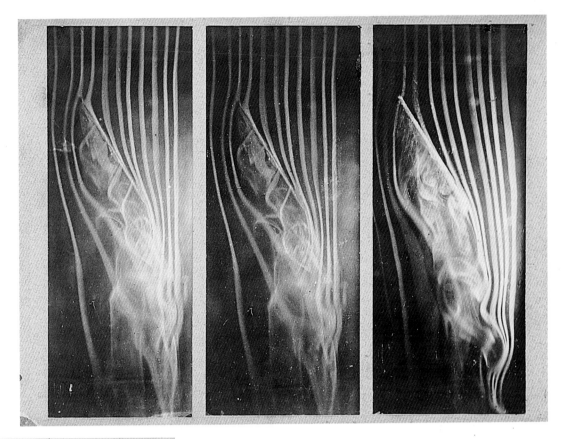

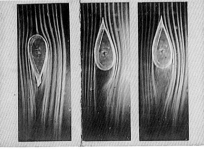

Il y a dans cette dernière expérience engagée par Marey quelques années avant sa mort, et peu avant qu'il ne cesse totalement de travailler, une sorte d'aboutissement à son œuvre. Tout d'abord, le dispositif de cette dernière expérimentation est l'un des plus complexes qu'il ait eu à construire pour la photographie. Cette ultime entreprise constitue ensuite une forme d'achèvement de la méthode expérimentale, puisque après avoir travaillé sur le mouvement Marey décide d'étudier le milieu dans lequel celui-ci se produit. Enfin, ces quelques volutes de fumée apparaissent, parmi les multiples objets d'études abordés par Marey, comme les plus évanescents, les plus intangibles, et en même temps, peut-être, les plus poétiques. ❧

1 Étienne-Jules Marey, *La Méthode graphique dans les sciences expérimentales et principalement en physiologie et en médecine*, Masson, Paris, 1878.

2 Étienne-Jules Marey, «Histoire de la chronophotographie. Ses applications scientifiques», *La Photographie française*, 1902, p. 70.

3 Cf. Étienne-Jules Marey, «Les mouvements des liquides étudiés par la chronophotographie», *Comptes rendus des séances de l'Académie des sciences*, t. CXVI, séance du 1er mai 1893, tiré à part, p. 1-11.

4 Étienne-Jules Marey, *Le Mouvement* [1894], Jacqueline Chambon, Nîmes, 1994, p. 116.

5 Étienne-Jules Marey, «Des mouvements de l'air lorsqu'il rencontre des surfaces de différentes formes», *Bulletin de la Société française de photographie*, 1900, p. 419.

6 Étienne-Jules Marey, «Les mouvements de l'air étudiés par la chronophotographie», *La Nature*, 7 septembre 1901, p. 232.

7 Étienne-Jules Marey, «Changements de direction et de vitesse d'un courant d'air qui rencontre des corps de formes diverses», *Comptes rendus des séances de l'Académie des sciences*, t. CXXXII, séance du 3 juin 1901, tiré à part, p. 3.

Des mondes inventés

Serge Fauchereau

Il est probable que l'homme ne s'est jamais satisfait de son seul monde réel et qu'il a toujours souhaité s'en recréer d'autres à la mesure de son imagination. L'homme des cavernes qui, une torche à la main, pénétrait dans l'obscurité d'une grotte, à Lascaux, aux Eyzies ou à Altamira, ne voyait-il pas, avec plaisir ou crainte, surgir, danser, se tordre et disparaître tout à coup au rythme de son pas et de sa flamme vacillante les ours, les bouquetins, les mammouths, les bisons, les mains et les yeux qu'il avait peints lui-même sur les parois ? Ce monde noir et souterrain créé par lui était le pendant troublant de son quotidien plus clair, mais aussi plus terre à terre, plus difficile à contrôler : les intempéries incompréhensibles, le gibier rare et dangereux, les autres tribus menaçantes... Cet homme avait besoin de magie, de sacré peut-être, besoin de rêve sans doute, d'inventer un monde de son choix, au-delà du noir ou du visible. Était-il foncièrement différent de nous ?

Depuis la nuit des temps, l'homme a inventé des mondes enchanteurs ou terrifiants, lieux de toutes les félicités ou de toutes les souffrances, pleins de constructions et de plantes de haute fantaisie et d'êtres bons ou mauvais, mais toujours loin de notre trop simple humanité. Comme pour justifier sa grande imagination, l'homme s'est retranché derrière des religions et des mythes. Ces endroits extraordinaires sont donc loin, très loin, hors de notre monde et même hors de notre vie. Seuls des téméraires ou des initiés en ont connaissance et savent en parler. Il faut les croire.

Héritiers d'animaux emblématiques des cavernes et des totems, les dieux égyptiens avaient encore des têtes d'oiseau, de chat ou d'autres bêtes. Après l'ère égyptienne, la riche mythologie gréco-latine a marqué profondément toute la culture occidentale avec ses cortèges de dieux, de héros, de contrées et d'êtres fantastiques mis en scène dans les fables et les récits des poètes : nous ne sommes ni grecs ni romains mais nous n'oublions pas comment Zeus-Jupiter se change en taureau pour enlever la nymphe Europe, nous n'oublions pas comme Daphné est transformée en arbre pour échapper au dieu Apollon qui la poursuit, et tant d'autres histoires. Nous connaissons les exploits d'Héraclès-Hercule, son combat contre l'hydre à sept têtes, sa descente dans les Enfers, ses voyages au pays des Amazones ou au jardin des Hespérides dont les arbres portent des fruits d'or. Même ceux qui n'ont pas lu dans L'Odyssée les aventures d'Ulysse sur les côtes de Sicile ou sur l'île d'Æa savent que les cyclopes n'ont qu'un œil et sont dangereux ; ils savent aussi qu'il ne faut pas écouter les chants des sirènes ni se laisser séduire par les magiciennes qui changent les hommes en pourceaux... Tout est passé dans l'imaginaire et le vocabulaire communs. On parle de satyres, de titans, de chimères. On sait ce que sont les harpies. On parle de Labyrinthe, de Pactole ou de Parnasse comme si on les avait visités. Malgré la bête de l'Apocalypse, les anges et les séraphins – qui ont, assure le prophète Ésaïe, «chacun six ailes : deux dont ils se couvrent la face, deux dont ils se couvrent les pieds et deux dont ils se servent pour voler» –, la mythologie biblique n'a pas fait oublier tout le passé gréco-latin.

En réminiscence du totémisme, sans doute est-il naturel d'incarner les déités en animal : Jésus-Christ est l'agneau de Dieu ; Ganeśa, dieu de la sagesse en Inde, est un éléphant ; Quetzalcóatl chez les Aztèques est un serpent à plumes... On associe également les dieux aux lieux inaccessibles et aux faits inexplicables tels que les étoiles ou les phénomènes météorologiques : la planète Vénus est liée à la déesse de l'amour des Latins ; ici, Chac est le dieu de la pluie, là, Thor le dieu du tonnerre et des éclairs... Une idée commune à tous constitue-t-elle une invention ? Des chevaux volants transportent à travers le ciel les walkyries germano-scandinaves, comme d'autres emportent le char de Mithra, comme Pégase sert de monture à Bellérophon. Ce qu'au Sud on appelle une naïade s'appelle au Nord une nixe ; les Nornes scandinaves sont imitées des Parques et les Niebelungen des Pygmées antiques... Selon les mythologies, les pays de cocagne se nomment Champs-Élysées, Walhalla, Grande-Prairie ou Paradis, mais c'est à peu de choses près le même. Dans leurs grandes lignes, les mondes mythologiques sont moins inventés que venus naturellement à l'esprit des poètes et des mystiques, de là d'innombrables ressemblances d'un continent à l'autre, d'une époque à l'autre. Les mythologies tendent généralement à reproduire les structures de notre simple humanité, en les magnifiant ou au contraire en les déformant. Donc, pour paraître réellement inventé, il ne suffit pas à un monde d'être imaginé, encore faut-il que cette invention soit singulière, originale et développée. Une seule œuvre d'un artiste ne suffit pas à constituer un monde à proprement parler. Ainsi importe-t-il de ne pas confondre le fantastique ou le surréalisme avec ces univers inventés et consistants qui nous préoccupent ici. Les artistes fantastiques ou surréalistes ont pu éventuellement en créer, mais ce n'est pas le cas de tous; il s'en faut de beaucoup. Quelle que soit l'étonnante diversité de leur imagination, ni Füssli ni Goya, pas plus que Masson ou Dalí, n'ont cherché à élaborer d'autres mondes cohérents. [...]

DE MONSÙ DESIDERIO AU SYMBOLISME

Après Brueghel et Bosch, après des maniéristes comme Arcimboldo, Cambiaso, Bracelli, comme Déprez et Caron, étions-nous encore dans de tardives résurgences médiévales et des transgressions de mardi gras ? Toujours est-il que le grand siècle classique, puis le siècle de la raison vont mettre un frein à cette invention de mondes hors du sens commun. Elle sera plutôt le fait des écrivains et philosophes: *La Cité du soleil* (1623) de Campanella ou *La Nouvelle Atlantide* (1626) de Francis Bacon poursuivent l'élaboration d'un monde idéal, qu'avec son *Utopie* (1516) Thomas More avait mis à la mode. À partir de l'*Histoire comique des États et Empires de la Lune et du Soleil* (1657 et 1662) de Cyrano de Bergerac, l'utopie laisse place à la satire. Plus ou moins féroce, elle est le moteur des *Voyages de Gulliver* (1726) de Swift, de *Micromégas* (1752) de Voltaire, et même de la *Découverte australe* (1781) de Restif de la Bretonne. L'invention n'y a pas de raison d'être en soi; elle n'est là qu'au service d'idées philosophiques ou sociales. Si l'art de cette époque-là paraît, lui aussi, moins créateur de mondes fantasmés, c'est qu'il semble également marquer une pause à un tournant. Pour tout un temps, c'en est fini des êtres grotesques et des situations *a priori* inconcevables. On voit se dessiner autre chose dans les tableaux signés Monsù Desiderio.

On s'entend à peu près aujourd'hui sur le fait que, sous ce nom, on confondait au début du XVIIe siècle deux peintres originaires de Metz, Didier Barra et surtout François de Nome, peut-être associés dans leur travail. Pour fuir les guerres de religion en Lorraine dans la première décennie du siècle, ils s'étaient installés à Naples dès leur jeune âge et y exerceraient toute leur vie. Leur spécialité était la représentation de villes, de temples et de palais grandioses, souvent en partie en ruine, bien que surchargés de décorations et de statues. Le tableau fixait éventuellement le moment même où survenait une catastrophe: *Explosion dans une église, Incendie, ruine, écroulement*... Les personnages présents dans ces scènes sont si peu visibles, au milieu des débordements architecturaux, qu'ils ne servent qu'à proposer une échelle plus disproportionnée encore et de pauvres repoussoirs face à tant de splendeur monumentale. L'œil du spectateur est tellement accaparé par les monuments et églises qui envahissent l'espace de *La Fuite en Égypte*, par leurs jeux d'ombre et de

Camera sepolcrale inventata e disegnata conforme al costume, e all'antica magnificenza degl'Imperatori P.o d'ani. Vedonsi in questa le Nicchie e Vasi, ne'quali collocavansi le ceneri de'Servi, de'Liberti, e di qualunque altro della Famiglia. Vedesi ben conservato il sepolcro, in cui stanno riposte le ceneri dell'Imperatore e, Imperatrice di lui Moglie. In qualche lontananza comparisce ancora una Piramide, la quale potè forse servire di sepolcro a qualche altro ragguardevole Personaggio della Casa Imper.

lumière sur les clochetons, tourelles et façades grouillant de statues, que seul le titre du tableau peut attirer l'attention pour un instant sur deux petits personnages et un âne au bas de l'œuvre. Monsù Desiderio ne s'embarrasse pas de vraisemblance ; dans *Job et sa femme*, il dispose ensemble, au bord même des vagues, des colonnes antiques en partie effondrées et des édifices hardis du plus beau gothique flamboyant. Assurément, ces constructions toujours splendidement tourmentées et grandiloquentes, ce goût des catastrophes et des ruines, nous introduisent dans un monde inouï, aux antipodes des intérieurs d'églises nets et dépouillés de contemporains hollandais comme Pieter Saenredam. Parler de schizophrénie, comme l'ont fait un peu étourdiment certains commentateurs, est une allégation qui n'éclaire pas davantage cet univers mystérieux. C'est surtout faire fi de sa qualité de précurseur. Avec toutes ces ruines, ces architectures omniprésentes, c'est un nouveau mode qui entre décidément en art pour perdurer jusqu'aujourd'hui.

La seconde moitié du XVIIIe siècle aura un goût immodéré pour les ruines. L'engouement pour l'archéologie et l'exotisme est tel qu'on construit de pseudo-pyramides égyptiennes, des pagodes et des vestiges gréco-romains, sans trop de précision stylistique. Hubert Robert (1733-1808) et ses imitateurs connaîtront une grande vogue en ne figurant guère qu'un monde en ruine. Point de vue urbaine, point de paysage où ne soit bien visible quelque construction lézardée, effondrée, déjà mangée par la végétation. Quand Hubert Robert peint le Louvre en ruine, il ne procède pas autrement que le scénariste du film *La Planète des singes*, qui imagine un New York postatomique sous les décombres. Mais le grand maître des ruines, c'est incontestablement Giambattista Piranese (1720-1778) avec les cent trente-sept planches de ses *Vues de Rome* (1748). Plus encore que chez Monsù Desiderio, les personnages sont secondaires, ne jouent aucun rôle, n'incarnent rien ni personne ; ce sont de simples passants dont la petitesse donne l'échelle des monuments antiques que l'artiste représente. En principe, ces œuvres architecturales existent puisque le graveur en fait une recension, mais il les dépeint de telle façon qu'on croit toujours se trouver dans un autre monde, certes grandiose, mais tout à fait irréel. Architectures et ruines figurent en vue rapprochée, occupant un maximum d'espace dans la planche, avec un luxe de détails dans les pierres, les plantes et les buissons parasites, qui les montre volontiers noires contre un peu de ciel, lui-même encombré de nuages gris. On n'est finalement pas si éloigné de Monsù Desiderio. Cette saturation de l'espace, Piranese va l'accentuer encore dans ses *Prisons* (*Carceri d'invenzione*, 1750) puisque ici tout se passe dans des souterrains, des caves aux voûtes et aux escaliers vertigineux et sombres. Un monde cohérent et clos où le sentiment d'inquiétude augmente avec la présence de treuils, de cordages, de poulies et de machineries incompréhensibles.

Du romantisme au symbolisme, le XIXe siècle a beaucoup aimé le fantastique. Les sabbats de sorcières de Goya conduisent aux fantasmes de Félicien Rops et aux *Îles des morts* d'Arnold Böcklin, et *Le Songe d'Ossian* d'Ingres aux peintres de féeries de l'Angleterre victorienne (Richard Dadd, Richard Doyle, J. A. Fitzgerald, notamment). Ces mondes de fantaisie convenue ne sont pas inventés à proprement parler. Le siècle ne manquait pourtant pas de visions personnelles.

Dans des genres bien différents, Grandville (1803-1847) et Odilon Redon (1840-1916) ont laissé des œuvres graphiques souvent fort insolites. Dans ses célèbres séries *Métamorphoses du jour*, *Scènes de la vie publique et privée des animaux* et *Les Fleurs animées*, c'est par volonté satirique que Grandville a représenté des scènes de la vie quotidienne, en remplaçant les êtres humains par des animaux ou des fleurs. Dans la série *Un autre monde* (1844), il a plus librement laissé vagabonder son imagination, obtenant des personnages arcimboldesques ou des variations de formes presque surréalistes. Grandville, comme plus tard Redon, travaille dans le cadre d'une gravure; chacune est autonome et ne prétend pas construire un monde. De la même façon, quand un peintre comme John Martin (1789-1854) multiplie les scènes de cataclysmes ou les architectures qui frappent l'imagination, *Josué ordonnant au soleil de s'arrêter* (1816) ou bien *La Chute de Ninive* (1828), c'est en se situant sur un plan épique d'inspiration biblique ou historique reconnaissable et non pas pour chercher un monde inédit. Paradoxalement, son disciple américain Thomas Cole (1801-1848) est moins artiste, mais plus inventif dans une thématique moins littéraire. *La Coupe du Titan* (1833) fait songer à ces paysages où Magritte installe des objets gigantesques et déplacés; ici, une coupe de pierre débordant d'eau écrase de sa présence un sauvage environnement montagneux. Avec *Le Rêve de l'architecte* (1840), le mélange des genres atteint son comble puisque sur le même tableau voisinent des temples et pyramides égyptiens, des édifices grecs et renaissants, une église gothique émergeant de cyprès florentins, des galères phéniciennes... Moins un monde, en vérité, qu'une mise en scène, accentuée par la présence de rideaux de part et d'autre du tableau.

La génération symboliste est tributaire des mythologies antiques ou germano-celtiques ainsi que de l'imagerie biblique et shakespearienne – en ce sens, ses précurseurs sont à chercher du côté de préromantiques comme Johann Heinrich Füssli et William Blake. Elle n'y ajoutera guère qu'un peu d'Extrême-Orient, ainsi que beaucoup de musique, surtout celle de Wagner, en privilégiant plus encore l'aspect bizarre ou satanique. Pour une «Pietà» douceâtre de Puvis de Chavannes, on compte vingt «Tentation de Saint-Antoine» par Rops, Redon, Ensor, Khnopff, Kubin... Si les peintres victoriens anglais se plaisent encore à figurer de gentilles fées, l'époque préfère de beaucoup les féminités fatales: Salomé ou Messaline, la sirène ou le vampire, la méduse ou la chimère... Dans la grande confrérie symboliste du mystère, il y a des tempéraments divers: des rêveurs (Lévy-Dhurmer, Schwabe), des ricanants (Rops, Ensor), des frénétiques (Delville, Nestor), des obsessionnels

double page suivante

MIKALOJUS KONSTANTINAS CIURLIONIS

à gauche
L'Aube I, 1906
L'Aube II, 1906

à droite
Composition, Sérénité, 1903

Musée national des beaux-arts M. K. Ciurlionis, Kaunas

(Khnopff, Malczewski) et guère qui ne soient pas fort sérieux (sauf, parfois, Rops et Redon). Significativement, la figure la plus répandue de l'art symboliste est le sphinx; citons sans ordre Moreau, Toorop, Stuck, Ruelas, Fabry, Delville, Ricketts, Malczewski, Kubin, le sculpteur Biegas, le premier Kupka... C'est une imagerie commune à l'époque que les artistes se laissent imposer. Les plus consistants nous laissent néanmoins devant une mythologie si ressassée, si débordante de jeux d'ombre et de strass qu'on se remémore volontiers la rosserie de Degas devant les œuvres de Gustave Moreau : «Ces olympiens cossus ont vraiment trop de chaînes de montre !»

Sphinx et chimères obligent pourtant à anticiper pour évoquer ici la figure solitaire du sculpteur roumain Dimitri Paciurea (1873-1932). Il s'était d'abord manifesté comme un talentueux suiveur de Rodin dans les premières années du siècle, puis on avait vu apparaître des êtres imaginaires tels qu'un *Sphinx* en 1913. À partir de là, hormis les œuvres de commande pour survivre, Paciurea s'est consacré à sculpter des chimères aussi loin de Rodin que de la mythologie antique ou symboliste: *Chimère de la terre*, visage lisse, souriant et corps gluant; *Chimère ailée*, visage aux traits incertains émergeant de la matière; *Chimère de la nuit*, croisement cruel d'adolescente et de hibou; chimères, chimères, tout un peuple de créatures aberrantes, fascinantes, dangereusement vénéneuses.

Dans les deux lignes que le dictionnaire Bénézit consacre au Danois Johannes Holbek (1872-1903), on le donne comme élève de Gustave Moreau aux Beaux-Arts – celui-ci était un excellent maître libéral aux dires de Rouault, Matisse, Marquet. Asger Jorn qui, au musée de Silkeborg, a révélé l'œuvre de Holbek ne s'arrête pas à ce fait. Il est vrai que, dessinateur avant tout, Holbek n'a guère de rapport avec la manière et la thématique du symboliste français. Ses planches et ses quelques peintures présentent le plus souvent des personnages aux prises avec un environnement de structures abstraites complexes qui envahissent l'espace et les enserrent. Ces spires et enroulements ne sont pas décoratifs, comme les volutes élégantes d'un Mucha. Ces figures humaines n'ont pas la stylisation des silhouettes perverses de Beardsley. Les sphinx et les femmes fatales du symbolisme n'ont pas de place dans ce monde fantasmatique abstrait, parfois si dense que toute présence humaine en disparaît. Il n'est pas facile de lui trouver une origine. Asger Jorn a suggéré certaines influences philosophiques et littéraires: l'anarchisme, Scwedenborg. Soit. Quelques figures de violoniste ou de chef d'orchestre laissent penser que la musique tenait une grande place dans les préoccupations de Holbek. Quant à ces débordements de replis et de circonvolutions qui ne doivent rien au Jugendstil ni à l'Art nouveau, ils dérivent des entrelacs médiévaux empruntés aux décorations scandinaves. Pour trouver un renouvellement, l'art occidental allait peut-être devoir regarder vers le Nord et vers l'Est.

Warszawa poniedziałek 2.II.1905

Nie gniewaj się, Pawełkowie, że tak długo nie pisałem. U mnie przeważnie chandra i to gruba. Długi czas nie nic robiłem, teraz maluję "Symfonję pogrzebową" mam już 5 obrazów. W następnym liście prześlę szkice, ale jak mi napiszesz dobry list o sobie i stosunkach wileńskich. Twój Koch

CIURLIONIS, PAR EXEMPLE

Avec le Lituanien Mikalojus Konstantinas Ciurlionis (1875-1911), on entre de plain-pied dans le XXᵉ siècle et plusieurs de ses problèmes artistiques les plus cruciaux: les relations entre l'art et la science, entre l'art et la philosophie, la mise en rapport des différents domaines de l'art, la culture populaire, la peinture non-figurative...

En dépit d'un penchant déclaré très tôt pour le dessin, la peinture et la littérature, Ciurlionis a d'abord été musicien. Un riche notable local avait remarqué les aptitudes exceptionnelles du jeune garçon et avait payé ses études musicales en Lituanie, puis à Varsovie. Diplômé du conservatoire de Varsovie et engagé dans la carrière de compositeur (son poème symphonique *Dans la forêt* date de 1900), il se met cependant à la peinture en amateur, ainsi qu'à la littérature. En 1901-1902, il étudie au conservatoire de Leipzig. Esprit indépendant, novateur, ses relations avec Carl Reinecke, son professeur de composition, sont orageuses; il se console alors avec la peinture: «Après ma leçon, je vais m'acheter un tube de peinture blanche, un mètre de toile et passer mon temps à peindre», dit-il dans une lettre de 1901[1]. Diplômé du conservatoire de Leipzig, il refuse un poste à celui de Varsovie et préfère prendre des leçons de dessin. En 1904, il s'inscrit à l'École des beaux-arts de Varsovie tout en travaillant à des compositions pour piano et au poème symphonique *La Mer*. On ne retient ici ces détails biographiques que parce qu'ils montrent un constant balancement entre la peinture et la musique, qui se poursuivra tout au long de la trop brève carrière de Ciurlionis, la peinture tendant cependant à prendre une place prépondérante dans les dernières années.

Avec toute une vie de travail d'arrache-pied, en dépit de difficultés matérielles, Ciurlionis laisse un considérable corpus d'œuvres plastiques et musicales, qui ne sont pas seulement symptomatiques de son temps mais qui souvent le devancent. C'est alors qu'il vit ses derniers mois, usé par le surmenage, que le succès l'atteint: on l'expose à Saint-Pétersbourg et à Moscou, plusieurs de ses tableaux figurent dans l'exposition «Les artistes russes» présentée à Paris, Kandinsky l'invite à se joindre au groupe de peintres qui va fonder le Blaue Reiter à Munich. Tout cela vient trop tard.

En 1906, Ciurlionis effectue un voyage en Europe centrale au cours duquel il voit beaucoup de galeries et de musées. Ses commentaires sont curieux: «La fin du XIXᵉ siècle nous a donné Böcklin. Oui, Munich est une ville magnifique. De la Sécession, il n'y a rien de la sorte dans nos villes. Stuck est un merveilleux coloriste. Sa *Guerre* est moins puissante que la *Guerre* de Böcklin et c'est cependant une œuvre impressionnante. Klinger est un peintre sérieux mais difficile. Segantini est excellent mais il y a en lui trop d'habileté pour un génie. Je n'ai vu qu'une œuvre de Puvis de Chavannes et je l'ai beaucoup aimée mais je pense qu'il a fait mieux. C'est là la fin du XIXᵉ siècle. Le commencement de notre XXᵉ siècle se manifeste dans le chaos. Des nombreuses œuvres que j'ai vues, j'ai eu l'impression que la peinture tendait vers quelque chose, se débattant et s'escrimant pour faire éclater ses limites actuelles, sans parvenir à les dépasser. Les œuvres les plus nouvelles viennent des peintres français qui sont les plus actifs et les plus hardis[2].» De quels peintres français s'agit-il ? Monet, Seurat, Gauguin, Cézanne, Signac ? Quoi qu'il en soit, impressionnistes ou postimpressionnistes, Ciurlionis ne leur devra rien. Et il ne devra rien non plus aux symbolistes qu'il mentionne. Les lourdes allégories de Böcklin ou de von Stuck ne sont pas plus son affaire que les mythologies plus contemporaines de Klinger et les bondieuseries bucoliques de Puvis. Les pâtes sombres des uns et le métier conventionnel des autres ne l'impressionnent finalement pas. Remarquons enfin que la note érotique, que ce soit celle de Beardsley, de Malczewski ou de Klimt est absente de toute son œuvre. S'il participe parfois au symbolisme de son époque (rois couronnés, cortège funèbre, arbres dressés comme des mains, anges ou démons jetant des éclairs, silhouettes dans les nuages), c'est toujours avec la plus grande légèreté: il est significatif que ses techniques favorites soient la détrempe et le pastel. De même que son métier n'a rien de conventionnel, son inspiration très diverse est allée dans des directions parfois contradictoires.

L'abondante correspondance que nous a laissée Ciurlionis montre qu'à tous les moments de sa vie, il a été un lecteur avide. Il cite aussi bien Baudelaire que l'essayiste et romancier Przybyszewski. À côté de ses lectures littéraires, il s'est donné un bagage scientifique. La botanique et l'astronomie qui l'intéressent particulièrement auront un réel impact sur sa peinture dont c'est là un des aspects qui nous est le plus proche. Sans même en venir à la haute fantaisie avec laquelle il imaginait *L'Univers de Mars* (1904-1905), voyez les étranges forêts des diverses versions de l'*Été* (1907), puis lisez ces lignes de *Vingt Mille Lieues sous les mers*: «Pas de filaments, pas de rubans, si minces qu'ils fussent, qui ne se tinssent droits comme des tiges de fer. Les fucus et les lianes se développaient suivant une ligne rigide et perpendiculaire, commandée par la densité de l'élément qui les avaient produits. Immobiles, d'ailleurs, lorsque je les écartais de la main, ces plantes reprenaient aussitôt leur position première. C'était ici le règne de la verticalité.» Même si Ciurlionis ne pouvait ignorer un ouvrage aussi célèbre et répandu à son époque, ce ne saurait être là une influence, mais une rencontre, sur un même chemin de la libre rêverie. C'est une voie largement ouverte où, pour ne citer que ce seul exemple, Joseph Cornell saura plus tard tirer de l'astronomie, de la botanique et des gravures de Jules Verne nombre de boîtes merveilleusement bricolées.

Ciurlionis cite l'astronome Camille Flammarion, un autre best-seller alors presque aussi connu que Verne et Wells. Outre ses nombreux ouvrages d'astronomie, Flammarion avait aussi composé des récits de merveilleux scientifiques – on ne parlait pas encore de science-fiction –

et des enquêtes et réflexions sur des phénomènes paranormaux dont le tournant du siècle était friand : hypnose, fakirs et médiums, tables tournantes... Tout cela avait été mis à la mode par des mouvements mystiques implantés dans toutes les grandes villes occidentales : théosophie de Mme Blavatsky, Rose-Croix des milieux symbolistes parisiens, anthroposophie de Rudolf Steiner. Pour fumeuses qu'elles aient pu paraître, chacune de ces théories avait trouvé d'impressionnantes cautions : de Victor Hugo à Conan Doyle et de Camille Flammarion à William Crookes, on questionnait les tables tournantes ; des musiciens comme Satie et Scriabine composaient des œuvres rosicruciennes ; des peintres, d'Hilma af Klint à Xul Solar, des écrivains, de Biely à Morgenstern, se tournaient vers Blavatsky et Steiner. Bien évidemment, Ciurlionis suivait cela, mais à l'écart, en curieux. Il y puisait des excitants pour son imagination et pour son art. Il pratiquait, dit-on, l'hypnotisme et l'automatisme. Mais il se fâchera tout rouge lorsqu'on voudra rattacher tel ou tel de ses tableaux à la théosophie sous prétexte qu'il y traçait parfois des signes – car le tau au serpent lové est plus vieux que toutes les théosophies.

Ouvrons ici une parenthèse à propos des effets de flou dont Ciurlionis use avec un art consommé dans ses œuvres. Il se pourrait bien que ce soit là un contrecoup de la vogue de la photographie dans les milieux artistiques depuis le milieu du XIXᵉ siècle. De Corot à Khnopff, chacun l'utilisait à sa façon. S'il ne fait aucun doute que le flou photographique a suggéré à Eugène Carrière sa manière particulière – «trop de fumée», raillait Degas – pourquoi n'aurait-il pas été aussi une incitation pour Ciurlionis ? De gris et de beiges vaporeux surgissent des villes incertaines. Plus étrangement fantomatiques, des bâtiments de science-fiction émergent à l'aube sur un rivage : on aborde un autre monde.

Le premier photographe à voir apparaître sur le papier sensible des formes floues ou des surimpressions a dû être surpris par ce mystère. Plutôt que le jeter comme un simple raté, il s'est avisé que c'est ainsi qu'on imagine les esprits et les fantômes. Était-ce sincère ? On s'est en tout cas attaché à ces images auxquelles l'objectif donnait valeur de preuve. Elles sont, écrit H. G. Wells, «comme un panache de fumée qui sort d'un fusil, avec une sorte de corps à demi matériel. Est-ce que je me retrouverais soudain parmi les innombrables armées des morts, en voyant le monde vivant sous l'aspect d'une fantasmagorie, comme je me l'étais toujours imaginé ? M'en irais-je, porté vers quelque séance spirite, pour y faire de sots et incompréhensibles efforts, en vue d'affecter un médium fermé à toute impression[3] ?». Si Wells ne croyait pas au spiritisme, de très sérieux savants comme Flammarion, Lombroso et Crookes y consacraient des livres pas toujours prudents puisqu'ils se laissaient éventuellement berner par des médiums et des photographes habiles à faire s'envoler les tables ou à créer des matérialisations d'esprits. Rien ne laisse penser que Ciurlionis ait cru à ces fantômes médiumniques mais leurs photographies étaient suffisamment répandues pour qu'il n'ait pu les ignorer. On sait qu'il était lecteur de Flammarion mais c'est l'astronome, le romancier des *Mondes inconnus* qu'il préférait. Même s'il ne l'avait pas cité dans ses lettres, ses tableaux extraterrestres le laisseraient deviner. Quant aux photographies spirites, leur mystère plus ou moins truqué trouvera une heureuse descendance avec les futuristes qui voulaient capter «l'essence intérieure des choses» (A. Bragaglia) et surtout les surréalistes en quête de «beauté spectrale» (S. Dalí). Viendront alors Man Ray, Maurice Tabard, Luigi Veronesi, José Alemany, avec des voilages, surimpressions, solarisations et bien d'autres manipulations pour dépasser la vision ordinaire du réel. Sans oublier les héliographies de Karol Hiller. Et, tout près de nous, les scannogrammes de Miguel Chevalier.

Les rapports de la musique et des couleurs étaient bien connus depuis les *Correspondances* de Baudelaire. Tout au début du siècle, les théosophes Annie Besant et C. W. Leadbeater mettront en rapport la musique et les formes avec leur théorie des «formes-pensées»: les idées, les émotions, les sentiments, tout comme la musique, peuvent se matérialiser selon des formes colorées sensibles aux plus attentifs et variables selon les individus et les compositions musicales. Si Ciurlionis croyait au «rôle divin et magique de la musique», il n'a jamais prétendu faire des translations de la musique à la peinture ou le contraire. Son confrère Scriabine, en revanche, proche des théosophes, associait l'un et l'autre. Il semble plutôt que la musique proposait des structures à Ciurlionis. La série *Sonate du soleil* respecte les quatre parties conventionnelles de la forme sonate et repose sur une tonalité majeure qui donne sa cohérence colorée à l'ensemble.

«Folklore», «art populaire» sont des mots qui font sourciller avec dédain les Vadius de l'art contemporain. C'est oublier que c'était là une des sources d'inspiration de l'art le plus avancé du début du siècle. Les futuristes russes (Larionov, Khlebnikov) s'en réclamaient et mêlaient leurs œuvres à des enseignes peintes, des dentelles ou des bonshommes en pain d'épice. C'est d'ailleurs une démarche qu'on défendait aussi au Blaue Reiter de Marc et Kandinsky. Brancusi descend de l'artisanat roumain autant que de Rodin. Les sculptures primitives étrusques ont joué un rôle important dans la genèse du cubisme de Picasso, autant que l'art nègre, tarte à la crème de l'art moderne. La musique n'est pas moins affectée par ce qu'on a appelé le nouveau folklorisme; citons les *Danses espagnoles* (1892) de Granados, *Jenufa* (1904) de Janacek, les *Chants populaires hongrois* (1906) de Bartok et Kodaly, *Iberia* (1905-1908) d'Albeniz, les *Rhapsodies roumaines* d'Enesco, *Petrouchka* (1911) de Stravinski. À la suite des émeutes populaires de 1905 en Russie, mais aussi en Pologne et ailleurs, Ciurlionis prend conscience de la nécessité de doter la Lituanie d'une autonomie culturelle jusqu'alors occultée et décide de s'y employer de toutes ses forces. Il va fonder des associations musicales et artistiques en Lituanie, organiser des expositions et recueillir des objets d'artisanat, des récits et des chants populaires. Lui-même va harmoniser

«Les formes pensées»
in A. Besant
et C. W. Leadbeater,
Les Formes pensées,
réédition Adyar,
Paris, 1990

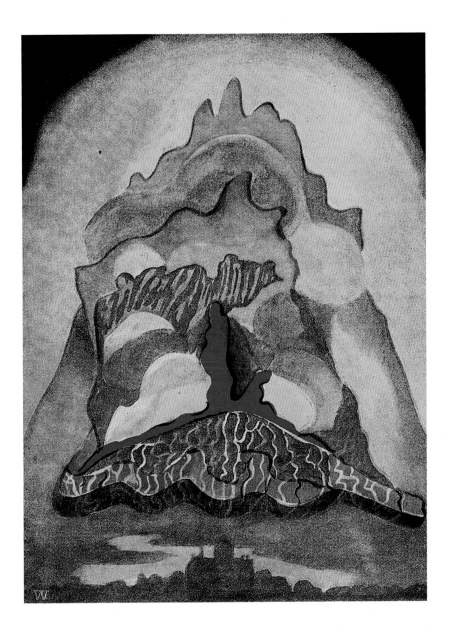

des dizaines de chants populaires pour chœur ou pour orchestre. L'impact de la culture populaire n'est pas moins visible dans son œuvre plastique. En Lituanie, les contes de fées les plus gracieux côtoient la mythologie démoniaque; Ciurlionis ne se fera pas faute d'y trouver des mondes non moins étranges que ceux des planètes lointaines: villes aériennes et englouties, villes pétrifiées, forêts vivantes et frissonnantes, rivages de mers inconnues... Plus tard viendront Max Ernst et Yves Tanguy. Dans un poème en prose, Ciurlionis s'est expliqué: «Il fut un temps où le monde ressemblait à un conte. Le soleil était cent fois plus clair; des forêts infinies de noisetiers tous scintillants d'argent se dressaient sur les bords de lacs d'émeraudes indolents, au-dessus de prêles aux écailles d'or, hautes comme le ciel, un terrible ptérodactyle volait, merveilleusement lourd de menace, avec un bruit effrayant. Et puis il s'est évanoui dans la brume radieuse de douze arcs-en-ciel[4]...» Des ptérodactyles ! Des prêles géantes ! C'est le *Monde perdu* de Conan Doyle, *King Kong* et *Jurassic Park* !

À force de chercher dans les formes et les couleurs des mondes à l'intérieur de soi ou par-delà notre perception – *Anywhere out of the world* –, Ciurlionis a délaissé les apparences de notre entourage quotidien. Peu après, Kupka ou Kandinsky, par des voies à peine différentes, renonceront eux aussi à la figuration. Bien qu'on n'ait pas retenu ici en Ciurlionis le précurseur de l'art abstrait mais le créateur de mondes autres, certaines de ses œuvres, comme l'*Été*, en sont une assez bonne suggestion. Lorsqu'il voulait inviter Ciurlionis à exposer avec lui au Blaue Reiter, Kandinsky avait bien pris mesure de l'originalité du Lituanien.

DE KUPKA AU SURRÉALISME ET AU-DELÀ

On a longtemps crédité Kandinsky d'avoir peint la première aquarelle abstraite en 1910. Mais juste avant lui il y avait Ciurlionis et auparavant la théosophe suédoise Hilma af Klint, et d'autres sans doute encore avant. Si en ces lointains pays du Nord le public était restreint, ce n'est pas le cas de celui qui défile avec stupeur devant les grandes toiles *Amorpha*, exposées par Kupka au Salon des indépendants de 1912 à Paris. Le peintre a sous-titré *Fugues* ses peintures mais ce renvoi à la musique, fréquent chez Kupka, n'évoque alors rien chez les chroniqueurs artistiques; ils n'y voient que des courbes, des cercles, des aplats de couleur. S'ils tenaient à une figuration quelconque, ils auraient pu songer à des écliptiques ou à des orbites planétaires. Cela est encore plus évident avec les *Disques de Newton, Étude pour Fugue en deux couleurs* (1911-1912). Puisqu'on ne parlait pas encore de big bang, c'est aussi le soleil qui inspire l'explosion de couleurs de *La Primitive* (1910-1911).

C'est à partir d'études scientifiques que Kupka avait élaboré son esthétique. En 1905, afin de mener à bien la longue et complexe illustration de plusieurs tomes de *L'Homme et la Terre* du géographe Élisée Reclus, il avait suivi des cours de sciences physiques et naturelles, il s'était

MAX ERNST
Le Soleil et la Forêt,
1928
Musée des Beaux-Arts,
Lodz

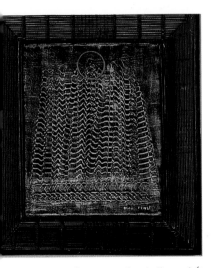

plongé dans l'astronomie et la géologie. À partir de 1914, les formes biomorphiques vont s'imposer dans son œuvre, évoquant des bouillonnements telluriens, des germinations secrètes, un *voyage fantastique* – ce n'est pas par hasard si surgit ici le nom d'un célèbre film de 1966 où Richard Fleisher a imaginé des médecins miniaturisés circulant à l'intérieur d'un corps humain. Citons d'autres œuvres de Kupka de 1919-1920 comme *Création, Facture robuste, Motif hindou* et les différentes versions du *Conte de pistils et d'étamines*, au titre si ciurlionien.

Lorsqu'ils éliminaient le réel de leurs tableaux, Kandinsky ou Klee ne gardaient pas un pied dans la science. En écrivant *Du spirituel dans l'art* (1912), Kandinsky avait trouvé certaines suggestions dans la théosophie, alors que Kupka l'avait finalement écartée sous l'influence d'un certain esprit scientifique et de convictions anarchistes affichées. Or, que restait-il si l'on refusait, d'une part, les fantasmes nés de la science et, d'autre part, les visions théologiques ? Pour un peintre, il restait des lignes et des formes colorées, «point, ligne, plan», selon le titre d'un livre publié par Kandinsky au Bauhaus en 1926. Cela constituait éventuellement de *Petits Mondes (Kleine Welten)*, ainsi que Kandinsky avait intitulé une série de ses œuvres de 1922. Ce nom conviendrait souvent mieux à d'autres œuvres, de son ami Paul Klee, petits formats figurant des contrées madréporiques, des cités flottant dans l'espace ou dans l'eau, des atlantides – voyez *L'Île engloutie*. L'œuvre de Klee est bien connue; c'est une vaste rêverie d'un enfant monstrueusement habile.

Parmi les proches de Kandinsky, Klee et leurs amis du Blaue Reiter, il y avait un peintre singulier qui, pour sa part, fonderait sa propre abstraction sur certaines convictions mystiques, Wilhelm Morgner. C'est au spiritisme qu'il emprunte l'«astralité» – nous serions constitués d'un corps matériel visible, palpable, et d'un corps astral, invisible et impondérable sauf pour les voyants et médiums. Morgner abandonne donc la figuration trop ressassée du monde réel et entreprend d'en peindre l'aspect astral. On pouvait espérer beaucoup de Morgner; malheureusement, il disparaîtra dans la Grande Guerre à vingt-six ans.

C'est aussi un monde parallèle extrasensoriel que fréquente volontiers le surréaliste Victor Brauner, et lui aussi se fonde sur la croyance en des existences occultes. Pour Brauner, l'artiste doit se faire médium pour communiquer avec elles. Les villes qu'il peint ne sont pas les nôtres, mais des «villes médiumniques» habitées par des avatars de notre humanité auxquels il s'adresse: «Incubes, succubes, éphialtes, lycanthropes, loups-garous, fantômes, spectres, rendez-vous ici, mes amis éternels. Vous parlez le langage d'un monde d'inspiration qui est le mien[5].» On devance ici ces «grands transparents» définis par André Breton dans ses

VICTOR BRAUNER
Ville médiumnique,
1930
Musée
d'Art moderne,
Saint-Étienne

Prolégomènes à un troisième Manifeste (1942) : des «êtres hypothétiques, qui se manifestent obscurément à nous dans la peur et le sentiment du hasard». On n'est pas si loin des esprits évoqués par Hugo avec sa table tournante. Ces grands transparents, Matta n'a cessé de se les représenter dans leurs corps incertains et leurs gestes inexplicables. Lorsque, au hasard d'une collaboration entre Brauner et Matta, ces êtres-là et les créatures polymorphes du premier se rencontrent, ils se comprennent et correspondent ; ils se regardent et, «à travers le miroir», se font un cinéma réciproque, une *Intervision*.

Le surréalisme n'est pas toujours allé vers la médiumnité pour questionner l'au-delà de la perception : Max Ernst, Yves Tanguy, Joan Miró, René Magritte, pas plus qu'Aragon, Éluard ou Soupault n'en ont jamais été tentés. Mais l'inconscient, les rêves, l'automatisme, la psychanalyse leur fournissaient de vastes champs d'investigation et finalement – c'est là la grande cohérence du surréalisme – les villes et les forêts de Max Ernst ou les déserts de rochers de Tanguy seraient des lieux que pourraient hanter les créatures de leurs amis férus d'occultisme. À partir de 1927, Tanguy n'a plus cessé de peindre un monde apparemment vide et certainement sans trace d'humanité. Ses configurations rocheuses sont comme ces êtres minéraux, les «Xipéhuz», imaginés dans les romans de Flammarion ou de J. H. Rosny, ou des décors pour les naufragés de *L'Île mystérieuse* de Jules Verne, ou quelque *Planète interdite* que visitent Flash Gordon et Salvator dans la science-fiction.

Les chroniqueurs latins nous rapportent que les plus courageuses légions romaines étaient prises de terreur proprement panique devant les forêts celtes et germaniques, si différentes de leurs clairs taillis méditerranéens. La forêt est une forme de labyrinthe où se cachent des monstres (l'homme-loup Lycaon, King Kong) ou des parias farouches (Robin des bois, Tarzan, Tristan). Or, chez Ernst, la forêt ancestrale, dans sa profusion arborescente, répond à son contraire, la ville moderne, prolifération de bâtiments construits de main d'homme, au point que les deux thèmes se confondent. La ville, toujours saisie de nuit ou sous un astre crépusculaire, est une manière de forêt avec ses bas-fonds labyrinthiques. À mesure que montait le nazisme dans les années vingt et trente, Ernst fixait des peurs profondes, archaïques : dans la forêt, des échelles arachnéennes ou *La Nymphe Écho* (1936), effrayante goule verte ; dans la ville, *Les Barbares marchent vers l'Ouest* (1935) ou la série *Jardin gobe-avions* (1935).

Il y a chez l'homme «le besoin de créer des visions», disait Stefan Themerson, et, comme les pratiques de la magie ou du spiritisme, les narcotiques et hallucinogènes ont souvent été de précieux auxiliaires. Ce sont les écrivains romantiques qui ont compris que ces visions ne venaient pas de l'extérieur mais bien des profondeurs de l'homme lui-même, révélées par la drogue. Coleridge, De Quincey, Gautier, Poe et Baudelaire se sont servi à des degrés divers de l'alcool, du laudanum, de l'opium et du haschisch pour susciter des paysages, des êtres et des scènes, en bref, pour «sortir de l'arche du réel» (Gautier). À partir du symbolisme s'est produit un important regain d'intérêt pour les drogues, le nombre de celles-ci s'étant bien accru avec l'éther, la morphine, l'héroïne, le peyotl, etc. De Jean Lorrain à Jean Cocteau, cela relève du phénomène de mode et de classe – l'assommoir pour les pauvres, la fumerie et la seringue pour les snobs. Pour le surréalisme, les drogues dures ne seront plus une évasion exotique mais une exploration des profondeurs de l'être. Avec Antonin Artaud, Jacques Vaché, René Daumal ou Roger Gilbert-Lecomte, la recherche littéraire est dépassée. Des peintres comme Georges Malkine ou Yves Tanguy ne semblent cependant pas en avoir tiré plus qu'une ivresse n'apportant guère à leur art.

Avec S. I. Witkiewicz, dit Witkacy, et plus tard Henri Michaux, l'expérience des drogues prend un tour particulier parce qu'il s'agit cette fois d'hommes qui sont autant écrivains qu'artistes et que la drogue ne leur est qu'un moyen et non un but en soi. Les expériences auxquelles Witkiewicz a procédé entre les deux guerres impliquaient toutes sortes d'excitants et narcotiques: alcool, caféine, morphine, peyotl, etc. Il en tirait des visions grimaçantes et inquiétantes d'un monde inédit: *Conte, L'Œil vert* (1921-1922). Plus singulier encore est l'emploi qu'il fait des drogues pour son travail de portraitiste, sa «firme de portraits», comme il dit. Le plus souvent sous contrôle médical, il s'administre diverses drogues dont il inscrit éventuellement les noms en abrégé sur le tableau même et, déstabilisé de la sorte, halluciné, il réalise de son entourage ou de commanditaires des portraits dont les distorsions et le chromatisme rappellent ceux qu'exécutera Artaud à la fin de sa vie. Ainsi faisait-il naître toute une population astrale troublante pour les spectateurs comme pour les portraiturés.

Dans la seconde moitié des années cinquante, lorsque Michaux entreprend des expériences avec le haschisch ou la mescaline, il n'a pas l'intention de devenir prisonnier de la drogue et prend les précautions nécessaires. Il en retire tout à la fois des textes qui relatent ce qu'il voit et ressent en plusieurs livres, et nombre de dessins et peintures. Même si lui-même intitule dépréciativement son premier ouvrage *Misérable Miracle* (1956), le récit de ses expériences est aussi impressionnant par sa minutie et son caractère dépaysant que ses dessins mescaliniens: «La drogue, comme la folie, comme la contemplation mystique, est excellente

XUL SOLAR
Fiordo, 1943
Museo Xul Solar,
Buenos Aires

1 Mikalojus
Konstantinas Ciurlionis,
Apie muzika ir daile,
Vilnius, 1960,
trad. S. Fauchereau,
p. 49.

2 *Idem*, p. 196.

3 H. G. Wells,
Sous le bistouri, 1897,
Albin Michel, Paris,
1931, trad. A. Savine.

4 Serge Fauchereau,
Ciurlionis, par exemple,
Digraphe, Paris, 1996,
trad. S. Fauchereau.

5 Cat. d'exp. *Victor
Brauner*, L'Hermitage,
Lausanne, 1999, p. 21.

6 Henri Michaux,
L'Infini turbulent,
Gallimard, Paris, 1957.

7 S. I. Witkiewicz,
Théâtre IV, L'Âge
d'Homme, Lausanne,
1972,
trad. Van Crugten.

pour faire surgir le démon[6].» Ce n'est pas Witkiewicz qui le contredirait – ni Brueghel – mais peut-on dire cependant que la drogue a suscité des œuvres radicalement différentes de leur production antérieure ? Assurément pas. Depuis les années vingt, Michaux peint des choses larvaires, des êtres lichenoïdes, et depuis son jeune âge Witkiewicz s'est complu à peindre et à dessiner des êtres grotesques. En fin de compte, chez l'un comme chez l'autre, la drogue n'a fait qu'exacerber certaines tendances et libérer quelque chose de latent qui n'aurait sans doute pas surgi sans elle. «L'art est aussi une drogue», fait dire Witkiewicz à l'un des personnages de *L'Indépendance des triangles*, «tout ça, ce sont des drogues. L'art ou les alcaloïdes, ça revient au même[7]». Quand deux types de drogues aussi puissantes se rencontrent, comment l'effet n'en serait-il pas décuplé ?

Pas plus qu'on ne saurait rendre compte en quelques pages de milliers d'années d'invention de mondes – quand bien même on s'entendrait à les distinguer des allégories, des utopies ou du fantastique, ce qu'on a tenté de faire ici –, il ne saurait être question d'exposer tous les mondes inventés par un siècle ou un autre. Les exemples qu'on a choisis pour le XXe siècle à la suite de la figure modèle de Ciurlionis permettent au moins de distinguer trois grands types d'esthétique qui ont servi d'humus à d'autres recherches, bien loin d'être épuisées aujourd'hui. C'est ainsi que le Jugendstil ou Modern Style de la Belle Époque, par l'intermédiaire de l'architectonique utopiste et expressionniste (Scheerbart, Taut, Finsterlin), nous conduit aux spéculations les plus irréalistes des architectes au seuil de notre XXIe siècle qui ne s'embarrasse pas «des moyens terrestres d'une architecture qui ne semble pas être de ce monde» (H. Finsterlin)… L'abstraction constructiviste, par des chemins qui passent sans doute par des marginaux comme l'Argentin Xul Solar, synthèse de Klee et de sciences occultes, mène à Thomas Shannon et à ses objets virtuels ou en lévitation, ses *Orbites* et ses *Îles volantes* (1979), son *Miroir terrestre* et ses *Atolls volants* (1987)… Et le dernier grand mouvement international, le surréalisme, n'en finit pas de décliner une descendance stupéfiante, «translations» ou «paste ups» verniens et ernstiens du Californien Jess, rondeurs tanguiennes des objets complexes à fonctionnement symbolique de l'Autrichien Gironcoli… Plutôt que des avatars, ce sont des rebonds vers d'autres voies, d'autant qu'en plus des moyens traditionnels de l'art, de nouvelles techniques sont apparues, apparaissent, apparaîtront. En matière d'art, tout ne fait jamais que commencer. ❧

YVES TANGUY
L'Inspiration, 1929
Musée des Beaux-Arts
de Rennes

Witkacy

Anna Zakiewicz

Stanislaw Ignacy Witkiewicz (1885-1939), plus connu sous le nom de Witkacy, fut l'un des peintres clefs du XXᵉ siècle polonais; il était également écrivain et philosophe.

Les premières œuvres de Witkacy sont plutôt de facture traditionnelle; ses portraits et paysages réalisés avant la Première Guerre mondiale restent dans la mouvance des artistes polonais de l'époque. Pendant ses études d'art – à l'Académie des beaux-arts de Cracovie –, Witkacy fait la connaissance de nombreux artistes et écrivains. L'amitié la plus importante est sans doute celle qui le lie à l'écrivain Roman Jaworski, dont les nouvelles ont une influence particulière sur son imaginaire. Plusieurs personnages au fusain semblent les frères des monstres qu'on trouve dans les histoires de Jaworski. L'un de ces dessins, intitulé *Visite dans une maison de fous*, sert même d'illustration de couverture à une œuvre de l'écrivain. De plus, un extrait de *Trois Heures*, qui date de 1908, pousse sans doute Witkacy à abandonner la peinture à l'huile pour se consacrer uniquement à la réalisation de portraits, sous la «marque» S. I. Witkiewicz, entreprise commerciale individuelle.

Cependant, entre l'idée de la firme des portraits, née aux environs de 1910, et sa réalisation en 1925, d'autres événements importants ont lieu dans la vie de l'artiste: le suicide de sa fiancée en 1914, un voyage en Australie cette même année, la Première Guerre mondiale qu'il passe en Russie dans les rangs de l'armée blanche.

C'est également en Russie que Witkacy découvre la drogue – l'éther et la morphine – et son influence sur le procédé créatif, qui se traduit par une extension de l'imaginaire et un enrichissement de la perception du monde[1]. Ces substances lui ouvrent soudain un univers de formes et de couleurs inexistantes dans la nature. Il aborde à nouveau cette expé-

WITKACY
L'Œil vert (détail), 1918
Musée Sztuki, Lodz

rience quelque dix ans plus tard, mais cette fois sous le contrôle médical d'un ami, le docteur Teodor Bialynicki-Birula. Ensemble, ils observent, discutent, notent les effets des différentes drogues, tant sur le corps que sur la perception du monde, et en particulier d'autrui.

Witkacy réalise sous l'influence de l'éther – la morphine ne lui réussissant pas, il cesse de l'utiliser[2] – des portraits et des compositions particulièrement impressionnants par la fantasmagorie des couleurs et des formes, qui ouvrent des voies artistiques novatrices.

Après la guerre, Witkacy publie son manifeste *Les Nouvelles Formes en peinture et autres écrits esthétiques*[3] et se joint au groupe des formistes. Dans ce cadre, il participe à de nombreuses expositions jusqu'en 1924. Ses huiles et pastels sont alors dans la continuité de sa période russe. Au premier regard, ces œuvres désorientent par la richesse étonnante de leurs formes, par leurs couleurs vives, voire criardes. Le rouge contraste avec le vert, l'orange et le jaune avec le violet ainsi qu'avec plusieurs teintes de bleu. Les contours nerveux et sinueux des aplats de couleur en intensifient l'expression et le dynamisme.

Même après un temps d'observation, l'œuvre reste pour le moins énigmatique, enchevêtrement de figures confuses, déformées, de mains qui s'agrippent, de fragments de visages, créatures qu'on devine animales ou mi-humaines; il est parfois possible de reconnaître un coin de paysage, un élément de végétation tordu. Certaines représentations peuvent sembler familières aux lecteurs des romans et des pièces de Witkacy. Un critique polonais, ami proche de l'artiste, Tadeusz Boy-Zelenski écrit en 1928 que «la peinture et le théâtre de Witkacy forment une unité. Les peintures de Witkacy sont du théâtre figé sur la toile, un théâtre si vivant, si intense que l'artiste a besoin d'extérioriser ce trop-plein d'énergie à travers le souffle de l'acteur, par la voix humaine; en même temps, il transforme parfois son théâtre en une suite de tableaux immobiles qui, comme par stupeur, recréent le rêve de la vie[4]».

Dans son œuvre, Witkacy exploite souvent les expériences de sa vie personnelle, ses lectures et ce qui lui paraît important dans l'art d'autrui. Voilà ce qu'il écrit à propos du processus créatif qui «apparaît d'un coup dans l'imagination de l'artiste, comme une vision optique sans objet. Les tensions directionnelles sont définies par différentes masses. Celles-ci se transforment en silhouettes d'objets sous l'effet de leur tension. À ce moment qui n'est pas toujours distinct en temps que tel correspond l'ensemble du psychisme d'un artiste donné, ses souvenirs, son univers imaginaire et émotionnel [...][5]».

En 1925, l'artiste abandonne «l'art pur» et fonde sa société commerciale de portraits. Si l'on a souvent comparé cet acte à l'abandon de l'art traditionnel par Marcel Duchamp ou par Arthur Rimbaud[6], il semble que les motivations de Witkacy aient été beaucoup plus prosaïques: il avait tout simplement d'énormes problèmes financiers. Il se marie en 1923 et cherche alors un moyen de subsistance régulier. C'est ainsi qu'il fonde la

double page suivante

WITKACY

Portrait
de Nena Stachurska,
12 X 1929

Portrait
de Nena Stachurska,
10 IX 1929

Portrait
de Nena Stachurska,
10 IX 1929

Portrait
de Nena Stachurska
(Alcoforado), III 1930

Musée de Poméranie
centrale, Slupsk

Société de portraits S. I. Witkiewicz, une entreprise sérieuse avec ses prix et ses conditions imprimés en 1925, en guise d'introduction au catalogue de l'exposition de Tymon Niesiolowski et Stanislaw Ignacy Witkiewicz au Salon Garlinski de Varsovie. À la fin du texte, l'artiste ajoute son adresse à Zakopane, comme dans une publicité destinée à lui attirer des clients. La version suivante des *Règles* de l'entreprise est publiée en 1928 sous forme d'affiche, ce qui permet une fois encore de faire de la publicité et «dispense de répéter continuellement les règles de l'entreprise[7]». Les *Règles* différencient les portraits en cinq catégories A, B, C, D, E. Les tableaux de la catégorie C, qui n'est pas payante, sont réservés exclusivement aux amis et exécutés sous l'influence de l'alcool (vodka ou bière) ou de la drogue (cocaïne et peyotl, pris sous contrôle médical uniquement).

Witkacy crée ainsi son propre système, qui le conduira à produire plusieurs milliers de portraits au pastel sur des papiers multicolores. Les portraits de la firme comprennent toujours la signature de l'artiste, la lettre de la catégorie (T, suivi de A, B, C, D ou E, et parfois un mélange de deux catégories, T. A + D par exemple), la date exacte d'exécution (l'année, le mois et souvent le jour) et fréquemment une annotation supplémentaire, comme NP qui signifie «me suis abstenu de fumer», suivie du nombre de jours ou de mois; d'autres initiales nous informent que l'artiste n'a pas bu d'alcool (N suivi du chiffre romain II) ou qu'il a fumé (lettre P), a bu du café (caf., abréviation de caféine), du thé (herb., abréviation du mot *herbeta* en polonais), etc.

Witkacy peint le plus souvent les portraits de type C, lors de réunions entre amis, sous l'influence de l'alcool ou au cours d'expériences avec des stupéfiants chez Teodor Bialynicki-Birula, et cela pendant trois ans, entre 1928 et 1931. La plupart de ces portraits sont peints sous l'influence de la cocaïne, celle-ci augmentant sans doute l'énergie de façon intense durant une brève période. Cette série d'œuvres se caractérise par une extrême confusion – visages distordus, souvent perdus dans un flot de touches multicolores. Ces pastels sont accompagnés des lettres Co après la lettre du type C, à côté de la signature de l'artiste. Les exemples les plus représentatifs sont ceux de Teodor Bialynicki-Birula lui-même, de sa femme Helena et d'autres participants à leurs réunions expérimentales – la compagne de l'artiste Nena Stachurska, l'écrivain Michal Choromanski et le cercle de ses amis à Zakopane.

Les œuvres exécutées sous l'influence d'autres drogues – peyotl, mescaline, haschisch et codéine – sont en comparaison plus sages, avec cependant de grosses déformations du modèle: pour exemple le portrait de Nena Stachurska représentée comme une tête volant dans un ciel crépusculaire au-dessus des montagnes, réalisé en octobre 1929 lors d'une séance au peyotl. Un mois plus tôt, Witkacy fait deux portraits d'elle en prenant de la mescaline; bien que datant du même jour – le 10 septembre 1929 –, ils sont très différents.

En 1930 et 1931, Witkacy expérimente des mélanges de drogues – cocaïne et codéine par exemple –, souvent accompagnées d'alcool. Cela donne des portraits sauvages, aux couleurs fluorescentes, avec parfois des reflets blancs sur le visage, comme dans celui de Michal Choromanski. Les portraits de type D sont exécutés sans apport d'aucune substance artificielle – Witkacy employant ces drogues, rappelons-le, uniquement pour les portraits gratuits réservés aux amis.

Pendant toute la période d'activité de sa société, c'est-à-dire de 1925 à sa mort en 1939, l'artiste crée en parallèle des catégories qui n'entrent pas dans les règles établies, comme la série Alcoforado qui comprend des portraits de femmes aux yeux mi-clos, la tête rejetée en arrière, ce qui, selon Witkacy, leur donne une expression d'extase sensuelle. Le titre de ces portraits provient de Mariana Alcoforado, auteur présumé des *Lettres de la religieuse portugaise*. Ces lettres écrites avec passion à son amant furent publiées sous l'anonymat au XVIIe siècle et connurent un immense succès. Le portrait de Nena Stachurska, réalisé sous l'effet de la cocaïne en mars 1930, appartient à cette série.

Witkacy aime également habiller ses modèles de costumes de théâtre ou d'une autre époque, les affubler de turbans, de perruques ou de chapeaux étranges. Il alimente ainsi la création de son propre imaginaire. On ne peut pas simplement considérer la société comme une entreprise ayant produit des séries de portraits d'individus; il s'agit avant tout d'une vision du monde fantastique, qui prend fin en septembre 1939 avec le suicide de l'artiste, au moment où la Seconde Guerre mondiale éclate. C'est également une firme qui dans son ensemble incarne l'idée de Witkacy selon laquelle l'art est un processus créatif, dont les résultats dépendent d'une convention acceptée, ainsi que des conditions dans lesquelles l'œuvre est réalisée. ✺

traduction: Valérie Morlot

WITKACY
Portrait
de Michal
Choromanski (détail),
2 V 1930
Musée de Poméranie
centrale, Slupsk

1 Ce problème a été traité par Irena Jakimowicz, dans l'article «O poszerzenie przestrzeni wewnetrznej. Z eksperymentow narkotycznych S. I. Witkiewicza», Musée national de Varsovie, 1984, p. 215-272.

2 Witkacy décrit ses expériences dans son ouvrage sur les drogues *Nykotyna – Alkohol Kokaina – Peyotl Morfina – Eter + Appendix*, publié à Varsovie en 1932.

3 S. I. Witkiewicz, *Nowe formy w malarstwie i wynikajace stad nieporozumienia*, Varsovie, 1919.

4 Tadeusz Boy-Zelenski, «Le théâtre de Stanislas Ignacy Witkiewicz», *La Pologne littéraire*, 1928, n° 18, p. 1.

5 S. I. Witkiewicz, *Wstep do teorii Czystej Formy w teatrze*, cité de *Pisma filozoficzne i estetyczne*, t. I: *Nowe formy w malarstwie. Szkice estetyczne. Teatr*, sous la direction de J. Leszczynski, Varsovie, 1974, p. 252.

6 Le problème a été analysé en détail par Wojciech Sztaba, dans sa monographie *Gra ze sztuka. O Tworczosci Stanislawa Ignacego Witkiewicza*, Cracovie, 1982, p. 180-223.

7 Les Règles de Witkacy ont été publiées plusieurs fois en version intégrale. Cf. B. Zgodzinska Wojciechowska et A. Zakiewicz, *Witkacy, Kolekcja dziel Stanislawa Ignacego Witkiewicza w Muzeum pomorza Srodkowego w Slupsku*, Varsovie, 1996, p. 33-35. Elles existent également en français, en anglais et en allemand.

flux, turbulences, émergences

« Tout coule, les objets sont sources. *Fluunt, fluviis, undis aequoris, fluenter, fluendi*. Flux et flux de fragrances, de voix volant au vent, de chaleur et de froid, d'embruns et d'amertume ; l'espace perceptif est dense d'ondes. Toutes choses sont émettrices, sans interruption et tous azimuts ; nos sens ne cessent d'être des récepteurs. Nous sommes plongés dans l'espace de communication. Nous baignons dans un entrelacs de canaux (ainsi, la perception est une rencontre, un choc ou un obstacle, une intersection de parcours parmi d'autres. Le sujet perceptif est un objet du monde, plongé dans les fluences objectives [1]. »
Michel Serres

Arielle Pélenc

DYNAMIQUES ET FLUIDES

Les fluides se sont immiscés dans la conception de cette exposition, qui s'est très vite révélée ne pouvoir se conduire de manière linéaire et « darwiniste », s'appuyant sur les des points de repère stables de l'histoire de l'art du XXᵉ siècle. Les œuvres et les contenus artistiques dévalaient la pente d'un devenir du projet, à grande vitesse, comme les atomes de Lucrèce, bifurquant et se regroupant en un réseau instable et mouvant. Les ondes électromagnétiques de Kupka, les paysages liquides et mélodiques de Ciurlionis, les vibrations de l'éther cosmique de Morgner, l'inflexion de la ligne chez Paul Klee, la vision comme flux de Kiesler, *L'Infini Turbulent* des dessins mescaliniens de Michaux, toutes ces tentatives artistiques visant à « remanier nos frontières cosmiques [2] » s'en remettaient à une dynamique des fluides plutôt qu'à une géométrie des solides.

Le point non-dimensionnel de Klee, qui est le lieu de la cosmogenèse comme origine du monde, et la création chez Kupka comme corrélation du vivant renoncent à une vision « mécaniciste » et déterministe du monde. Lorsque Kupka parle de « la fonction intersensorielle de la perception », « de dynamisme et de tension », « de conscience aux connexions multiples [3] », il ne s'agit plus d'un vitalisme issu de la philosophie de la nature des romantiques, mais plutôt d'une anticipation « des lois de la nature » telles qu'elles sont énoncées par les sciences actuelles. « L'originalité de la vie n'est pas dans sa matière constitutive, écrit Edgar Morin, mais dans sa complexité [4] », c'est-à-dire dans l'organisation et l'interrelation des éléments qui la constitue. Ainsi, les notions de variété, de probabilité, de hasard et de flux des micro-organismes sont devenues des logiques opératoires. La raison cartésienne et la physique newtonienne où l'organisation procède d'un ordre statique, fixe et invariant, sont désormais insuffisantes. On sait aujourd'hui que l'idée d'ordre a été remise en cause par la thermodynamique et la physique du chaos, un système organisé pouvant naître dans des conditions voisines de la turbulence.

ROBERTO MATTA
L'Interrompeur, 1958
Great Art Inc., galerie de France

COMMENT SE FORMENT LES TURBULENCES ?

Le *clinamen* est l'écart différentiel, le plus petit angle d'inclinaison des atomes sur un flux laminaire (régulier et parallèle). C'est une fluxion, une fluctuation[5], qui permet aux atomes de se rencontrer et de se regrouper. Il déclenche le tourbillon. Michel Serres rattache le *clinamen* à la physique vénusienne au moment imprévisible du trouble, de l'inclination. Chez Lucrèce, le flux des atomes – c'est-à-dire la nature – est fidèle à la vérité des sens. Ainsi, le tourbillon est *voluptas*.

Luce Irigaray interrogeait «le retard historique de la science quant à l'élaboration d'une théorie des fluides[6]». Parce que la physique des fluides «réels» résiste à la symbolisation comme matière instable, compressible, dilatable, faite de viscosités, changeant de volume ou de force suivant le degré de chaleur ou de pression, etc., leur exclusion de la rationalité revenait à abandonner leurs qualités au féminin. «Ce qui n'aura pas été interprété de l'économie des fluides – les résistances opérées sur les solides, par exemple – sera finalement rendu à Dieu[7].» C'est évidemment une critique de la topologie lacanienne qui range la jouissance féminine du côté de Dieu – l'extase de sainte Thérèse, celle de la religieuse portugaise Mariana Alcoforado chez Witkacy.

Abandonner le fluide à la jouissance féminine, aux puissances mortifères du chaos et de la dispersion, c'est ne pas reconnaître leurs propriétés dynamiques, leur force de résistance, leur capacité à faire système, à connecter les choses, à propager le sens à une vitesse étonnante, à ignorer les obstacles.

En architecture, le fluide est traduit par les *venustas* de Vitruve, c'est-à-dire l'ornement, la ligne fluide de l'Art nouveau, dont les danses tourbillonnantes de Loïe Füller furent un écho à l'aube du XXe siècle, avant l'éradication de l'ornement (et du corps) par l'architecture moderne.

LE TOURBILLON COMME MODÈLE

Le tourbillon naît d'un écart, d'un déséquilibre, d'une fluctuation. Dans les systèmes complexes, une bifurcation est facteur de désordre et d'instabilité, mais permet l'émergence d'une autre organisation. L'accidentel devient producteur, facteur d'innovation et d'invention.

En effet, aujourd'hui, le tourbillon a remplacé le cristal qui était le modèle pour l'architecture expressionniste et utopique du début du XXe siècle. «Le tourbillon liquide est le modèle pour les sciences parce que toute organisation du vivant est faite de structures fluides et dynamiques[8]». Il intervient également dans les processus de non-équilibre de la thermodynamique, dans les théories de l'information (organisation par le bruit), en climatologie. Le vortex est une force de transformation, il est chargé d'une énergie mythique, puisqu'il était identifié à l'origine cosmique de la création du monde, dans les cultures anciennes tant orientales qu'occidentales[9]. Le tourbillon est l'invention du monde.

LOÏE FÜLLER
La Danse du Lys,
vers 1902
Photographiée par
W. Isaiah Taber
Musée Rodin, Paris

à gauche
Oscillations chaotiques

à droite
HENRI MICHAUX
Dessin de réagrégation,
1969
Collection particulière,
Paris

SIGMAR POLKE
Katastrophentheorie II,
1982
Katastrophentheorie IV,
1984
Collection Cernot
Schauer, Vienne

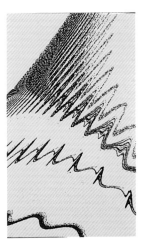

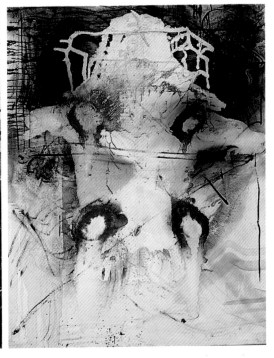

ÉMERGENCES

Ainsi, le monde ne s'invente pas à partir d'un site, d'un œil imaginaire localisable, qui s'opposerait à la raison et qui serait comme un point de l'esprit d'où serait projeté un répertoire d'images. Le monde s'extrait de la matière en transformation, que les artistes vont expérimenter par la mise en œuvre de processus physico-chimiques ou psychiques. Écriture automatique avec les frottages d'Ernst, jeux avec l'occulte chez Xul Solar ou Brauner, ralentissement et viscosités de la matière pour Tanguy ou Jacci den Hartog, son accélération et son éclatement au contraire chez Matta. Chaos chimiques des héliogravures de Hiller. Expérimentations avec les drogues de Witkacy et Michaux, dont les secousses violentes traversent le corps et l'esprit dans une accélération incroyable. Les accidents de la surface picturale de Polke ou Pollock. Inventer le monde, c'est le faire émerger du chaos du désordre. On connaît l'intérêt des surréalistes pour la géométrie non-euclidienne de Poincaré, une géométrie dynamique et qualitative, non pas métrique et quantitative [10]. Polke fait référence à la théorie des catastrophes du mathématicien René Thom [11]. Matthew Ritchie réinvente une fiction du chaos et des réseaux.

On ne peut plus parler de forêts, de villes englouties et de paysages merveilleux, l'iconographie vernienne disparaît au profit «d'êtres hypothétiques» (c'est ainsi que Breton appelait les cyclones et les tornades), de «champs magnétiques», de forces occultes, de turbulences.

Lorsque Judith Barry enferme le visiteur dans une chambre circulaire d'où est diffusé un brouillard vert, lorsqu'elle fait déplacer ce visiteur dans une autre chambre vide où il voit apparaître la couleur complémentaire, elle nous montre que la vision de la couleur surgit de l'interaction corrélative du monde de la matière et de notre monde chromatique (culturel et subjectif) [12]. La couleur n'est pas localisée dans la matière ou dans un paquet de neurones.

C'est intuitivement ce qu'avait compris Frederick Kiesler avec son *Manifeste du corréalisme* et sa *Vision Machine*.

MACHINE ET AUTO-ORGANISATION

La machine a changé depuis Jules Verne, dont le modèle était la machine à vapeur. La notion de machine induisait alors une optique «mécaniste», ce que refusaient justement les artistes qui se tournaient vers des modèles cosmiques. La machine était en opposition aux systèmes organisés. Seul le vivant pouvait être organisé [13]. La cybernétique, dans les années cinquante, a révolutionné l'idée de machine et celle d'organisation. Les notions de contrôle, de *feedback*, de traitement de données, ont pour la première fois fait apparaître des machines organisées. Les spécialistes des sciences cognitives ont alors utilisé ces notions de système auto-organisé à partir d'interrelations et de réseaux: «Lorsque je pense, je me souviens, je désire, je crois, je décide, etc., ce n'est pas un fantôme dans la machine cérébrale, un homuncule caché,

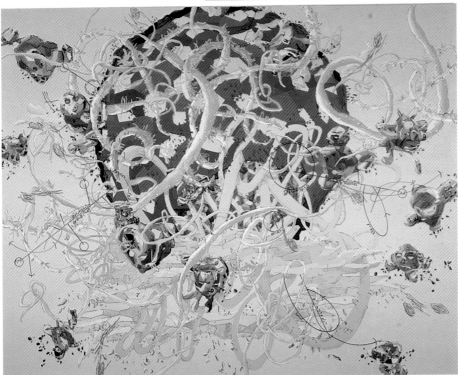

qui est le sujet de ces prédicats, c'est la machine elle même [...]. Il n'y a pas de centre de la subjectivité, mais des attributs de la subjectivité dont les effets émergents sont produits par le fonctionnement spontané, "auto-organisé", d'une organisation complexe en forme de réseau [14].» Lorsque Thomas Hirshhorn, avec sa *Sculpture directe*, utilise des forces contradictoires, celles qui viennent d'en haut (le pouvoir) et celles qui viennent d'en bas (du cœur) pour faire émerger du désordre, de la confusion et du «bruit» un autre message, «un processus sans sujet», une nouvelle organisation qui s'autoproduit, le caractère «politique» de son travail est à considérer du côté d'une traduction éthique (encore balbutiante) des systèmes auto-organisateurs [15].

L'ARCHITECTURE MACHINE

Cette logique à la fois ascendante (*bottom-up*) et descendante (*top-down*), qui a présidé à la conception du projet *Wet Grid* de NOX pour l'exposition «Vision Machine» (voir plus loin l'entretien avec Lars Spuybroek), intro-duit une nouvelle dimension dans les relations entre la machine et le corps. Les *venustas* ne sont pas des ornements, mais elles sont bien inté-grées dans l'architectonique et les nombreuse bifurcations des poutres de la structure. Le rapport accidentel du corps et de la machine, objet de nombreux phantasmes dans les années soixante sur les voluptés machi-niques (voir *Barbarella*), n'est pas celui de Cronenberg ou de Ballard dans *Crash*.

Les dessins de la grande structure, du grand vortex, font penser aux paysages sublimes des romantiques allemands Caspard David Friedrich ou Carl Gustav Carus. Ceux qui ont été réalisés pour l'accro-chage des œuvres évoquent plutôt l'ivresse mathématique des *Carceri* de Piranese. La topologie non-euclidienne est évidemment plus proche des émotions et des affects que l'espace cartésien. La nature climatolo-gique du vortex rappelle les affects romantiques. Mais le caractère machinique est toujours bien présent et son «inquiétante étrangeté» comporte un aspect terrible. C'est peut-être que pour NOX, l'ordinateur n'est pas simplement un outil, mais une arme, et son architecture une machine de guerre.

UNE MACHINE DE GUERRE

Pour Deleuze, l'occupation tourbillonnaire de l'espace «se rapporte au mouvement de l'arme et pas de l'outil [16]». Le travail, c'est l'espace eucli-dien et linéaire (parce que l'outil reste lié à des conditions de gravité). L'arme se place du côté de l'affect, son modèle n'est pas le travail mais l'action libre. L'arme est aussi du côté de la quête, alors que l'outil est du côté de la recherche. L'architecture est une machine de guerre qui n'a pas la guerre comme objet, de même que l'art, la poésie et la philoso-phie peuvent être des machines de guerre qui nous catapultent dans un autre espace-temps.

PATRICK TOSANI
Circuit n° 9, 1989
Collection de l'artiste

LARS SPUYBROEK, NOX
«**Wet Grid**»,
une architecture pour
«**Vision Machine**»,
Nantes, 1999-2000
Modélisation
informatique

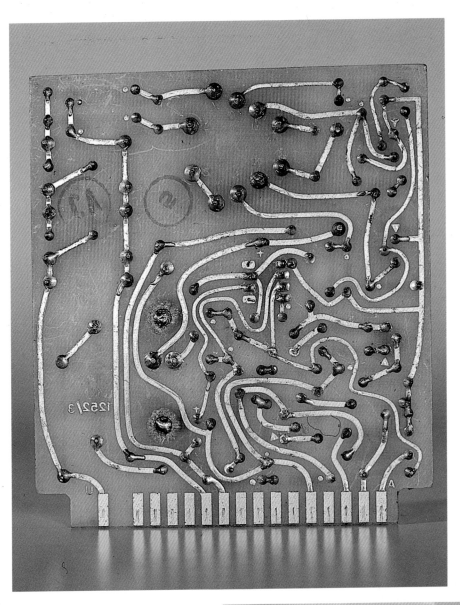

THOMAS HIRSCHHORN
Sculpture directe, 1999
Fonds national d'art
contemporain, Puteaux

La machine de guerre deleuzienne appartient à l'espace lisse des nomades, un espace du devenir. On ne va pas d'un point à un autre, on se distribue dans un espace ouvert, il n'y a pas d'arrivée ou de départ. C'est un espace d'intensité comme le désert, la steppe ou les glaces.

Les déclinaisons de la charpente de l'architecture, aux lignes abstraites faites d'orientations multiples, se répètent comme l'expression d'une force machinique. Elles se connectent comme une matière-flux, «inorganique mais vivante comme la ligne gothique». C'est dans les espaces intensifs et nomades, poursuit Deleuze, que l'on reconstitue les enjeux de la vie.

Voilà le «vecteur *vitesse*» de cette exposition. ❧

1 Michel Serres, *La Naissance de la physique dans le texte de Lucrèce. Fleuves et turbulences,* Les Éditions de Minuit, Paris, 1977, p. 63.

2 Félix Guattari, *Chaosmose,* Galilée, Paris, 1992. «Les machines de désir, les machines de création esthétique, au même titre que les machines scientifiques remanient constamment nos frontières cosmiques», p. 81.

3 Frantisek Kupka, *La Création dans les arts plastiques,* avant-propos de Karl Flinker, préface de Philippe Dagen, texte et traduction établis par Érika Abrams, Cercle d'art, Paris, 1989.

4 Edgar Morin, Jean-Louis Le Moigne, *L'Intelligence de la complexité,* Harmattan, Paris, 1999. Voir notamment le chapitre II: «L'épistémologie de la complexité par Edgar Morin», p. 43-169.

5 Michel Serres, *op. cit.* Voir chapitres intitulés «Protocole», p. 9-15 et «Retour au modèle», p. 37-83.

6 Luce Irigaray, *Ce sexe qui n'en est pas un,* Les Éditions de Minuit, Paris, 1977. Voir chapitre intitulé «La mécanique des fluides», p. 105-116.

7 *Ibidem,* p. 105-116. L'impasse psychanalytique persiste sur la question du «féminin». Voir notamment la position de Michèle Montrelay: «Par ailleurs, il semble bien que le transport dans le signifiant, par lequel la jouissance féminine *peut en dernier ressort* se définir, ne puisse pour l'homme se produire sur un mode aussi radical. Comment pourrait-il en effet, dans le plaisir, s'abandonner à ce dont il a la maîtrise, à ce dont il joue pour faire jouir?» in Encyclopeadia Universalis, Paris, 1996, p. 359. Et ça continue... La maîtrise côté masculin, la jouissance côté féminin. Et les «ressorts», de quel côté les range-t-on?

8 Henri Atlan, *Entre le cristal et la fumée. Essai sur l'organisation du vivant,* Éditions du Seuil, Paris, 1979. «Toute organisation cellulaire est ainsi faite de structures fluides et dynamiques. Le tourbillon liquide – détrônant l'ordonnancement du cristal – en est devenu, ou redevenu, le modèle, ainsi que la flamme de bougie, quelque part entre la rigidité du minéral et la décomposition de la fumée», p. 5.

9 Charles D. Minahen, *Vortex/t. The Poetics of Turbulence,* The Pennsylvania State University Press, University Park, Pennsylvanie, 1992. Voir la première partie «Pattern in the Flux», p. 3-14.

10 Voir Isabelle Fortuné, «L'imaginaire scientifique du surréalisme: Max Ernst, les objets mathématiques et la géométrie non-euclidienne», *Histoire de l'art,* n° 44, juin 1999, La Documentation Française, Paris, p. 21-33 et «Man Ray et les objets mathématiques», *Études photographiques,* mai 1999, n° 6, Société française de photographie, Paris, p. 21-33.

11 L'hypothèse de René Thom «est que la forme particulière du tourbillon de l'écume d'une vague est le résultat d'une discontinuité due en général à des forces antagonistes dans les mouvements du liquide. Des forces tendant à briser la symétrie du mouvement sont contrecarrées par d'autres qui tentent au contraire de le stabiliser. Il en résulte un éclatement, une discontinuité, "une catastrophe" dans le mouvement dont la forme se maintient pourtant, tant que la structure ainsi réalisée reste stable. De là l'idée que toute forme doit pouvoir être rattachée à un mouvement, un dynamisme particulier dont une discontinuité va engendrer une possibilité de structure», Henri Atlan, *op. cit.,* p. 222.

12 Voir Judith Barry, *The Blind Spot in the Mind's Eye.* Site internet: www.mondesinventes.com.

13 Henri Atlan, *op. cit.,* p. 21-22.

14 Jean-Pierre Dupuy, *Aux origines des sciences cognitives,* Éditions La Découverte/Syros, Paris, 1994, 1999, p. 175-176. Voir aussi Francisco J. Varela, *Invitation aux sciences cognitives,* traduit de l'anglais par Pierre Lavoie, Éditions du Seuil, Paris, 1996.

15 Thomas Hirshhorn, voir site internet: www.mondesinventes.com. Voir aussi le travail d'Isabelle Stengers pour «une écologie des pratiques et une expérimentation éthique», les sept ouvrages publiés sous le titre de *Cosmopolitiques,* Éditions la Découverte/Les empêcheurs de penser en rond, Paris, 1996-1997.

16 Gilles Deleuze, Félix Guattari, *Capitalisme et schizophrénie. Mille Plateaux,* Les Éditions de Minuit, Paris, 1980. Voir notamment le chapitre intitulé «Traité de nomadologie: la machine de guerre», p. 434-527. «Le déplacement linéaire, d'un point à une autre, constitue le mouvement relatif de l'outil, mais l'occupation tourbillonnaire d'un espace le mouvement absolu de l'arme. Comme si l'arme était mouvante, automouvante, tandis que l'outil est mû», p. 494-495.

Karol Hiller et les mystères de la matière

Zenobia Karnicka

KAROL HILLER

en haut
Composition héliographique VII, 1934

en bas, de gauche à droite
Composition héliographique XXI, 1938

Composition héliographique XI, 1935

Composition héliographique XIII, 1937

Musée Sztuki, Lodz

Lorsque André Breton, en 1930, essayait de rapprocher les objectifs du surréalisme des recherches alchimiques, afin de libérer l'imagination[1], Karol Hiller, artiste polonais né en 1891, expérimentait depuis deux ans la technique héliographique qu'il avait inventée. Il s'agissait de rendre le matériau photosensible «utile pour la reproduction[2]». Après avoir effectué plusieurs épreuves, il fabriqua finalement un négatif en celluloïd incolore qui, contrairement à la plaque sensible, offrait une plus grande capacité de manipulation de l'image et permettait d'obtenir une «variété de textures» satisfaisante. Avec ce négatif, il faisait par apposition sur le papier photographique des épreuves positives en noir et blanc. L'intensité des valeurs, la netteté ou le flou de l'image dépendaient des paramètres chimiques du papier utilisé et du temps d'exposition. Il retouchait en outre certaines tirages.

Il n'y avait rien de singulier dans ce procédé, excepté la volonté de «transférer dans le cadre d'un processus artistique conscient» des phénomènes naturels observés par les sciences et les techniques modernes (astronomie, physique et microphotographie). Il s'agissait de transformer les «mystères de la matière», visibles et invisibles, en source de matière picturale. Hiller mettait en pratique ses idées en procédant au traitement «alchimique» du celluloïd. Il obtenait ainsi des images abstraites ou des compositions figuratives. Il utilisait d'ordinaire une peinture

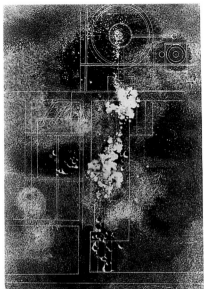

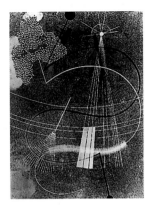

blanche (détrempe, gouache, rarement l'huile), qu'il étalait de façon plus ou moins dense avec des outils traditionnels ou par des méthodes moins conventionnelles, telles que doigts, ouate, morceaux de tissus. Il traitait aussi avec «l'électricité, les substances fluides qui ne se mélangeaient pas, mais au contraire se repoussaient. Les liquides facilitaient l'émulsion de la surface, les résidus se formaient entre les substances chimiquement actives grâce à l'inclinaison de la pellicule[3]». Son objectif était de «révolutionner la matière» picturale afin de reconstruire «l'atmosphère psychoplastique[4]» qui accompagne les images, c'est-à-dire «les éléments de la nature, les formes végétales ou animales», emmagasinés par notre mémoire (ou notre imagination). Voilà un projet proche de la conception métaphysique de Breton: découvrir la loi des échanges mystérieux entre le matériel et le mental.

Si l'on peut tenter de comparer l'attitude de Hiller avec celle des surréalistes, c'est aussi du côté de William Blake que l'on peut se tourner, lui qui aspirait comme l'a écrit John Berger[5] à transgresser «la substantialité» de la matière picturale. On peut aussi comparer la méthode de Hiller à celle d'un peintre d'icônes, pour qui la technique d'application de la peinture est proche d'un rite initiatique[6]. Dans une série d'héliographies connues, cette tentative se manifeste avec plusieurs tableaux (*Compositions héliographiques* autonomes) qui évoquent la création de l'univers à partir de la matière sombre et froide, dont les molécules bougent lentement, sensibles aux plus petits troubles, capables de se diluer dans l'infini (*cf. Compositions héliographiques* XIII *et* XIX, 1935)[7]. Les images ainsi perçues pénètrent les schémas linéaires: planimétriques (dans la *Composition* XIII) et perspectifs (dans la *Composition* XIX). Les images sont comme des interventions de l'esprit, les traces de l'existence humaine, aspirant depuis toujours à percer les mystères de l'univers, mais toujours surpris par ces mondes inconnus, cachés derrière le visible. Les *Compositions héliographiques* VI de 1934 et XLI de la même époque semblent accompagner notre propos. La seconde a été choisie par l'artiste pour illustrer ses propres écrits. Cette composition déploie devant nous le rituel étonnant des transformations de la matière, la structure du chaos apparent fait ressortir des ténèbres, des nébuleuses, des langues de lave, des formes embryonnaires, des agrégats de constellations, des galaxies lointaines et des comètes se projetant dans l'espace. Il est difficile de décider s'il s'agit d'une vision de la genèse ou de la destruction de l'univers. Deux autres héliographies parmi celles que nous pouvons voir à l'exposition de Nantes (VII et XI), peuvent être associées de façon plus directe au projet de couverture d'une œuvre capitale pour le développement de l'astronautique: *Initiation à l'astronautique* de Ary J. Sternfeld[8]. La couverture constitue la quintessence plastique du livre, où sont contenues les thèses principales de la cosmonautique. Les héliographies sont le résultat du libre jeu de l'imagination. Elles sont cependant liées par une inspiration commune – le cosmos et les possibilités de comprendre ses mystères. Dans la *Composition héliographique XI*, la vision du macrocosme dans son aspect éphémère s'entremêle avec les diagrammes géométriques qui nous font penser à une carte du ciel aux dessins mystérieux, effectués plutôt par un astrologue que par un astronome. En revanche, la structure géométrique et organique de la *Composition VII*, aussi éphémère et lumineuse que la précédente, nous conduit dans le microcosme des molécules élémentaires à construction interne complexe. D'autres visions de Hiller sont celles qui empruntent aux formes biologiques: ainsi l'héliographie *XXI*, créée avant 1938. Cette œuvre nous conduit au-delà du seuil de la réalité, transformant la matière inerte en organismes vivants, en matière palpitante et fusible, comme infectée de mycélium. Le monde des transformations incessantes, la symbiose de vie et de mort sont exprimés par l'absence de couleur, où le blanc (la lumière) est le symbole de la naissance, le noir celui de la mort, et où le gris a une valeur absolue car il réunit les deux composants. Cette référence à la théorie de la couleur de Wassily Kandinsky[9] semble justifiée, car Hiller s'est très tôt intéressé à la psychologie et à la symbolique de la couleur. [...]

L'œuvre de Hiller a fait l'objet de très peu d'études, d'un point de vue thématique et formel[10], ce qui n'est pas rare pour les artistes d'Europe centrale et orientale. L'obstacle le plus important à l'analyse de son travail est la perte de la plupart des œuvres ainsi que de la plus grande partie de ses archives personnelles, ce qui rend impossible la compréhension globale de son parcours. Nous ne pouvons nous référer qu'aux rares informations conservées et nous sommes obligés de chercher un fil conducteur entre les lignes de l'histoire. Ainsi, lorsque l'on regarde ses héliographies pour la première fois, nous pouvons remarquer leur similarité avec une série de linogravures d'Alexandre Rodtchenko de 1919[11], mais nous n'avons aucun élément permettant d'affirmer qu'il ait été influencé par cet ensemble. C'est plutôt le contexte tchèque[12], et non pas russe ou occidental, de la période de maturité de Hiller, qui nous permet de confirmer l'hypothèse selon laquelle l'artiste assimila vraiment la leçon du constructivisme et du surréalisme. Notamment avec les «artificialistes» tchèques, dont les propositions concernant l'abandon de la transcription du réel pour des visions sollicitant la sensibilité du spectateur ont des points communs avec les conceptions de Hiller. Cette leçon a néanmoins été précédée d'une période de fascination pour la civilisation orientale. Sa formation approfondie de chimiste et d'ingénieur, sa connaissance des techniques picturales traditionnelles comme ses expérimentations et ses recherches de nouveaux moyens plastiques ont conduit l'artiste vers l'art abstrait, anticipant les recherches de la génération postérieure – celle de la peinture informelle[13]. Hiller n'a pas eu le temps de s'affirmer comme l'un des plus éminents représentants de l'avant-garde polonaise, d'autant qu'il s'est tenu un peu à l'écart jusqu'à la fin de sa vie. Bien qu'il ait «devancé» ses contemporains [14], il a fallu attendre vingt ans avant que les «mystères de la matière» soient considérés comme une méthode de création en Amérique et en Europe. Arrêté par la Gestapo au cours des premiers mois de la guerre, il est mort prématurément, fusillé en décembre 1939 dans la région de Lodz. ❧

traduction: Katarzyna Bilicka

1 André Breton, *Second Manifeste du surréalisme*, 1930, d'après K. Janicka, *Swiatopoglad surrealizmu. Jego Zalozenia i konsekwencje dla teorii tworczosci i teorii sztuki*, WAIF, Varsovie, 1985, p. 140-141.

2 Karol Hiller, «Heliografika jako nowy rodzaj techniki graficznez», *Forma*, Lodz, n° 2, 1934, p. 21-23.

3 Karol Hiller, *op. cit.* Sur les pellicules en celluloïd que l'on peut trouver au musée Sztuki de Lodz ainsi que sur toutes les héliogravures connues, nous pouvons apercevoir la richesse de la technique de Hiller.

4 Terme emprunté au texte de Karol Hiller, «Nowe widzenie», *Forma, op. cit.*, p. 4.

5 J. Berger, *Sposoby widzenia*, traduction polonaise de Mariusz Bryl, Dom Wydawniczy Rebis, Poznan, 1987, p. 93.

6 *Cf.* Z. Podgorzec, *Wokol ikony. Rozmowy z Jerzym Nowosielskim*, Institut Wydawniczy Pax, Varsovie, 1985, p. 108-109. Un célèbre connaisseur d'icônes, le peintre Jerzy Nowosielski, souligne l'importance de la technique dans les tableaux représentant des saints, en se référant aux textes de Paul Florenski, Eugène Troubetski, Léonide Ouspenski et du père Serge Boulghakov.

7 La numérotation romaine des héliogravures ne vient pas de l'auteur. Elle sert à les identifier et a été appliquée en novembre 1945, au moment où le musée Sztuki reçut en cadeau près de quarante héliogravures et pellicules. Elle ne suit malheureusement pas un ordre chronologique. Les *Compositions* acquises plus tard ont reçu une numérotation postérieure.

8 Le projet original de la couverture du livre, accompagné d'une description de son contenu, a été mis par son auteur à la disposition du musée Sztuki, pour les besoins de l'exposition sur Karol Hiller, en avril 1967 à Lodz (*cf. Karol Hiller 1891-1939. Katalog wystawy*, musée Sztuki, Lodz, 1967). Ary J. Sternfeld, considéré comme le père de la cosmonautique soviétique, est né en 1905 à Sieradz, non loin de Lodz. Il habita à Lodz de 1915 à 1935, avec des absences pour ses études à Cracovie et à Nancy (de 1924 à 1929) et ses séjours à Paris. Il s'installa à Moscou à partir de 1935.

9 La théorie exposée dans la dissertation *Du spirituel dans l'art*, rédigée par Kandinsky à partir de 1910, publiée en russe en 1911 et en allemand l'année suivante, est connue du milieu artistique polonais de l'époque.

10 La publication de référence reste encore celle du catalogue de l'exposition sur Karol Hiller, datant de 1967 (*cf.* note n°8). Par ailleurs, les textes les plus importants sont: M. Minich, «Wstep», *Wystawa zbiorowa prac malarskich Karola Hillera zorganizowana przez Miejskie Muzeum Historii i Sztuki im. J. I. K. Bartoszewiczom w Lodzi*, Styczen, Institut de propagande Sztuki, Varsovie, 1938, p. 5-11; J. Ladnowska, «Linoryty Karola Hillera z lat 1922-1923», *Osnowa*, Lodz, 1967, p. 8-12; W. Borowski, «Karol Hiller», *Poezja*, n° 1, Varsovie, 1967, p. 107-108; A. Nakov, *Hiller Heliographs*, Londres, 1982; J. Zagrodzkki, «On the Question of Constructivism. II. Painting with Light», *Bulletin du Musée national de Varsovie*, nos 3-4, XXXVI, 1995, p. 66-78.

11 Il s'agit de l'album *Graviury Rodtchenko* de la collection du musée de la Culture artistique, aujourd'hui dans la collection du musée russe de Saint-Pétersbourg.

12 Le problème de la pratique artistique de Hiller dans le contexte d'attitudes et de création de certains membres du groupe d'avant-garde tchèque Devetsil et de l'Union de la culture moderne de Brno, active dans les années 1920-1931, sera l'objet d'analyses dans le catalogue préparé par le musée Sztuki de Lodz pour l'exposition sur l'artiste, prévue fin 2000-début 2001.

13 Cet aspect des expériences de Hiller a été remarqué pour la première fois par un poète, membre d'un groupe d'avant guerre «a. r.», Julian Przybos, qui a écrit: «Hiller était prétachiste, même si aucun de nos peintres n'a développé cette idée.» Julian Przybos, «Nowiny mamarskie», *Przeglad Kulturalny*, n° 42, Varsovie, 1956, p. 8. W. Borowski a approfondi cette pensée, *cf. op. cit.* note n° 10.

14 Terme emprunté au texte de J. Hulewicz, «Hiller zdystansowal nas wszystkich», *Kurier Poranny*, 26 I, Varsovie, 1938.

KAROL HILLER

Composition
héliographique XIX, 1938

Composition
héliographique XXXV, 1938

Musée Sztuki, Lodz

MATRIX 1
de Steina et Woody Vasulka

Robert Riley

À la fin des années soixante et au début des années soixante-dix, les Vasulka étaient parmi les premiers artistes à expérimenter le format des installations à écrans multiples. Ces configurations de plusieurs téléviseurs, composées de trois à une multitude de téléviseurs disposés en piles autonomes ou en structures fixées au mur, étaient le mode d'exposition des vidéos d'artistes dans les espaces alternatifs tels que The Kitchen. Les installations à plusieurs écrans constituaient le premier pas pour les artistes qui pensaient en termes d'installations et de chaînes multiples de vidéos. La série *Matrix 1* des Vasulka utilise la structure extensible des installations à écrans multiples pour examiner des préoccupations bien précises, d'ordres esthétique et technique : le caractère physique de l'image, la matérialité du passage du temps ainsi que le contrôle et la transmission de l'information visuelle.

De caractère abstrait, l'imagerie de *Matrix 1* dérive de la manipulation de la forme de l'onde électronique. Les Vasulka font passer une série d'images sur les écrans des nombreux téléviseurs afin de démontrer à la fois la fluidité du signal électronique et sa capacité à se déplacer, aussi bien à l'intérieur qu'à l'extérieur du cadre de la vidéo. *Matrix 1* examine le mouvement et le processus purs, en soulignant la façon dont la simple image vidéo peut être développée de manière exponentielle pour remplir un champ pictural de téléviseurs multiples. L'impulsion du signal est révélée au fur et à mesure que des corrélations visuelles et acoustiques traversent le champ des téléviseurs en mouvements circulaires pour créer, en réalité, une figuration à grande échelle du mécanisme de balayage de la vidéo proprement dite. Le son de *Matrix 1* dérive du mouvement des signaux électroniques à travers des machines : le son peut générer une image, il peut lui-même être généré par une image, son et image peuvent également être créés simultanément. Le phénomène télévisuel est une métaphore appropriée pour les installations *Matrix 1* : l'information est, depuis un emplacement central, largement distribuée à un certain nombre de récepteurs individuels, s'accumulant dans une forme amplifiée. ✿

traduction : Bénédicte Delay

STEINA ET WOODY VASULKA
Matrix I, 1970-1972
Collection des artistes, Santa Fé

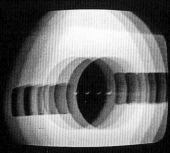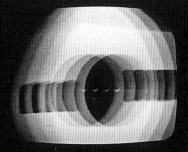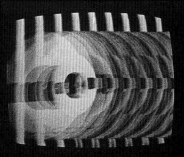
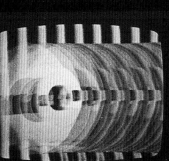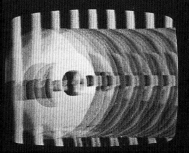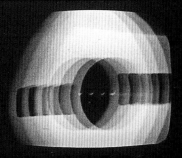
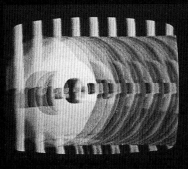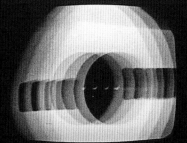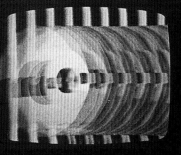

Hermann Finsterlin

Reinhard Döhl

L'article de Sibyl Moholy-Nagy intitulé «Le suicide des architectes modernes», paru en 1959 dans le *Stuttgarter Zeitung*, tenta d'ouvrir un débat chez les architectes, qui se solda par un bilan plutôt négatif. Ceux auxquels l'appel avait été lancé restèrent en effet remarquablement muets. Même si le cours de la discussion prit une forme assez misérable dans le *Stuttgarter Zeitung*, l'année 1959 plaça Sibyl Moholy-Nagy aux avant-postes d'une controverse et d'une redéfinition de l'architecture. C'est durant cette année qu'Udo Kultermann chercha à substituer une «architecture dynamique[1]» à l'architecture statique traditionnelle, et que «l'architecture fantastique[2]» d'Ulrich Conrad et d'Hans G. Sperlich revisita «les courants souterrains de l'architecture du XXe siècle», en se plaçant sous la devise de Paul Scheerbart: «Dans le style, le but est l'intention / dans le jeu, l'intention est le style / l'intention est que le jeu soit style[3].»

Kultermann, avec son regard tourné vers l'avenir, Conrad et Sperlich, avec leur perspective historique, se référaient tous trois aux thèses et utilisaient comme exemples les travaux d'un artiste âgé à l'époque de soixante-douze ans pour qui, hormis quelques expositions d'après guerre à Stuttgart, Wuppertal ou à Paris, la vie artistique était devenue très calme. Ce fut cet homme qui, par une approbation, releva le gant jeté aux architectes par Sibyl Moholy-Nagy. «Très chère Madame !, écrivit-il le 20 avril 1959, Magnifique, ce réveil de l'architecture ! La qualité rarement heureuse de votre plume mise à part, vous m'avez épargné une philippique qui figurait depuis très longtemps à mon programme, mais que je faisais constamment passer après des tra-

HERMANN FINSTERLIN
Cathédrale de la huitième colline romaine, 1970
Staatsgalerie, Stuttgart

vaux plus urgents[4].» L'année 1959 marqua aussi la redécouverte éche-
lonnée et partielle d'Hermann Finsterlin. Ce furent d'abord Nikolaus
Pevsner[5], Denis Sharp[6], Franco Borsi[7] et consorts qui assurèrent à
Finsterlin une place au sein de l'architecture expressionniste, et plus précisément dans l'architecture fantastique. Une exposition itinérante de la
Chaîne de verre[8], qui fit étape à Leverkusen, Berlin et Majorque, ainsi que
l'exposition «Labyrinthe 1[9]» montrée à Berlin et à Baden-Baden accor-
dèrent à Finsterlin l'espace qu'il méritait. Puis, des étudiants en architecture, issus de ce qui était encore à l'époque l'École supérieure technique de Stuttgart, travaillèrent à l'élaboration du premier catalogue de
son œuvre et organisèrent une exposition intitulée «Architecture 1917-
1924[10]», qui voyagea ensuite dans les écoles supérieures de Darmstadt,
Karlsruhe, Aix-la-Chapelle et Berlin. Parallèlement, deux expositions à
Munich[11] consacrées à la sculpture de Finsterlin, ainsi qu'une troisième –
peu avant sa mort – en 1973, au Kunstverein de Stuttgart[12], tentèrent
d'orienter les regards sur l'ensemble d'une œuvre qu'il fallait considérer
comme indissociable, sans toutefois parvenir à ancrer durablement son
art dans la conscience de l'opinion publique.

Le centième anniversaire de Finsterlin en 1987 marqua une seconde
phase dans la réception de son travail. Tout d'abord avec l'exposition à
Sindelfingen[13], dont le catalogue intégra à la fois les jeux de construction, l'œuvre picturale et graphique ainsi que la poésie puis, ensuite, avec
l'exposition dans la collection d'art graphique de la Staatsgalerie de
Stuttgart[14] (suivront Fribourg, Düsseldorf, Münster et Moscou). Cette dernière, la plus complète à ce jour, fit découvrir pour la première fois l'essayiste, l'auteur d'aphorismes, de scénarios et de projets de films, et elle
rendit également accessibles des documents sur le compositeur. Les
autres expositions sur Finsterlin, que ce soit en Allemagne (Bad
Reichenhall[15]), à l'étranger (Angleterre, Hollande, Espagne, Japon) ou
actuellement à l'occasion de la redécouverte d'une peinture murale à
Schömberg[16], insistèrent toutes sur ce fait: il convenait, avant une quelconque évaluation de l'œuvre de Finsterlin, de procéder à une analyse
globale de l'ensemble de ses facettes.

Lorsqu'en 1919, Hermann Finsterlin commence à être connu, il a
déjà à son actif plus de dix années de création en tant que peintre et
poète. L'ascension nocturne du Watzmann à l'automne 1918, que
Finsterlin qualifia d'«heure étoilée», et un «rêve architectural» difficile
à dater avec précision furent à l'origine d'une œuvre mêlant «mot,
image, son et construction». Cette période après la Seconde Guerre mondiale fut celle où de nombreux artistes, confrontés à une société qui avait
volé en éclats, tentèrent de manifester leurs rêves à travers des projets
utopiques qui palliaient l'impossibilité de l'acte même de construire.

De tels projets et pensées utopiques furent l'objet d'un échange
épistolaire (encore disponible aujourd'hui dans l'édition) au sein de la
Chaîne de verre, cercle d'architectes, d'artistes et d'écrivains auquel

appartenait Finsterlin. Pour ce programme fantastique, tous s'étaient donné des pseudonymes : Bruno Taut se faisait appeler Verre, par allusion à son architecture, Finsterlin Prometh ou Prometheus, en référence à son projet utopique universel. L'œuvre littéraire de Paul Scheerbart était l'une des sources de ce groupe d'amis. Bruno Taut en publia des extraits à plusieurs reprises dans sa revue *Frühlicht*, notamment les *Lettres de la maison de verre* et un chapitre du *Roman de l'âme*, «Liwûna et Kaidöh», que Finsterlin possédait également dans sa bibliothèque. L'influence des «architectures d'idées» scheerbartiennes se mesure plutôt à son œuvre littéraire, à ses «poèmes cosmiques» et à ses projets de films qui circulaient aussi dans la Chaîne de verre aux côtés des scripts de Bruno Taut et de Wenzel August Hablik, et qui faisaient l'objet de discussions. C'est là un chapitre de l'histoire du film fantastique et de son élaboration qui reste encore à écrire. De Lyonel Feininger à Kurt Schwitters, de Bruno Taut à Hermann Finsterlin, la cathédrale s'imposa comme métaphore, en tant que «maison céleste» (Taut) ou «cathédrale de lumière» (Finsterlin).

Lorsque vers fin 1920-début 1921, les commandes revenant, le cercle d'architectes retrouva le terrain des faits et du réalisable, et tandis que le Bauhaus donnait un tour plus positif à ses idées d'édification, Finsterlin se retrouva seul avec des projets utopiques qu'il ne pouvait ni ne voulait abandonner. Bien que l'on ne puisse pas le démontrer, il est hautement probable que l'intensité avec laquelle il se consacra alors à ses boîtes d'architecture, comme *Jeux de style* (1921), *Didym* et *Forme-domino*, fût pour l'artiste une tentative qui le mènerait à fonder historiquement son projet utopique. Si Finsterlin fit un temps passer à l'arrière-plan l'autre versant de sa production – avant tout les dessins architecturaux –, cela relevait donc sans doute moins d'un acte de résignation que du choix de placer ailleurs ses priorités. C'est ainsi que vers 1923-1924, après avoir réalisé ses boîtes, il recommença à se consacrer avec intensité à ses dessins, en préparation du numéro spécial de la revue *Wendigen*. Pourtant, ce furent les projets d'architecture, datant de 1919-1920, puis les boîtes de construction en volume vers 1922-1923 qui permirent à Finsterlin de gagner l'intérêt de l'opinion publique. Dans le cadre d'une exposition qui eut lieu en 1924 à Amsterdam, on dut, afin de maintenir la curiosité éveillée, compléter les architectures – dont les idées utopiques ne captivaient déjà plus – par un grand nombre d'aquarelles informelles, réalisées à partir de 1922 environ. La parution de la revue *Wendigen* consacrée à Finsterlin fut presque le chant du cygne. Ce n'est pas un hasard s'il commença à cette période à rassembler le vaste ensemble de son œuvre littéraire et de ses essais ; il ne trouva pourtant aucun éditeur pour les publier.

Dans la seconde moitié des années vingt, la famille Finsterlin déménagea à Stuttgart. En octobre 1928, une première grande rétrospective lui fut consacrée au musée des Arts et Métiers. Il y montra «le meilleur de ce qu'il avait créé jusqu'alors. Les grandes peintures murales, les sculptures sur bois, les décors de théâtre, les portraits, des textiles et les trois boîtes de construction *Jeux de style, Didym et Forme-domino*[17]». Finsterlin joignit à ses œuvres des cartels explicatifs et un essai sur les rapports qui fondaient son travail. L'exposition fut très moyennement fréquentée et, avec ses cinq mille sept cent trente-huit visiteurs, elle se plaça au cinquième rang des taux les plus bas de l'année. Le titre de l'exposition «Fantaisies, jeux de formes et de couleurs» y fut peut-être pour quelque chose. On sait avec certitude, grâce aux articles critiques parus dans la presse de l'époque que l'on a pu conserver, que le public éprouva quelques difficultés à s'adonner à de tels jeux d'imagination.

Pour comprendre le projet artistique de Finsterlin, il convient donc de commencer par les boîtes de construction, d'une part, et par le *Jouet géant* d'autre part, dans la mesure où ils recourent à l'univers des «formes originelles», des «corps originels anorganiques» et des «corps originels d'organismes constitués[18]».

À travers une première série de variations que l'on a appelé les corps platoniciens, la boule, le cylindre, le dé, la pyramide, etc., ces boîtes présentent les grands types de l'architecture internationale. Par ailleurs, le *Jouet géant* renvoie aux croyances universelles qui, sous forme d'idoles, de symboles et de mots, proviennent d'images originelles organiques comme l'axe de rotation, l'étoile articulée, le serpent, l'arbre, etc. «Face à la puissante loi de la paresse et au naturalisme trop humain, trop terrien, qui frappent de paralysie le flux de ces premières séries de variations», allant même jusqu'à les faire disparaître sous eux, il est du devoir de l'artiste de les poursuivre.

La boîte de construction *Didym*, en liaison avec le *Jeu de style*, met au jour des modifications qui, «pour des raisons techniques évidentes, s'étaient interrompues dans l'architecture des cultures antérieures: à savoir les combinaisons de divers éléments de base et leur pénétration par tout un ensemble de points, d'angles et de surfaces régis par les lois de l'harmonie».

Pour franchir le cap d'une analyse et d'une synthèse de ces «éléments de base», Finsterlin travailla ensuite dans *Forme-domino* à partir des «deux corps de l'infini – le cylindre bipolaire et l'élément quadrangulaire (sous l'aspect du dé) –, des formes voûtées et en brèche, dont il a libéré les éléments originels, boule, sphère, tétraèdre et octaèdre, ainsi que le jeu de leurs interactions productives», rendant ainsi possibles, «en un nombre presque infini», sur la base «des parentés de leurs surfaces de désagrégation, de nouveaux complexes aux rapports absolument harmonieux».

Dans le cas du *Jouet géant*, Finsterlin part de la boule au repos, du serpent et de leur relation avec l'«axe périodique», le «projectile optimal», en tant que formes organiques élémentaires qui symbolisent aussi «l'essence de la vie». Car le projectile n'est pas seulement «la forme optimale [...] des organismes qui volent, qui nagent ou qui courent, c'est aussi celle de l'arbre, de la flamme, de l'étoile errante [...], tandis que le serpent – si l'on excepte ses manifestations organiques – se déploie sous forme de vague, de vent, d'éclair». En reliant ces composantes fonda-mentales les unes aux autres et en les imbriquant, c'est tout «un univers de formes typiques de seconde catégorie qui s'offre à nous [...] et qui, de façon étonnante, se manifeste de la même manière dans le mythe uni-versel et sous le microscope : l'hydre des croyances indiennes et grecques par exemple, l'hydrapolype de mare, Protée et l'amibe, l'étoile Indra et l'étoile de mer, [...] et toute la série des créatures hybrides qui traversent l'univers religieux des croyances universelles». L'objectif du *Jouet géant* serait d'«inciter à poursuivre cette série de variations et de combinaisons merveilleuses [...], de conduire au dynamisme éternel et inépuisable des qualités, et ce jusqu'à la toute-puissance presque hallucinatoire de l'image[19]».

Au sens d'une théorie de l'évolution jamais formulée explicite-ment, mais toujours présente à l'arrière-plan – idée rappelant Goethe par bien des aspects –, le *Jouet géant* organique est la continuation des boîtes de construction anorganiques, mais il peut à son tour être transformé en une «image-plan de type illusionniste».

Selon Finsterlin, le pouvoir infini et réjouissant de la métamorphose du cosmos, qu'il considère comme «la patrie de notre esprit souverain», rendrait possibles, «à partir de chaque tache de brouillard donnée, la formation par affinité (la *similia*) et, au-delà, la transmutation spirituelle des éléments constitutifs de la forme». Ceci relève bien entendu d'une théorie qui ne peut devenir une pratique qu'avec les images abstraites, réalisées à partir de taches de couleur et de linéaments jetés, «d'inspira-tions de lignes et de couleurs abstraites[20], de l'eau-mère[21]», d'où naissent «les images fantastiques qui s'élaborent dans le processus pictural[22]». La thèse-théorie de la tache (la *macchia*) de Vittorino Imbriani, primordiale dans l'histoire initiale de la peinture abstraite, est donc également valable pour le point de départ de Finsterlin.

Les *Broderies*, quant à elles, doivent permettre de nouveaux points de vue sur la représentation formelle des plans et sur l'organisation de leurs rapports de tension. Installant la quatrième dimension du temps à la place de la troisième dimension de l'espace, elles instaurent «une har-monie d'un nouveau genre, faite de résonances supraphysiques, pour ne pas dire supraterrestres[23]». Une telle orientation musicale rappelle les *Farbklänge (Sonorités colorées)* de Kandinsky, tout comme la tache de cou-leur qui se répand à la surface renvoie à la peinture abstraite. Aussi para-doxal que cela puisse paraître, Finsterlin fut donc à cet égard un contem-porain. Il s'associa au mouvement de l'art abstrait en cours depuis 1910.

L'art de Finsterlin est mû par la conviction que le jeu donne l'im-pulsion à tout devenir. L'artiste tout comme l'architecte – qu'il consi-dère comme un artiste – joue un rôle sur le chemin qui mène l'huma-nité des racines vers les hauteurs infinies de leurs ramifications. *Jeux de*

HERMANN FINSTERLIN

Rêve en verre,
1920-1924

Architecture,
1920-1924

Staatsgalerie, Stuttgart

double page suivante

Université,
1919-1920

Staatsgalerie, Stuttgart

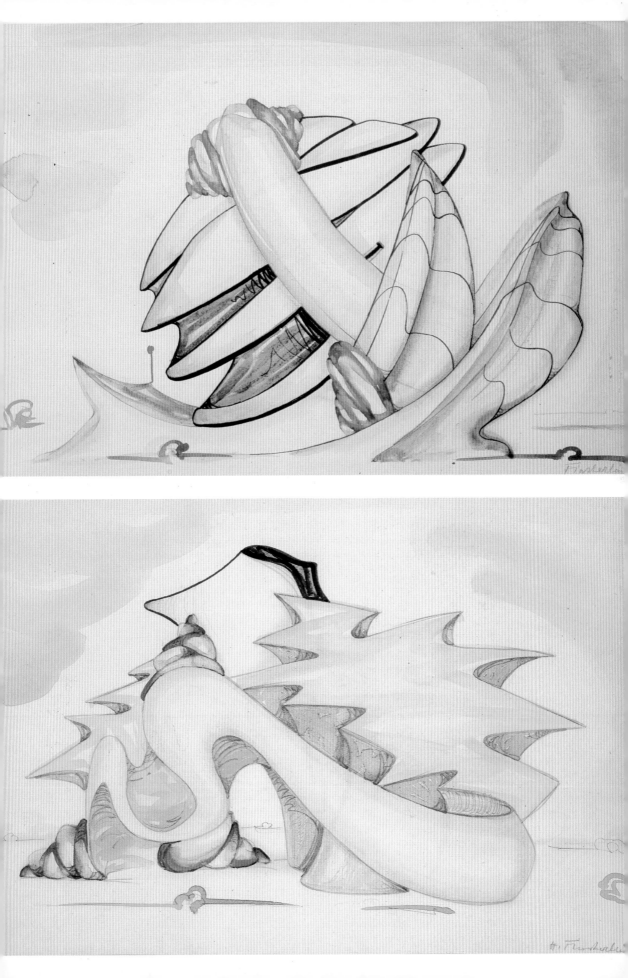

style, Didym, Forme-domino, le *Jouet géant* et les compositions abstraites montrent la voie au-dessus de laquelle Scheerbart inscrivit son adage : «Dans le style, le but est l'intention / dans le jeu, l'intention est le style / l'intention est que le jeu soit style.»

Ni Finsterlin ni son art déployé sous des modalités variées n'ont atteint ce but jusqu'à présent. C'est au sens littéral du terme une utopie, un non-lieu, un nulle part. Mais avoir saisi quelque chose du «jeu cosmique» et l'avoir rendu visible dans des jeux terrestres, c'est le mérite non négligeable du grand enfant et du «fou pur» que fut Hermann Finsterlin. ✿

traduction : Christine Lecerf-Héliot

1 Udo Kulterman, *Dynamische Architektur,* Munich, 1959.

2 Ulrich Conrads, Hans G. Sperlich, « Phantastische Architektur. Unterströmungen in der Architektur des 20. Jahunderts », *Zodiac. Rivista internazionale d'architettura contemporanea,* n° 5, 1959, p. 117 et suiv.

3 Citation tirée d'une lettre de Bruno Taut datée du 1er janvier 1920 *in Die Briefe der Gläsernen Kette,* introduction de Lain Baud et Romana Schneider, Berlin, 1986.

4 Citation tirée d'un tapuscrit *in* Reinhard Döhl, *Hermann Finsterlin. Eine Annäherung,* Stuttgart, 1988.

5 Nikolaus Pesvner, « Finsterlin and some others » *in Architecture Review,* vol. CXXXII, n° 789, novembre 1962, p. 353 et suiv.

6 Denis Sharp, *Modern Architecture and Expressionism,* Londres, 1966.

7 Franco Borsi, G. K. König, *Architettura dell'Expressionismo,* Cênes, 1967.

8 *Die Gläserne Kette. Visionäre Architekten aus dem Kreis um Bruno Taut, 1919-1920,* Städtiches Museum Leverkusen/château Morsbroich, 1963, Académie des arts, Berlin, 1964.

9 *Labyrinthe. Phantastische Kunst vom 16. Jahrundert bis zum Gegenwart,* Société allemande pour les arts plastiques (Kunstverein Berlin), 1966, Académie des arts (Kunsthalle Baden-Baden), 1966-1967.

10 *H. Finsterlin. Architekturen 1917-1924,* Stuttgart, 1966.

11 « 60 Jahre Finsterlin », Munich, 1964 et « Hermann Finsterlin », Galleria de Levante, Munich, 1968.

12 *Hermann Finsterlin,* Würtembergischer Kunstverein, Stuttgart, 1973.

13 *Hermann Finsterlin 1887-1973. Zum 100. Geburstag,* Hôtel de Ville Singelfinden, 1987.

14 *Hermann Finsterlin,* collection d'art graphique, Staatsgalerie, Stuttgart, 1988.

15 *Hermann Finsterlin 1887-1973. Malerei und Baukunst,* Galerie Sparkasse Bad Reichenhall, 1991.

16 *Hermann Finsterlin. Ein Werkquerschnitt,* cat. d'exp., Kurhaus Schömberg, 1999-2000.

17 «Biographie in grossen Zügen» (tapuscrit non daté) *in* Reinhard Döhl, *Hermann Finsterlin, Eine Annäherung,* cat. d'exp., Staatsgalerie, Stuttgart, 1988.

18 Cette citation et les suivantes sont tirées des écrits de Finsterlin réunis par Reinhard Döhl dans le cat. d'exp. *Hermann Finsterlin, Eine Annäherung,* Staatsgalerie, Stuttgart, 1988.

19 *Idem.*

20 *Idem.*

21 *Idem.*

22 *Idem.*

23 *Idem.*

HERMANN FINSTERLIN

Formdomino im Zylinder, 1922

Formdomino im Würfel, 1922

Staatsgalerie, Stuttgart

Frederick Kiesler et la *Vision Machine*

Dieter Bogner

Frederick Kiesler a été reconnu comme étant l'un des plus grands artistes visionnaires du XXe siècle. Les concepts théoriques, artistiques et architectoniques qu'il a développés entre les années vingt et soixante, à Vienne et à New York, n'ont à ce jour rien perdu de leur vigueur. La raison de cette vitalité tient en partie au fait que Kiesler n'a pu transcrire ses visions, quand il le put, que sous la forme d'installations temporaires[1]. On dispose aujourd'hui de documents sur les installations d'expositions de Kiesler – qui firent sensation à leur époque –, de prototypes et de maquettes (exposition de théâtre, 1924; Art of this Century, 1942; Blood Flames, 1947) qui concrétisent quelques-uns de ses concepts visionnaires (City Space, 1925; Space House, 1933; Endless House, 1950-1959, etc.), ou encore des esquisses et des plans préparatoires à de tels projets. L'ensemble de ce matériau constitue une source pour l'inspiration artistique et la discussion scientifique, encore loin d'être épuisée. Kiesler, par le caractère inachevé de ses travaux, laisse une place importante à l'interprétation formelle ou à l'imagination créatrice. Il en est de même pour son idée générale fondatrice que l'on ne saurait comprendre à travers un objet concret, mais seulement à partir des matériaux qui concernent cet objet. Le concept de *Vision Machine* développé par Kiesler entre 1938 et 1942 fournit à cet égard un cas exemplaire.

Dans ce projet, Kiesler se concentre sur le processus de la perception visuelle des objets réels qu'il étudie par rapport aux principes fonda-

FREDERICK KIESLER
We live trough Correalism,
New York, 1937
Österreichische Friedrich und Lillian Kiesler-Privatstiftung, Vienne

mentaux qui, à toutes les époques, régissent la création de la forme artistique. Kiesler va mener des travaux d'investigation relatifs à ce projet, dans le cadre de son activité au Laboratory for Design Correlation, qu'il a créé en 1937 à l'université Columbia de New York. L'objectif de cet institut est de développer une conception holistique du design sur une base scientifico-analytique : une observation précise des comportements humains, du mouvement et des conditions physiologiques doit aboutir à une très nette amélioration des objets que les hommes utilisent quotidiennement ou dont ils se servent pour leur aménagement ; elle vise aussi, par conséquent, à améliorer leurs conditions de vie. Mais Kiesler n'en reste pas aux considérations théoriques. Il élabore avec ses étudiants des prototypes qui testent ses concepts de manière pratique. Ces productions sont sans aucun doute réalisées dans l'espoir d'une application industrielle. En 1939, dans la revue *Architectural Records*, Kiesler présente un premier produit, la Mobile Home Library, à titre d'exemple de la théorie corréaliste qu'il développe dans les années trente[2]. Dans cette théorie, Kiesler exprime sa conception holistique des échanges interactifs entre la nature et la culture, qui constitue la base de son travail de recherche.

Kiesler cherche avec cette *Vision Machine* à créer un objet de démonstration audiovisuelle, susceptible d'expliquer le processus de la vision. D'après un compte rendu adressé par Kiesler au doyen de la faculté d'architecture sur ses travaux en cours au Laboratory for Design Correlation, il s'agit «d'études sur la théorie esthétique se référant plus précisément à l'œil humain comme instrument de la perception et de la conception d'une machine, qui vise à démontrer de manière concrète qu'une perception visuelle est une corrélation de forces[3]».

Les principaux éléments qui constituent l'appareil multimédia sont les suivants : une image montée sur un socle, un œil schématisé, une paroi qui symbolise la séparation des mondes intérieur et extérieur et, de l'autre côté de cette paroi, produite à partir de tubes de verre colorés, la représentation abstraite des processus physiologiques que le rayon lumineux émis par un objet réel comme la pomme peut provoquer à l'intérieur de l'homme : «Le stimulus exercé sur la rétine ne produit pas une véritable représentation de l'objet (contrairement à ce que l'on croit communément), mais assure la transformation des stimuli en forces qui continuent le trajet originel de la lumière vers la structure interne du corps humain, où se parachèvent la perception et la formation de l'image[4].» Au terme de ce cycle de transformation et de production d'images, la projection qui est fabriquée à l'intérieur de l'homme doit pouvoir se superposer à l'objet réel. Kiesler cherche ainsi à mettre en évidence la différence qui sépare l'image produite dans l'homme de l'objet du monde extérieur, à l'origine du stimulus.

Grâce à un système d'animation composé d'un éclairage couleur et d'une installation sonore intégrée dans le socle, l'appareil doit illustrer

FREDERICK KIESLER
Blood Flames,
Gallery Shot,
Hugo Gallery, 1947
Österreichische
Friedrich und Lillian
Kiesler-Privatstiftung,
Vienne

l'idée que la vision n'est pas un processus de reproduction mécanique du monde extérieur. Selon la théorie de Kiesler, il faut plutôt considérer la perception visuelle comme un ensemble complexe d'interactions entre l'intérieur et l'extérieur, comme un processus créatif auquel participe l'homme en son «entier». «Cette démonstration nous enseigne», peut-on lire à la fin d'une courte description de la *Vision Machine*, «que ni la lumière, ni l'œil, ni le cerveau, qu'ils soient seuls ou associés, ne peuvent voir. En fait, nous ne voyons que grâce à la coordination de l'ensemble des expériences de l'être humain; et même ainsi, ce que nous percevons est une image conçue par nous, et non pas la réalité de l'objet. Nous apprenons donc que nous voyons du fait de notre capacité créatrice et non au moyen d'une reproduction mécanique.»

Des écrits provenant des Archives Kiesler font apparaître qu'au cours de ses années de recherche pour la *Vision Machine*, l'artiste rencontra régulièrement des scientifiques de différentes disciplines pour en élaborer des principes fondés. Cette collaboration avec des savants appartenant aux sciences de la nature, mais également avec ceux qui travaillaient à la production de nouvelles technologies et de nouveaux matériaux, fit la spécificité de son travail au Laboratory for Design Correlation.

Kiesler envisageait apparemment de procéder à la construction effective de la *Vision Machine* sous la forme d'un appareil multimédia. Mais il lui aurait fallu se procurer auparavant les matériaux nécessaires. On ne connaît pas le degré atteint par Kiesler dans la réalisation de cette idée. La consultation d'une grande partie de ses esquisses préparatoires, dessins et plans, ainsi que de ses textes dactylographiés, permet toutefois une approche générale de la conception d'un tel projet.

Les recherches de Kiesler ne se limitent pas aux phénomènes de la perception visuelle. Dans l'esprit de sa théorie corréaliste, Kiesler s'intéresse davantage aux rapports qui peuvent exister entre tous les facteurs physiologiques qui influent sur les conditions de réception visuelle de l'être humain. Un dessin très évocateur, datant du début des années quarante, traduit bien mieux que des mots cette idée générale de départ. Ce genre de dessin relève de la catégorie des études préliminaires libres, qui permettaient à Kiesler d'illustrer ce qu'il voulait atteindre par le biais de ses constructions pour le moins conventionnelles: l'état physique et psychique idéal de l'homme. Le dessin représente une personne sanglée dans une installation, ce qui évoque davantage un interrogatoire qu'une jouissance artistique. Il

double page suivante

à gauche en haut
Art of This Century Gallery, Study for Installation, 1942

à gauche en bas
Art of This Century Gallery, Abstract Gallery, 1942

à droite en haut
Art of This Century Gallery, Study for Installation, 1942

à droite en bas
Art of This Century Gallery, Study for Installation, 1942

ci-contre à gauche
Human Perception, Extended senses, Study for an installation to look at Pictures Study, 1938-1942

Österreichische Friedrich und Lillian Kiesler-Privatstiftung, Vienne

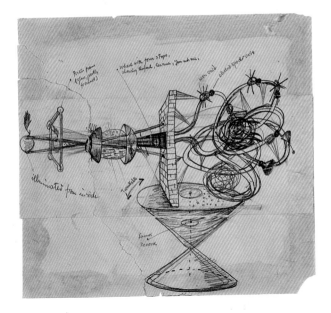

s'agit en fait d'une installation qui doit permettre de créer les conditions optimales à la réception d'une œuvre d'art. Il est pour cela nécessaire d'avoir des lunettes pour faire totalement disparaître l'environnement du champ de la vision, des accoudoirs pour procurer une détente psychique du corps et un socle qui se resserre vers le bas afin d'obtenir un état d'équilibre suspendu. L'image surgit et l'éclairage s'allume dès lors que l'on appuie sur le bouton.

De tels dessins n'ont pas pour but de fournir des études préliminaires à de réelles installations susceptibles de fonctionner. Ils servent plutôt à donner une image de l'état désiré. Il existe un objet que Kiesler a élaboré et produit selon ce mode de pensée : le meuble multifonctionnel *Art of this Century*, réalisé en 1942 pour la galerie de Peggy Guggenheim. C'est sans doute là ce que Kiesler a conçu de plus révolutionnaire. Plusieurs centaines de dessins d'étude d'installations ayant pour thème la réception de l'art ont été effectués dans le cadre de ce projet de galerie d'exposition. Il y a là une véritable explosion d'idées, à compter parmi les résultats les plus intéressants de toutes ces années de recherche sur les conditions de la perception.

Peu d'années avant l'élaboration du concept de la *Vision Machine*, le musée d'Hygiène de la ville de Dresde avait montré ce que l'on a appelé «l'homme de verre». Ce corps humain, constitué à partir d'un matériau plastique transparent, avec les os et les vaisseaux sanguins peints en couleurs et les organes qui s'allumaient lorsqu'on appuyait sur un bouton, était conçu pour être un objet de démonstration à vocation pédagogique. L'utilisation de sons et de lumières automatisés permit à cette figure «de verre», qu'on déplaça à travers le monde avec grand succès, de transmettre sur un mode populaire des connaissances fondamentales sur le corps humain. Les spectateurs étaient assis en rond autour de l'objet transparent et suivaient la présentation. Des éléments d'information supplémentaires furent ensuite combinés à cette installation centrale.

La conception générale de la *Vision Machine* n'est pas sans ressemblance avec cette dernière. Kiesler n'envisage pas non plus l'appareil de démonstration comme un objet isolé, mais le place au contraire au centre d'une vaste installation. Celle-ci comporte deux tribunes pour les spectateurs, qui permettent d'observer la présentation du déroulement automatique de la perception visuelle. Les œuvres d'art disposées dans un même espace autour de la *Vision Machine* constituent les prototypes

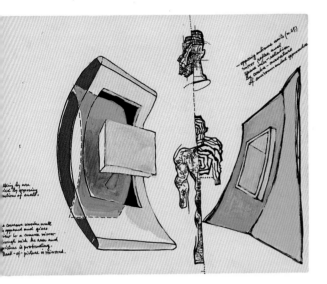

— opening entrance wall (m.57)

mirror falls and glass side relation by contra-acceleration of environmental approaches

skin dry area ed by opposing actions of walls.

a concave wooden walk s approach and gives view to a concave mirror ceived with the area and surface is protruding. Back-of-picture is mirrored.

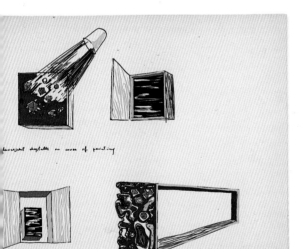

fluorescent chrystalls on cover of painting

VISION MACHINE ❧ Frederick Kiesler et la *Vision Machine*

exemplaires des périodes artistiques les plus marquantes de l'humanité : des peintures rupestres préhistoriques, en passant par l'art assyrien, les fresques de Giotto, les tableaux de Piero della Francesca, Raphaël, Vermeer, Turner, Seurat, Cézanne, Picasso, Mondrian, Miró, Dalí jusqu'à Marcel Duchamp[5]. Trois sections supplémentaires consacrées à l'art des aveugles, des malades mentaux et des enfants viennent élargir cet éventail. C'est en reliant un modèle abstrait du processus de la perception visuelle à une sélection d'œuvres d'art que Kiesler parvient à isoler et à mettre en évidence les processus physiologiques qui, d'après ses réflexions, constituent l'origine des différentes formes artistiques. C'est sur la base de ces découvertes qu'il propose une classification des principaux événements artistiques[6].

Deux facteurs essentiels sont déterminants pour comprendre la *Vision Machine*. L'appareil multimédia capable de donner une représentation du processus de la perception visuelle constitue sans aucun doute l'élément central marquant de l'installation. Mais il y a aussi ce qui caractérise la tentative de Kiesler sur le plan de la conception : c'est-à-dire le fait d'établir un rapport entre les conditions physiologiques de la vision et l'évolution des arts plastiques, depuis la Préhistoire jusqu'à Marcel Duchamp, et de le traduire sous la forme d'une modélisation dans l'espace. Ce qui fait l'actualité de la *Vision Machine*, c'est bien la tentative d'établir une relation entre le domaine de la science et celui de l'art, afin d'apporter une contribution artistique à la pensée scientifique de la perception visuelle. Pour transmettre ce travail, Kiesler s'appuie sur les matériaux et les technologies les plus modernes afin de construire une installation audiovisuelle dans laquelle on puisse circuler. Le résultat d'une telle démarche ne peut s'appréhender à partir des catégories courantes de la science ou de l'art. C'est tout le fondement de la conception de Kiesler qui s'exprime ici très clairement : refuser toute frontière entre les genres et plus généralement toute forme de barrière artificielle, surtout lorsqu'il s'agit de traduire une idée dans toute sa complexité. ❧

traduction : Christine Lecerf-Héliot

1 Voir à propos de Frederick Kiesler les catalogues généraux suivants : Dieter Bogner, *Friedrich Kiesler, 1890-1965*, Vienne 1988 (avec une biographie complète) ; Lisa Phillips, *Frederick Kiesler*, New York, 1989 ; Chantal Béret, *Frederick Kiesler, Artiste-Architecte*, Paris, 1996 ; Dieter Bogner, *Friedrich Kiesler, 1890-1965, Inside the Endless House*, Vienne, 1997.

2 À propos de corréalisme et de biotechnique, voir *Architectural Record*, n° 86/3, septembre 1939, p. 60-75.

3 Frederick Kiesler, *Report on the Laboratory for Design Correlation*, tapuscrit, Archives Kiesler, Vienne, 1939.

4 Frederick Kiesler, *Brief Description of Vision Machine*, tapuscrit, Archives Kiesler, Vienne, vers 1940-1942.

5 Frederick Kiesler, *The Vision Machine*, tapuscrit, Archives Kiesler, Vienne, vers 1940-1942.

6 Voir à ce sujet la copie du texte dactylographiée.

Endless House,
Interior shot, 1959

Österreichische
Friedrich und Lillian
Kiesler-Privatstiftung,
Vienne

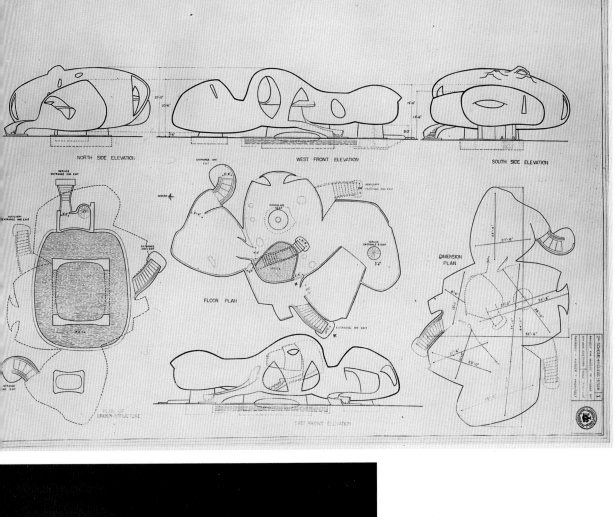

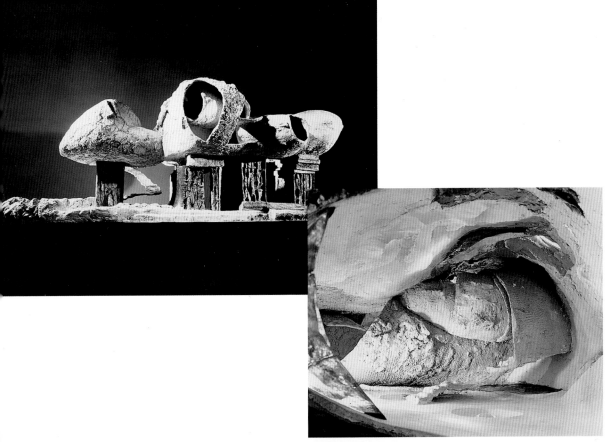

Brève description de la *Vision Machine*[1]

1 Frederick Kiesler, *Brief Description of Vision Machine*, tapuscrit, Archives Kiesler, Vienne, vers 1940-1942.

Frederick Kiesler

La *Vision Machine* démontre
vue. Elle dépeint, en outre
images visionnaires. Toute
chine sont connectées par o
à l'exception de l'objet qu
tincte. Du début à la fin, ur
une explication synchronise
roulement du processus de

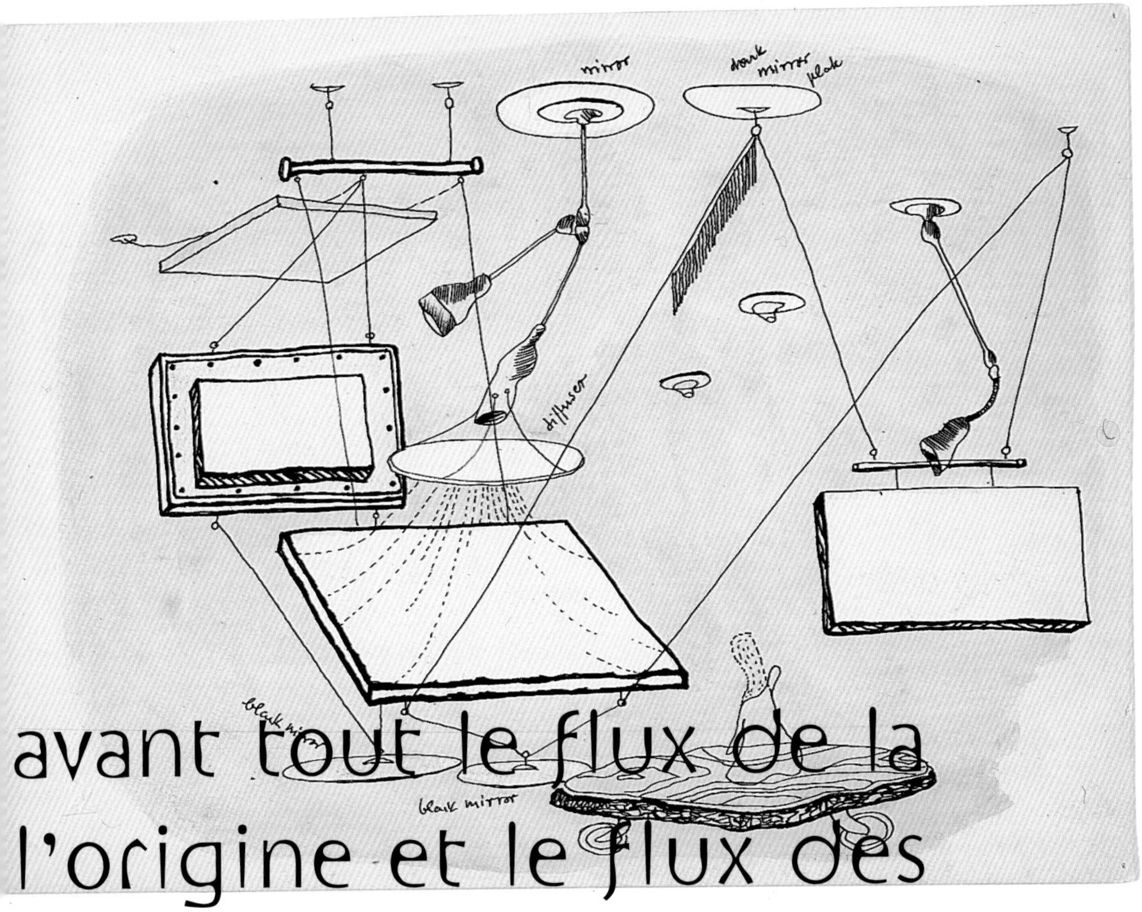

mirror   dark mirror black   diffuser   black mirror   black mirror

avant tout le flux de la
l'origine et le flux des
les parties de cette ma-
es moyens mécaniques,
demeure une unité dis-
dispositif vocal fournit
e correspondant au dé-
montré.

FREDERICK KIESLER
Studies for Lighting System for Art of This Century Gallery, 1942
Österreichische Friedrich und Lillian Kiesler-Privatstiftung, Vienne

FREDERICK KIESLER

Study for Vision
Machine, 1938-1942

A La *Vision Machine* est constituée : (1) de l'objet, (2) de l'œil, (3) de la cloison qui sépare l'extérieur de l'intérieur, (4) d'un système cyclique faisant appel à la physiologie humaine, (5) d'une base sur laquelle la machine repose et qui contient le dispositif vocal incorporé.

B En touchant un bouton électrique, le mécanisme ci-dessus procède automatiquement à sa propre démonstration selon les modalités suivantes : d'abord, l'objet (ici une pomme en verre) reflète des rayons lumineux braqués sur lui ; ensuite, la lumière réfléchie par l'objet est focalisée par l'œil. Cette partie de la démonstration est assurée au moyen de tubes de verre, dans lesquels on voit des bulles bouger depuis l'objet jusqu'à la rétine. Le stimulus exercé sur la rétine ne produit pas une véritable représentation de l'objet (contrairement à ce que l'on croit communément), mais assure la transformation des stimuli en forces qui continuent le trajet original de la lumière vers la structure interne du corps humain, où se parachèvent la perception et la formation de l'image.

Plan for Vision
Machine, 1938-1942

C La machine interprète ce processus de la manière suivante : la division entre l'extérieur et l'intérieur du corps humain est indiquée par une cloison massive comportant une ouverture. Des tubes de verre traversent cette ouverture et assurent un flux constant de stimuli provenant de l'extérieur et dirigés vers la structure intérieure du corps, pour revenir ensuite à sa structure extérieure.

D Pour démontrer les diverses réactions déclenchées dans l'esprit et dans le corps par cette impulsion prolongée, un système cyclique abstrait conduisant au cerveau et en repartant est matérialisé au moyen de tubes de verre. Ces tubes sont successivement éclairés de lueurs de différentes couleurs jusqu'à ce que le cycle soit terminé. Chaque couleur a une signification différente au sein du système total de coordination.

E Après la lueur correspondant à chaque cycle, un nouveau courant lumineux recréé à l'intérieur du corps humain passe de l'intérieur du cerveau à l'extérieur, et superpose sa propre image à l'objet qu'il a «vu». Un écran transparent, suspendu à proximité du véritable objet (la pomme), sert à recevoir cette image après son éjection.

Cette démonstration nous enseigne que ni la lumière, ni l'œil, ni le cerveau, qu'ils soient seuls ou associés, ne peuvent voir. En fait, nous ne voyons que grâce à la coordination de l'ensemble des expériences de l'être humain ; et même ainsi, ce que nous percevons est une image conçue par nous et non pas la réalité de l'objet. Nous apprenons donc que nous voyons du fait de notre capacité créatrice et non au moyen d'une reproduction mécanique. ❧

Study for Vision
Machine, 1938-1942

Study for Vision
Machine, 1938-1942

traduction : Sophie Mayoux

Österreichische
Friedrich und Lillian
Kiesler-Privatstiftung,
Vienne

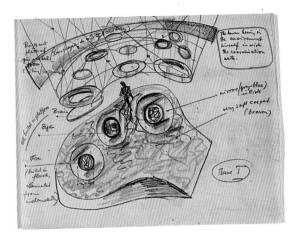

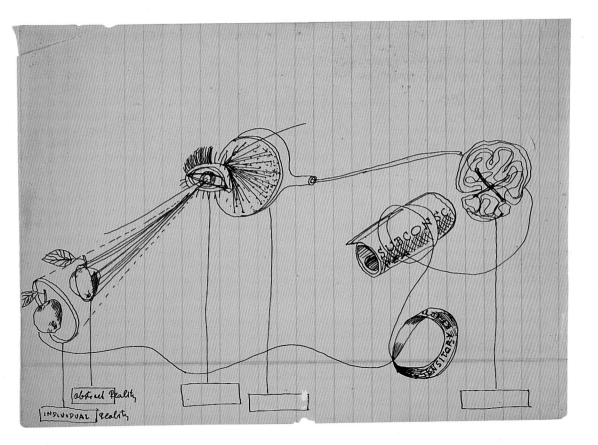

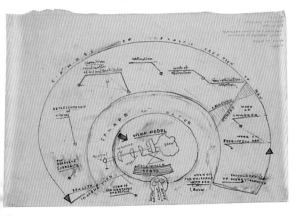

La *Vision Machine*[1]

Frederick Kiesler

La Vision Machine nous permettra de classer les créations plastiques de l'homme. Puisque la Vision Machine s'efforce de mettre en évidence les différents éléments de l'acte de voir et de la formation d'images, elle devrait faciliter l'analyse et la compréhension des diverses sources physio-psychologiques, à l'origine des arts plastiques.

On sait bien que les différents types de peinture ou de sculpture sont récurrents. Il est évident que ces répétitions doivent trouver dans chaque type une racine commune. Ce modèle a également pour objectif d'exposer l'interrelation entre ces racines.

Dans ce but, nous disposerons les œuvres d'art typiques selon un cycle qui commencera par des œuvres préhistoriques pour s'achever sur les temps présents. Ce cycle comportera les types suivants :

1 Dessins rupestres
  des hommes préhistoriques
2 Peintures murales assyriennes
3 Fresques de Giotto
4 Peinture
  de Piero della Francesca
5 Peinture de Raphaël
6 Vermeer

7 Turner
8 Seurat
9 Cézanne
10 Picasso
11 Mondrian
12 Miró (Joan)
13 Dalí
14 Marcel Duchamp.

1 Frederick Kiesler, *The Vision Machine*, tapuscrit, Archives Kiesler, Vienne, vers 1940-1942.

Il y aura trois sections présentant des œuvres réalisées par différentes catégories : l'une, des personnes atteintes d'infirmités physiques (aveugles), une autre, ceux qui souffrent de troubles mentaux (fous), la troisième, enfin, regroupant des peintures d'enfants.

Cette continuité en flux manifeste de la manière suivante le cycle complet de la création d'images :

de l'inconscient à l'œuvre,
avec le soutien essentiel
de la mémoire ;

à l'œuvre sur laquelle s'exerce
l'influence décisive
de l'observation immédiate
de la nature ;

à la tentative de reproduire
l'illusion de la nature ;

à l'équilibre entre l'observation
directe de la nature, suivie
de l'absorption, et la mémoire ;

à la tentative de reproduire
directement des images
naturelles de la nature
(les Hollandais) ;

à la reconstruction d'images
naturelles au moyen
d'illusions techniques ;

en passant par l'abstraction
de la nature sans tenir
compte de l'observation directe
(Cézanne et Picasso) ;

à l'abandon complet de l'objet
et à la création d'objets visuels
indépendants (Mondrian) ;

à la tentative d'une production
subconsciente directe (Miró) ;

à la tentative d'une
interprétation réaliste
des visions oniriques ;

à l'intégration de réalités
visionnaires dans les réalités
ressortant à l'environnement
(Duchamp). ⤴

traduction : Sophie Mayoux

grille liquide
la machine molle de vision

Lars Spuybroek

Lors de votre première visite à Nantes, au mois de juillet 1999, le concept de proprioception revenait sans cesse dans vos commentaires au sujet des expériences sur la perception menées par les artistes présentés dans cette exposition.

Pour élucider une notion telle que la proprioception – un terme appartenant au domaine de la neurologie –, les références fournies par Oliver Sacks, l'écrivain neurologue anglo-américain, pourraient avoir une certaine utilité. Dans un livre devenu célèbre, *L'Homme qui prenait sa femme pour un chapeau*, il décrit une vingtaine de cas de patients traités dans son cabinet de neurologie à New York. Ce qui m'intéresse tant chez ces neurologues contemporains, c'est qu'ils sont tout ce qu'il y a de plus anticartésien ! On ne parle plus d'ego planant au-dessus d'une machine de chair attendant passivement d'être mise en activité, ni de scission entre le corps et l'esprit, mais plutôt d'un système complexe de circuits en feed-back, de remaniements structurels et d'interactions. La conscience, pour ces gens, n'est pas ce lieu sacré sur lequel le monde se projette et se laisse observer, mais l'un des éléments dans ce rapport structurel avec le monde, une partie du corps lui-même et de ses transformations.

La proprioception est un concept intéressant, surtout pour un architecte. Il s'agit là de l'autoperception, à la fois aveugle et inconsciente, du corps, de la conscience interne des muscles, des tendons, de la posture, sans autre référence qu'elle-même. En fait, si le sens de la proprioception venait à vous échapper — Sacks décrit une telle expérience dans son livre —, l'effort d'attention consciente le plus grand ne compenserait que légèrement ce manque. Au lieu de vous contenter, pour boire votre café, de prendre votre tasse sur la table et de la porter à votre bouche, il faudrait verrouiller votre conscience visuelle sur la tasse, et l'«envoyer» vers vos lèvres, sans jamais la lâcher des yeux. La proprioception est donc votre perception du mouvement par rapport à la posture. Un architecte dirait que l'espace est extérieur au corps, donnant ainsi la possibilité de se mouvoir, mais le mouvement est indissociable de la structure corporelle. De plus, cette dernière est douée de plasticité; elle est capable de se transformer. Par exemple, lorsqu'on se casse la jambe et qu'il faut la plâtrer, il arrive parfois qu'au terme de six semaines, on l'ait perdue une fois le plâtre retiré, qu'elle ne soit plus là ! La capacité de la mouvoir n'existe plus et, sans elle, la jambe ne vous appartient plus, vous n'êtes plus son «propriétaire». Le mouvement, par conséquent, est une capacité abstraite qui appartient à la structure corporelle. Maurice Merleau-Ponty — dont les lectures portaient tout autant sur la neurologie que sur la philosophie — parle à cet égard de «mouvement abstrait», de mouvement virtuel; le corps reste en tension, n'est jamais au repos, le mouvement ne cesse d'être présent, c'est par l'action qu'il s'actualise, et chaque action s'imprime maintes et maintes fois dans la gelée de cette molle structure du corps pour y créer cohérence et habitude. Il cite un excellent exemple pour illustrer ce point, puis un autre sur l'amplification du mouvement: une dame coiffée d'un grand chapeau surmonté d'une plume (il doit s'agir des années vingt) baisse la tête pour passer sous une porte. Inconsciemment, elle sait que sa tête a grandi de cinquante centimètres, et cette donnée s'est incorporée à ses actions. Là encore, en tant qu'architecte, je dois me poser la question de savoir «où est l'espace», car il est évident, comme le démontre notre exemple, que l'espace réside dans le potentiel et la sphère haptiques de l'action.

Quels rapports existent pour vous entre la vision, le corps et l'espace ?

Voilà qui nous ramène à la proprioception. Envisagez ce que représente globalement ce musée ou tout autre musée d'ailleurs, en tant que structure. Le sol y est — comme c'est généralement le cas — horizontal; toute action a lieu sur cette surface, tout mouvement est planifié (par des architectes) sur ce plan horizontal. Puis il y a le mur, vertical, perpendiculaire au sol, qui porte les œuvres que l'on voit dans un

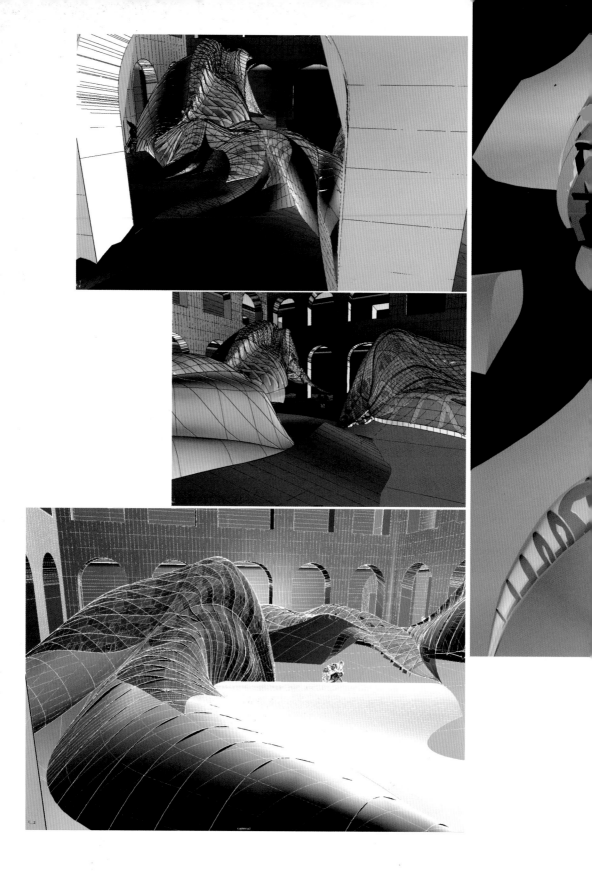

LARS SPUYBROEK, NOX
«Wet Grid», une architecture pour
«Vision Machine», Nantes, 1999-2000
Modélisation informatique

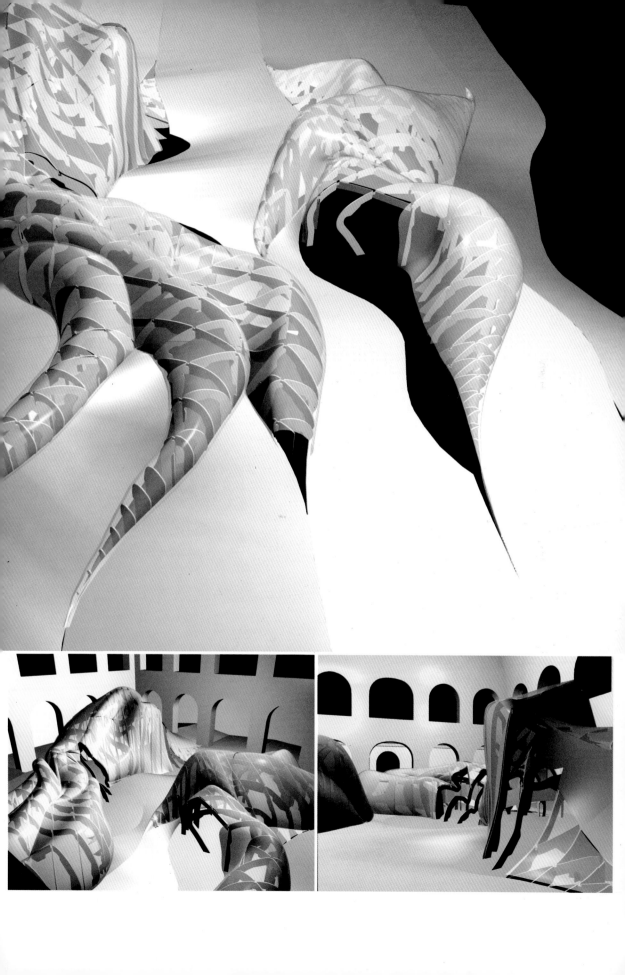

musée; c'est une surface qui sert à voir. Il ne faudrait jamais oublier que cette architecture est celle de la conception cartésienne du corps humain; la partie qui voit est distincte de celle qui marche: ou l'on marche ou l'on voit. La perception et l'action restent complètement séparées. Cette position des blocs de pierre, empilés selon le vecteur tracé par la pesanteur pour former le musée, c'est précisément celle de la station debout, celle d'un corps qui se tient droit. Il ne se penche pas, ni ne tourne, ni ne court, ni ne danse, ni ne saute, ni ne s'allonge; aucun mouvement ne l'anime, c'est une simple colonne de chair. Ce concept de passivité absolue du corps n'est pas étranger à cet autre concept selon lequel l'action de voir représente toujours une évaluation par rapport à l'horizon. Remarquez que tout ceci s'apparente à la séparation cartésienne non seulement du corps et de l'esprit, mais aussi du sujet et de l'objet, de l'être et du monde. Cette conception reste en accord avec la pensée cognitive, où le monde est projeté passivement sur l'écran de l'esprit qui, après le traitement des informations reçues, renvoie son action vers le monde.

L'esprit de cette exposition, aussi bien les œuvres que l'architecture, est complètement différent. Devant toutes ces images, ces expériences chimiques, ces images émergentes, ces expérimentations avec les drogues, ces hallucinations algorithmiques, je n'ai vu qu'une chose: le vortex. Ce tourbillon s'agence bien sûr autour d'un axe vertical et, lorsqu'un rapport est établi (par Poe, Blake ou Rimbaud) entre ce vortex et la perception, cet axe devient évidemment celui du vertige. La dégringolade de ce dernier a lieu à l'intérieur même de notre propre corps, ce qui pourrait d'ailleurs être paradisiaque, mais se révèle souvent infernal; on compte des millions de descriptions de spirales mentales ascendantes et descendantes. Rappelez-vous *Les Portes de la perception* d'Huxley ou tous ces témoignages d'expériences «aux confins de la mort», de pures évasions par psychotrope interposé ! Cet allègement du corps s'apparente invariablement à une hypervision, une extravision, où les couleurs deviennent mille fois plus étincelantes. Tout brille, c'est du bonheur pur. Toutes ces apparitions contiennent des objets rayonnants, des palais d'émeraude et d'or, des rivières de rubis, et tout ce que vous voulez imaginer.

Enfin, voilà qui porte à croire que la station verticale n'est pas la seule posture qui permette à l'organisme humain d'avoir des visions. En architecture, en général, la vision axée sur l'horizon est celle de l'orientation vers l'extérieur, tandis que la vision-vertige est celle de l'orientation vers l'intérieur. La première est celle par laquelle on trouve son chemin, la seconde celle des spirales du labyrinthe, où l'on se perd.

Je me situe toujours entre les deux. Je suis totalement d'accord avec Francisco Varela sur ce point: l'entre-deux est la position la plus radicale.

Vous avez parlé de la caverne comme d'une vision machine. Quelle fut donc la vision du chaman ?

Pour clarifier le concept architectural de cette exposition, je saisis l'occasion de décrire deux exemples de caverne : la caverne neurologique de deux chatons d'une part et les peintures rupestres étudiées par Jean Clottes et David Lewis-Williams, d'autre part.

Je cite souvent l'expérience en neurologie de Held et Hein sur deux chatons, dans les années soixante, très bien décrite par Varela dans *L'Inscription corporelle de l'esprit*. Il ne s'agit pas d'une vraie caverne, mais davantage d'un cylindre, d'un espace circulaire d'environ quatre-vingts centimètres de diamètre, dont l'intérieur porte un motif répétitif de lignes noires et blanches. Une tige verticale s'élève au centre et, comme dans un manège, soutient une barre transversale à laquelle sont suspendues deux nacelles qui tournent autour de l'axe central. Dans chacune de ces nacelles se trouvent deux chatons adorables, tout juste âgés d'une semaine. Les pattes de l'un touchent le sol, contrairement à l'autre. Le premier peut donc à la fois marcher et voir, tandis que le second, promené par l'autre, partage la même expérience visuelle. Après deux ou trois semaines, lorsque les nerfs du cerveau ont atteint le degré de structuration nécessaire, les chatons sont libérés. Le premier est très attentif et vif, le second se déplace comme s'il était aveugle et se cogne contre toute chose.

Cela montre bien l'importance des liens qui existent entre le mouvement et la vision, et celle des connexions entre le moteur et le sensoriel. Voir est impossible sans le mouvement, se mouvoir ne peut se faire sans la vision. En ce qui concerne la conception de cette exposition, cela signifie qu'il n'y a pas de distinction précise entre les orientations intérieure et extérieure, entre les lignes droites de l'horizon et les courbes du vortex. Elles sont incorporées dans un seul et même ensemble, sur lequel il nous faudra revenir plus tard, mais je suis convaincu qu'il ne s'agit pas d'un choix entre adopter une position verticale et horizontale, d'une part, ou tomber et n'avoir que des visions extatiques, d'autre part. Ce qui captive tant mon intérêt, c'est que nous passons notre vie quotidienne dans l'entre-deux, nous réagissons tour à tour à l'un et à l'autre, nous n'optons pas pour le mouvement en ligne droite ou pour la désorientation, mais nous traçons des lignes courbes que nous tordons, négocions, corrigeons ; pour bien se guider, il faut en fait accumuler les détours, qu'ils soient petits ou grands. Nous ne voyons qu'au moment où nous agissons ; c'est la seule vision possible.

La seconde étude dont j'aimerais parler est celle de Jean Clottes et David Lewis-Williams, qui ont examiné les peintures rupestres des grottes les plus importantes du sud de la France et du nord de l'Espagne. Dans toutes ces fresques d'une incroyable beauté, dénuées d'horizon, ils ont isolé trois stades de modification de la conscience. Dans le premier apparaît une imagerie *scotomisante*, les zigzags vacillants de la vision-migraine ou l'extase. Ce sont les images décrites avec précision par divers auteurs, que vous voyez après avoir pris du LSD, ou à la suite d'une longue période d'isolement sensoriel, ou encore que suscitent une danse énergique et des sons rythmés. C'est la «routine» chamanique. Le deuxième stade est la *traduction*, le prolongement de ces images par d'autres, plus universellement connues; le zigzag, par exemple, datant de vingt mille ans, a été traduit pour devenir la représentation d'un serpent. Le troisième de ces stades est celui que Clottes et Lewis-Williams nomment en fait le *vortex* ou l'entonnoir. Après le rite initiatique, le passage à travers le tunnel tourbillonnant, on pénètre dans l'univers où le réel et l'irréel ne sont plus séparés. Le chaman est arrivé à ce niveau de transformation, de métamorphose qui lui permet de devenir bison ou renard.

Pour que tout cela fonctionne, il faut que ces fresques rupestres épousent la paroi rocheuse, qu'elles ne soient pas immobilisées dans un cadre, qu'elles n'entretiennent de rapport avec aucun élément extérieur, car celui-ci est en fait contenu *dans* la paroi ou *dans* le corps. Clottes et Lewis-Williams ont découvert cette caractéristique de la peinture rupestre, qui s'apparente énormément à l'art électronique interactif: nombre de sujets, l'antilope, la tête d'un bison, n'étaient que partiellement représentés, le reste de l'image étant constitué par l'ombre projetée sur la paroi grâce à la lumière de la torche, selon le relief particulier de la roche! Ils ont «vu» avec leur torche ici un demi-bison, là-bas une demi-antilope, et les ont «terminés» à la peinture! C'est exactement le rapport que j'aimerais établir entre ma structure et les images qu'elle porte, une architecture qui ne constituerait pas un simple fond ou support, mais qui élèverait l'image de telle manière que le corps qui la regarde s'envolerait vers elle. Le mur deviendrait une fenêtre par laquelle entrer dans l'image. Pour en arriver là, il est absolument nécessaire de faire imploser les distinctions entre l'ici du regard et le là-bas de l'horizon, de laisser l'endroit précis où vous vous tenez engloutir l'horizon. Le seul moyen pour un architecte d'accomplir cela est d'abandonner la différenciation entre sol et mur, entre vertical et horizontal. Et là, on entre dans le domaine de la topologie, de la géométrie «liquide» (*rubber-geometry*).

Relief de caverne
transformé
en face animale,
Altamira, Espagne

Vous dites de votre vision machine que c'est une « grille liquide » (Wet Grid). Est-ce là un autre de vos oxymorons, comme « surface profonde » (Deep Surface) ?

Oui, la grille est l'un des outils les plus anciens en architecture. Lorsqu'un architecte veut instituer de l'ordre – selon tel point de vue – il monte, pour ainsi dire, dans son hélicoptère, s'élève dans le ciel et largue un quadrillage sur le terrain. C'est une vraie démarche militaire. Cette grille est immédiatement mise en relation avec la notion de vue surplombante et donc d'ordre dominant, d'une cohérence qui va du haut vers le bas. La grille grecque ne ressemble en aucune manière à ce qu'on appelle aujourd'hui un réseau. N'oublions pas que l'un et l'autre de ces termes sont diagrammatiques, littéralement des « vues », des schémas perceptuels utilisés en tant que concepts. Le réseau représente bien évidemment cette idée contemporaine d'un ordre émergeant, d'une auto-organisation, d'une cohérence qui se construit du bas vers le haut. Alors que dans la « grille grecque », l'ordre est imposé d'en haut sur la matière ; dans le réseau, l'ordre naît des interactions matérielles, d'une organisation (*pattern*), d'une stabilité. C'est un ordre au bord du chaos. La « grille liquide » devient alors une situation entre-deux, très proche du « cristal liquide », où l'ordre ne réside ni dans l'état solide du cristal, ni dans l'état liquide : celui d'une totale *liberté* de mouvement. En réalité, le cristal liquide n'est pas à mi-chemin entre le liquide et le cristal, mais c'est une forme plus élevée de l'ordre. Un liquide n'a pas assez de cohérence, il n'a aucune propriété holistique et ne peut se comporter comme une totalité ; le cristal solide au contraire est entier, mais il est incapable d'agir, car il n'existe que sous une forme compacte et se contente de perdurer dans des conditions stables soumises à aucun changement. Parler de grille liquide signifie qu'il n'y a ni lignes, ni surface, ni dimension 1 ni dimension 2, mais un entre-deux stratégique qui a plus de force. N'ayant pas la neutralité d'une position à mi-chemin ni la valeur du 1,5, « la grille liquide » ne peut par nature être homogène. Elle est nécessairement un assemblage hétérogène d'un plus grand nombre de dimensions. Des zones de faiblesse et de force s'unissent pour créer cette forme hybride de la mollesse. Celle-ci rend la grille transformable, plus résistante qu'une grille rigide, parce que le temps est inhérent à sa structure. Les points peuvent devenir de petits nœuds ou ressorts, ces derniers étant susceptibles de se déplier en lignes. Puis les lignes ont la possibilité de se séparer et de se structurer pour devenir semblables à une surface. Mais, vous le voyez, avec cette vue intérieure de la grille qui va du bas vers le haut, les lignes ne sont soudain plus l'encre plate du dessin. Elles ont acquis des propriétés matérielles. Il ne s'agit plus de modeler l'espace comme de l'argile à l'aide du dessin projeté, mais de construire une machine, un dispositif de variabilités, de modulations, de fluctuations continuelles.

Je ne dessine donc pas. Je ne projette pas de là-haut, en l'air, des lignes noires sur le monde.

Comment procédez-vous à l'ordinateur ?

L'ordinateur est l'outil principal pour travailler à l'intérieur d'un système et arriver à un dessin, l'incorporer dans un autre système et sortir de là pour accéder à un état des choses différent. On passe tour à tour d'un ordre émergent à un ordre projeté, franchissant chaque fois une nouvelle étape vers l'actualisation. Voilà qui se distingue de la procédure habituelle qui va «d'un diagramme dessiné» à «une forme matérialisée». Les architectes ne cessent de réaliser des schémas, des diagrammes, des infogrammes, des idéogrammes conceptuels (il suffit de voir comment ils passent du crayon n° 3 à l'encre, au graphite et aux feutres). Ils font croquis après croquis, se libèrent de la complexité en suivant un processus de réduction – le plus souvent des corrections euclidiennes faites à la main –, jusqu'à ce qu'une ligne unique définisse les contours clairs comme du cristal et indique les limites extérieures de chaque élément architectural. Je travaille différemment, car avec l'ordinateur, la matérialisation de la ligne, du vague au défini, peut être instrumentalisée, et ce n'est plus moi, mais mon logiciel, qui insuffle de l'*Einfühlung* aux lignes courbes. Si l'on observe les petits croquis d'Hermann Finsterlin – des dessins absolument étonnants – on peut évoquer des mots comme calligraphie, états mécaniques, états mentaux machiniques des tracés, mais il reste très difficile d'éviter la subjectivité.

L'architecture du musée des Beaux-Arts établit un rapport évident entre centre et périphérie: c'est le principe du classicisme. La périphérie, c'est la galerie sur un vecteur horizontal; le centre, l'atrium, fondamentalement un dôme, est un vecteur vertical: le regard se dirige immédiatement vers le haut, vers la lumière. De nouveau, il y a séparation entre le corps qui marche et les yeux qui regardent.

À l'ordinateur, j'ai introduit huit doubles lignes dans la grille du musée, de l'entrée vers l'intérieur, sur toute la profondeur du bâtiment – c'est l'orientation générale du mouvement. Très simple. Ensuite, j'ai mis quatre «dynamiques vortex» dans un appareil autochorégraphiant en forme de main, qui coordonne le mouvement du vortex. Je dois cependant vous donner des explications. Un vortex est une force en rotation, qui progresse dans la durée selon divers paramètres. On s'en sert à Hollywood pour faire des films sur des tornades catastrophiques, comme *Twister* du metteur en scène hollandais Jan De Bont. Ces logiciels sont impressionnants: tout – la terre, les voitures, les vaches – s'envole dans la tornade. Je m'en suis servi pour créer les

LARS SPUYBROEK, NOX
«Wet Grid»,
une architecture pour
«Vision Machine»,
Nantes, 1999-2000
Plan

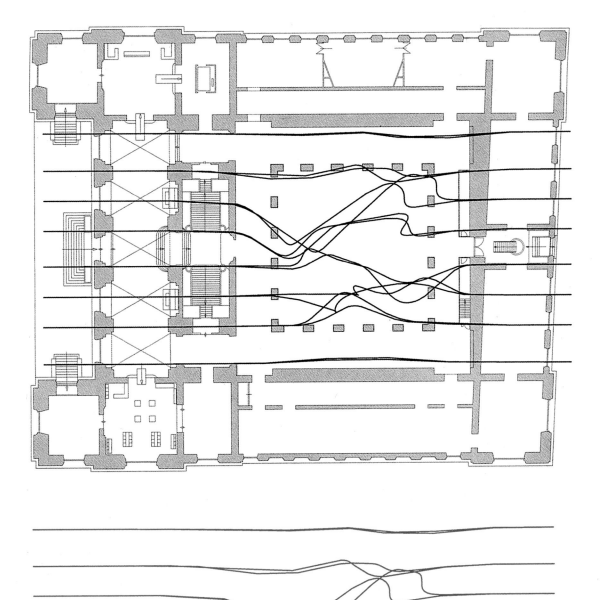

mouvements, les gestes, mais le squelette qui assure la coordination est interactif. C'est comme enseigner à quatre danseurs séparés un certain mouvement giratoire, puis de les relier avec des élastiques. La trajectoire individuelle se transforme en un nouveau modèle émergent, phénomène qui apparaît également dans la structure des huit doubles lignes.

Après avoir étudié le comportement de ce système et découvert ses possibilités, nous avons altéré les restrictions applicables aux divers éléments du squelette jusqu'à ce que ce dispositif soit adapté à la lecture que nous souhaitions faire du programme – j'y reviendrai. Pour résumer, le mécanisme a enchevêtré certaines lignes dans des nœuds complexes et en a divisé d'autres pour les faire bifurquer. En partant de l'entrée du musée jusqu'au fond du l'atrium (que vous appelez le patio), trois lignes forment un nœud, puis celui-ci se divise en deux lignes partant sur la gauche et une vers la droite, qui forme ensuite un autre nœud sur le côté droit de l'atrium, lui-même étant relié à un nouveau groupe de lignes. Le phénomène est en fait plus complexe, mais cela peut donner une idée générale de la capacité de ce système à former une grille souple à partir de tracés parallèles. Une grille est normalement le résultat de la superposition de deux systèmes perpendiculaires ; ici, elle est apparue à partir d'un mouvement latéral dans un système longitudinal.

Il m'appartient maintenant d'introduire dans cette discussion la conceptualisation du programme. Les huit premières lignes ont été placées dans l'ordinateur au niveau de l'œil. Lorsque le dispositif se tord et se courbe dans diverses directions sous l'influence du vortex, deux choses peuvent se produire : lorsque la ligne descend, elle a tendance à devenir «sol», surface basse ; en revanche, quand les lignes divergent, elle forment des espaces. La structure n'existe donc pas autour de l'espace, mais c'est bien l'espace qui se trouve dans la structure. Toutes les bifurcations des doubles lignes sont interprétées comme étant des espaces accessibles, les lignes comme étant des surfaces également accessibles, c'est-à-dire le sol. C'est très important par rapport au «programme» de l'exposition, aux peintures, aux dessins. Dans l'ensemble et de différentes façons, les images ont un rapport avec l'entre-deux : ni grille ni cellule. Tout cela, bien sûr, en lien avec la vision : la cellule est la monade, la pilule, le casque, la capsule, le vaisseau spatial *Enterprise*, «ce véhicule à voir des choses» est l'endroit où le vortex pousse l'inclinaison du système le plus loin vers la verticale, c'est ici qu'il est le plus ouvert à l'introduction d'images vertigineuses, d'ectoplasmes, d'hallucinations, etc. La grille est ce qui connecte, là où rayonne l'influence du vortex ; elle s'étend horizontalement jusqu'à un autre nœud. Par là même, la grille et la cellule ne sont jamais des contraires. Galerie et atrium sont désormais des états différents appartenant à un système identique ; quand vous marchez, c'est que

LARS SPUYBROEK, NOX
«**Wet Grid**»,
une architecture pour
«**Vision Machine**»,
Nantes 1999-2000
Animations

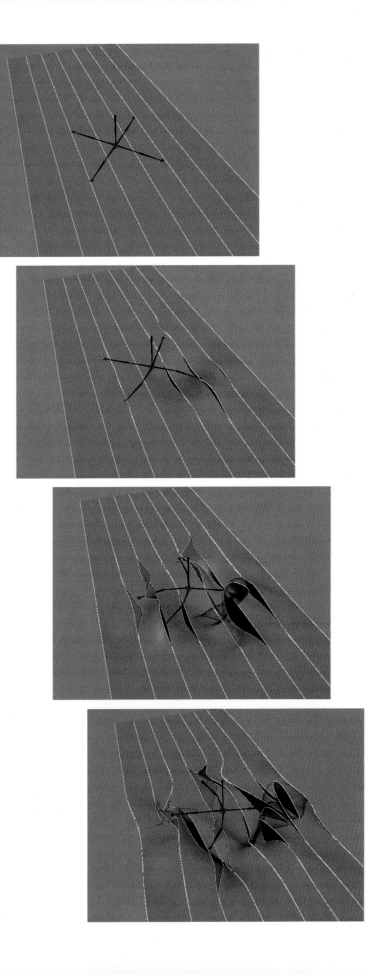

vous êtes en train de voir, pour admirer les œuvres il faut marcher. Il en résulte qu'aucun tableau ne respecte une verticale de quatre-vingt-dix degrés ni aucun plancher une horizontale de quatre-vingt-dix degrés, sauf là où vous vous trouvez, loin de l'influence des vortex.

Comment passez-vous de ce système à la construction d'un édifice ? La manière dont vous avez évoqué la divergence des lignes m'a rappelé l'exemple que vous m'aviez cité de la salle gothique du Hradschin, à Prague, et les travaux de recherche de l'ingénieur et architecte allemand Frei Otto.

Récapitulons. Nous sommes partis d'un système de huit doubles lignes, qui peuvent se courber et se tordre sous l'effet des vortex. Ces lignes «élastiques» forment des nœuds et des fourches. Elles n'ont néanmoins aucune qualité structurelle utile à la construction ; elles sont conçues pour absorber la perception et le mouvement mais pas la pesanteur. Ce qui se fait couramment, c'est de placer des colonnes sous les lignes du diagramme, afin de matérialiser la forme. C'est la pire des solutions. Si nous pouvons traduire la (dé)formation structurelle en tant que perception et action, pourquoi ne pas en faire autant pour la construction et établir une synthèse des trois.

Ce que nous avons accompli s'apparente étroitement à l'exemple de la fabrication des épées, cité par Gilles Deleuze. Une épée ne se découpe pas dans une plaque de métal d'après des contours bien définis. Il faut la faire chauffer, la tordre, la plier et la replier maintes fois pour lui donner sa souplesse finale. Il est nécessaire de la refroidir soudainement pour que la cristallisation confère sa dureté au tranchant de la lame, toutes sortes de manipulations et de corrections étant requises pour la fabriquer. Elle n'est pas faite d'un matériau homogène, puisque ce dernier a traversé divers états. La matière elle-même est mouvement, possède une capacité structurelle avec laquelle il faut composer pour faire apparaître la meilleure épée possible.

Lorsque ces lignes du modèle informatique vont à la rencontre les unes des autres, et que dans le même temps un groupe se sépare, nous pouvons prendre une «photographie instantanée» d'un ensemble de seize lignes organisées selon un certain schéma à un moment donné – il s'agit alors d'une opération qui va du haut vers le bas. Deleuze appellerait cela «un passage limite comme changement d'état», très similaire à ce qui se passe dans une boîte de vitesses : lorsqu'un état précis arrive à sa limite, il faut le faire passer à une autre étape, celle de la maquette en papier. Nous avons imprimé cette photographie de lignes tremblotantes, qui évoque un dessin de Klee, sur une feuille de papier, collée ensuite sur du carton. Nous avons de nouveau introduit seize lignes, faites cette fois de papier épais, auxquelles nous avons essayé d'imposer le tracé tortueux des lignes d'encre. Au lieu d'en

MAREK KOLODZIEJCZYK

Maquette en fil en deux dimensions
Système direct de cheminement, chaque point est connecté aux autres

Maquette en fil en deux dimensions
Structure étoilée, système de parcours raccourci après trempage dans l'eau

Archives Institut für Leichte Flächentragwerke, Stuttgart

Vue de la voûte gothique du vieux palais royal, salle Vladislav,
fin XVe siècle, Prague

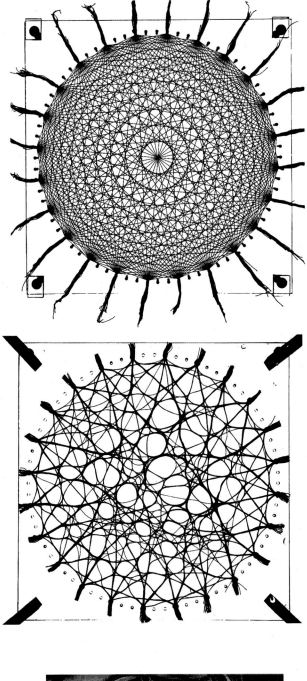

faire une maquette, nous nous sommes servis du papier comme d'un nouveau moyen de *calculer* les formes. Cette phase ressemble à un travail sur un ordinateur de papier. Si deux lignes tracées à l'encre – l'encre n'est jamais qu'un élastique *figé* – se courbaient dans la même direction, nous avons interprété leur comportement comme une tendance à se connecter. Nous avons alors détaché chaque ligne de papier et les avons réunies avec un trombone, sur un point en l'air. Nous voilà donc avec un principe structurel gothique où la voûte est une surface née à la bifurcation d'une ligne, c'est-à-dire d'un pilier. Nous étions en train de construire des voûtes! Des voûtes-casques-cellules naissant d'une surface sans aucune épaisseur, comme des ampoules qui se forment sur la peau! À partir de ce moment-là, nous avions un principe architectural extrêmement simple, facilement (façon de parler) réalisable avec du bois. Comme tout a été conçu sur un ordinateur, la totalité des données sur les courbures peut facilement être transférée vers une machine amenée à couper nos pièces de bois. Bien que nous ayons détourné l'ordinateur pour en faire un outil conceptuel à notre service, il reprend complètement son rôle instrumental de machine. C'est là tout le secret! ❧

propos recueillis par Arielle Pélenc
traduction: Jean-Marc Billaud

LARS SPUYBROEK, NOX
«**Wet Grid**», une architecture
pour «**Vision Machine**»,
Nantes, 1999-2000
Maquette papier

Vues du chantier,
Nantes, mars 2000

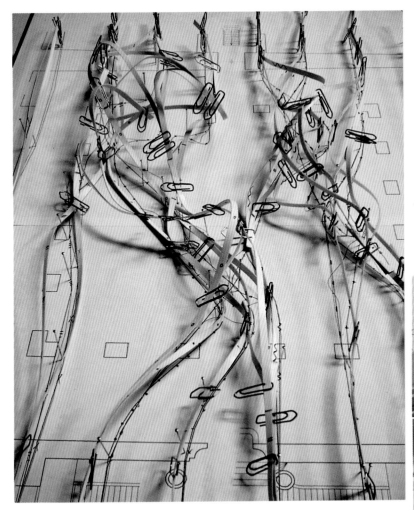

Imago Mundi
Des mondes sans images

Frédéric Migayrou

Comment se constitue l'altérité du monde ? Qu'en est-il d'Ithaque, de la Toison d'or, des errances initiatiques qui, de la mythologie aux utopies modernes, définissent le domaine d'une extériorité, un territoire où pourrait s'établir un autre lieu du monde ? Cette séparation permanente trace les contours d'une opposition de l'âme à la matérialité d'un monde soumis à tous les désordres, tourbes du multiple et de l'impur qu'il fallait traverser pour gagner les sphères de l'idéalité. Si les cartographies de la Renaissance se sont lentement donné la mesure d'une extension des territoires, en se détachant progressivement des dimensions subjectives de la représentation pour instituer une normalité de la mesure, ce fut en préparant la notion moderne de l'extension, monde étendu dont le pendant en retrait reste la raison fondatrice. L'utopie moderne, celle qu'inaugure Thomas More et qui dirige le Francis Bacon de *La Nouvelle Atlantide*, et qui charpentera tous les récits, toutes les joutes allégoriques du XVIIIe siècle, est la contrepartie d'une maîtrise rationnelle du possible même de toute extériorité. Il n'y aurait donc d'utopie que rationnelle, tenue dans les rets d'une raison qui, dans sa forme kantienne, élabore un cadre, lui arrache par essence toute définition propre d'espace ou de temporalité. Il n'y aurait pas d'utopie proprement irra-

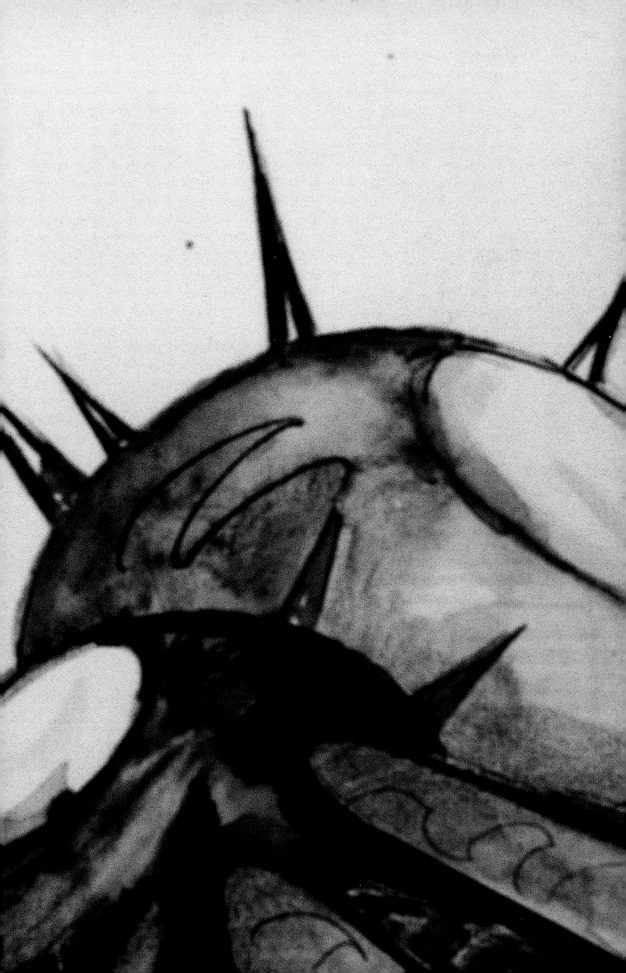

tionnelle, elle trouverait sa plénitude avec les lumières, elle serait étymologiquement l'u-topos, la privation de tout lieu, la forme même de l'espace lui étant par essence inaccessible. Cette assimilation permanente de toute extériorité est d'ailleurs engagée par Emmanuel Kant lui-même qui, dans les *Rêves d'un visionnaire* (1765), contingente radicalement ce qu'il nomme les «voyages extatiques». Analysant la pensée d'Emmanuel Swedenborg, il lui refuse un caractère proprement théologique pour s'intéresser à une théorie de l'âme, qui vise à étendre les facultés de l'homme, une pensée capable de recouvrir le tout du monde.

Ce *maximus homo*, «la somme de toutes ces sociétés d'esprits, et l'univers de ces êtres invisibles qui se donnent à leur tour, en guise d'achèvement sous la forme du plus grand homme[1]», Kant l'avance comme une figure du domaine rationnel, tout en ramenant la vision à un excès, celui de ceux qui portent le regard beaucoup plus loin que l'action possible. L'utopie est ainsi partagée entre le domaine politique où elle est une simple inadéquation aux lois du champ pratique, et le domaine cognitif où elle reste une «vision» inadéquate. Dès lors, le monde n'est plus une «entité close», pour reprendre un titre fameux d'Alexandre Koyré. Il ne se tient plus aux mesures et aux représentations humaines, il est tout à la fois infini et déterminable indéfiniment, au sens où il englobe *a priori* tous les possibles. Kant instaure une véritable science transcendantale du monde, une cosmologie transcendantale qui porte l'unité absolue de la série des conditions du phénomène. Un texte aussi étrange que *Les Volcans de la lune* (1785) cherchera à définir les ultimes formes de l'infini rationnel. Les grandes utopies sociales du XIXe siècle se sont directement confrontées à cette cosmologie nouvelle qui organise une clôture définitive de l'espace-temps. *De l'éternité par les astres* d'Auguste Blanqui à la *Théorie des quatre mouvements* de Charles Fourier, le monde des derniers visionnaires semble basculer dans un ordre répétitif, un mouvement infini où les événements s'organisent selon d'implacables cycles qui échappent à toute dimension humaine. Cette logique des cercles étend le monde comme un champ homogène ouvert à la connaissance, extension sans limite d'échelle de l'infiniment petit à l'infiniment grand.

Ernst Cassirer poursuit cette interprétation et tente de réintégrer les premières cosmologies de la Renaissance dans le domaine d'une conception prémoderne, repoussant les exégèses traditionnelles amenées par le néoplatonisme. Il érige ainsi le *De ludo globi* de Nicolas de Cues en ouvrage fondateur, qui inaugure un statut constitutif de la pensée, une capacité originale de l'intellect à créer des concepts opératoires. Dans *Individu et cosmos*, Cassirer édicte en principe cette nouvelle relation de l'entendement et du sens, de l'expérience et de la pensée, qui confond toute science de la nature, toute compréhension du monde. Il recouvre les logiques de l'expérimentation scientifique et de l'imagination artistique, les ramenant à une source commune, nécessité interne des choses, qui fait que l'esprit a conçu de lui-même ce qu'il retrouve dans le monde, véritable assignation aux lois de l'entendement. Il reformule la théorie humaniste de l'art de la Renaissance, en soulignant cette relation constitutive entre l'imagination du peintre et la réalité «objective» des choses. «Le pouvoir de l'esprit, du génie artistique aussi bien que scientifique n'est pas de se livrer sans entrave à l'arbitraire, mais de nous apprendre à voir et à connaître l'objet dans sa vérité, dans sa détermination suprême[2].» Cette pleine assimilation des capacités d'investigation de l'art et de la science s'ordonne selon un discrédit de toute création pour soi, débridée, échappant au règne de la raison. Elle restera déterminante pour toute l'esthétique de Cassirer, donnant un cadre à tous les modèles d'historicité de l'art, organisant par la suite le déploiement du Warburg Institute. L'historien de l'art s'attachera à marquer de véritables jalons, des points d'orientation organisés par le déploiement de la logique et du concept, l'art érigé en domaine de connaissance. Fin des cosmologies antiques, des êtres démonologiques du Moyen Âge, de ces âmes migrant à travers le cosmos, idoles sollicitant les unions mystiques. Il faudrait repousser cette disposition de l'âme originelle, un état d'indétermination qui ignore les séparations et les limites.

La célèbre trilogie cassirerienne, «expression, représentation, conceptualisation», celle qui anime la *Philosophie des formes symboliques*, doit outrepasser toute velléité d'autonomisation des phénomènes, toute tentation d'un retour à la sensation brute, à l'expression, à l'intuition, au pouvoir visionnaire. Quand Erwin Panofsky s'interroge sur la distance constitutive du sujet à l'objet dans l'art de la Renaissance, il l'impose aux travers des typologies qu'il élabore, tout à la fois comme le déploiement d'une compréhension rationnelle de l'espace, mais aussi comme le positionnement du sujet moderne: «Ce n'est pas la perception sensible qui est à l'origine de la formation des idées, c'est au contraire celle-ci qui – par l'intermédiaire de l'imagination – met en mouvement la perception sensible[3].» L'imagination serait donc dissociée de la représentation, elle s'imposerait comme un «pur produire» schématique qui semble hiérarchiser les développements progressifs d'une âme rationnelle. Faut-il suivre Louis Marin quand, tentant de confondre l'espace utopique et l'espace du récit, il annule toute extériorité du domaine spatial, il refuse toute idée d'un redoublement du monde par une extériorité étendue, un domaine extérieur et déterminé ? Au-delà de cette assimilation sémiologique, Marin ramène l'utopie à son ancrage moderne, il la confond avec l'imagination, un imaginaire assimilé à une pure capacité de production. L'utopie apparaît alors comme un discours de la totalité, une vision univalente et exclusive, un «pur produire», ce qui «figure dans son dessein (dessin) toute production en général». L'imaginaire utopique est alors assimilé au statut kantien de l'imagination, pure synthèse qui, au travers du schématisme, définit une primitive disposition de l'espace-temps, schéma, mono-

gramme, chiffre qui nie l'image pour ne retenir que le cadre et le principe de son institution : «Le schème est un produit producteur.» Et
Marin de poursuivre : «Au niveau de l'imagination, le discours utopique
fonctionne non comme une icône, mais comme un schème. L'utopie se
spécifie comme figure[4].»

Qu'en est-il de l'*anima mundi* quand le principe d'unité qu'elle por-
tait s'est rendu à l'empire de la raison ? Quand F. W. Schelling tente
d'apporter une réponse, il refuse à l'âme toute position d'extériorité
pour en faire un principe d'universalité. *Les Âges du monde* (1806) instau-
reront une fusion du vivant, de l'organique et de la science, unité intime
que l'homme doit retrouver en lui-même. Ce vivant originel, sans inté-
riorité, dirige le cheminement de l'expérience humaine de la simplicité
de l'être vers une plus grande complexité, l'âme humaine étant alors
unie à la science même. Et Schelling de redéfinir l'âge d'or hésiodique
où la nature révèle sa profonde homogénéité rationnelle : «Il n'y aura
plus alors aucune différence entre le monde de la pensée et celui de la
réalité. Il n'y aura plus qu'un monde et la paix de l'âge d'or aura son prélude dans l'harmonieuse association de toutes les sciences[5].» Ainsi, le
monde déborde largement l'ensemble de ses représentations, qui lui
sont toutes préalables. Il se donne comme une présentation infinie qui
circonscrit tous les possibles et dépasse donc grandement le simple
champ de la vision anthropologique. Toutes les investigations de la
science, les outils de la technique, les instruments et les prothèses qui
augmentent la cognition du monde sont alors associés à toutes les expériences de l'art et semblent définir de concert une extension permanente de la connaissance. La représentation cède la place à une révélation objective qui peut s'emparer de tous les instruments possibles, art et
science confondus, tant qu'ils restent assignés à la rectitude des lois de
l'entendement. Cette logique permet de distinguer les bonnes et les
mauvaises représentations, celles qui sont orientées par la téléologie
rationnelle de celles qui restent sans objet, délires subjectifs qui sombrent
dans l'indéterminé. L'implacable logique kantienne sera d'ailleurs directement reconduite par le texte marxiste qui, bien que basculant la révélation rationnelle dans la temporalité de l'histoire, n'en finira pas, au-
delà du discrédit des utopies sociales, de réaffirmer contre toute
immédiateté la rationalité immanente du réel. «L'exigence de rationalité suppose en premier lieu, une double rupture avec l'immédiateté.
Cette rupture inscrit la notion de science au pôle théorique de l'opposition entre la théorie et la pratique, et au pôle rationnel de l'opposition
entre la raison et les formes immédiates du savoir, l'intuition[6].»

Fin de la vision, inventer, c'est comprendre, c'est, comme l'affir-
mait Ernst Bloch, rendre le sujet à l'universalité du nous. «L'objectif
serait alors atteint si l'on parvenait à unifier ce qui ne l'a jamais été totalement jusqu'ici : le discours clair et la prophétie, l'âme et le tout cosmique, de sorte que l'âme dépasse, illumine le vaste monde, mais sans

rester étriquée, sans se réduire à un idéalisme subjectif ou encore humain[7].» L'utopie récusée, les mythologies évacuées au profit de l'histoire, c'est aussi l'avant-garde qui doit être mise au banc, l'art contraint par la nécessité rationnelle de l'histoire, contraint dans ses contenus par les raisons de la forme. Au Georg Luckacs de *L'Âme et les formes* qui tente de concilier inspiration du créateur et aspiration (*Sehnsucht*) à une mise en forme encore tenue par les lois du schématisme, s'adjoint le penseur qui repousse l'idéalisme de l'art pour l'art. Tout en fustigeant la réification de l'«idée», esthétique kantienne, il tente de distinguer la réalité vécue, celle qui coïncide avec la sensibilité de l'esthétique transcendantale et la réalité immédiate de l'art. Comment inventer un monde quand c'est le monde qui devient l'entité objective, qui définit par essence toute faculté, qui organise la structure même de l'imagination ? C'est bien l'ordre du schématisme kantien qui reste opératoire, tenant les formes de l'intuition en réserve d'une imagination qui, par la synthèse, anticipe et donne un cadre à toute représentation. Comment inventer un monde quand l'imagination ne se déploie plus dans l'ordre de l'espace-temps, quand elle est par définition une imagination sans image ? Tout le champ moderne semble s'être accommodé de cette imagination qui n'est qu'«exponible», capacité – pour le dire comme Kant – de «se représenter un objet même sans sa présence dans l'intuition».

Dans son texte-préface à *L'Âme au corps*, Jean-Pierre Changeux conforte en permanence cette interrelation entre la découverte rationnelle du monde cognitif et le développement d'une expérience intérieure initiée par les artistes et les écrivains. «Tandis que Baudelaire explore les "paradis artificiels" et Thomas de Quincey boit l'opium doux et chaste, Claude Bernard publie en 1857 les *Leçons sur les effets des substances toxiques et médicamenteuses*[8].» L'altérité du monde se serait repliée à l'intérieur, se multipliant en phénomènes que l'investigation scientifique cherchera sans fin à ordonner. La critique d'art, toujours imprégnée du modèle panofskien, se délecte de cette phénoménologie à bon compte, altérité qui partage sans fin la proximité de l'homme à lui-même, le manque et l'absence alors constitutifs d'une découverte du monde rationnel. Vampirisme, magnétisme, hystérie, hypnose, spiritisme, rêve, psychanalyse, drogue, monstruosités, les expériences de la science se seraient multipliées en images échappant à la représentation, tâtonnantes morphogenèses d'une expérimentation s'approchant pas à pas de la détermination de la forme objective. Cette décontextualisation des productions de la science crée à bon compte une «imagerie» toujours fascinante pour le public et s'arc-boute de fait sur un déni de représentation. Quand Jean Clair tente de lire, en référence à Panofsky, le passage de la théorie des proportions à la démesure de la forme, induite par la substitution de l'idée de création à celle d'évolution chez Darwin, il tente bien de dessiner le paysage «d'un prodigieux gaspillage de formules, et d'une étonnante prolifération» où la connaissance exténuerait toutes les inadéquations de la forme. Mais c'est toujours la structure kantienne de l'altérité interne du monde qui est reconduite, celle qui oppose pour les fondre ensemble les formes de l'intuition et celles d'une ultime cosmologie rationnelle. «Le transcendantalisme kantien suppose que l'esprit humain possède en lui, innées, les conditions de validité du jugement. En tant que les conditions de la connaissance sont fournies par nos sens, ce jugement englobe l'évaluation esthétique. Certaines données des sciences cognitives [...] semblent aujourd'hui confirmer l'idéalisme kantien[9].»

Si Jean Clair dresse l'inventaire des paysages de glace, des déserts et des landes dévastés qui accompagnent la peinture d'Arnold Böcklin à Max Ernst, il en fait le vocabulaire primitif d'une découverte des tréfonds de l'âme (de la raison), proto-images encore encombrées des ruines de la représentation subjective. Il n'y aurait aucune rupture entre la structure cosmologique, «l'espace et le temps absolus, vrais et mathématiques» d'Isaac Newton et l'avènement des théories de la relativité restreinte. C'est pourtant l'ensemble de la cosmologie formelle (rationnelle), l'idée d'un cadre spatio-temporel vide et infini qui est mis à mal. Avec la relativité générale, c'est une nouvelle relation entre contenu matériel et forme spatio-temporelle qui advient, bousculant non seulement la coordination des mesures de l'espace et du temps, mais aussi la relation entre l'univers et un contenu en perpétuelle variation. Avec Bernhard Riemann, l'univers se disperse en une infinité de métriques, et sa géométrie ne reflète plus que l'état de la matière confinée dans certaines régions de l'espace. Le monde n'est plus un univers stationnaire, il se définit selon des champs locaux qui se recomposent en permanence. Ce relativisme impose non seulement une mutation de la détermination ontologique, mais aussi une complète redéfinition de la valeur spatio-temporelle de notion de forme. Il n'y aurait plus un être du monde, mais des ontologies régionales du cosmos. C'est aussi toute la conception kantienne du vivant qui doit ainsi évoluer avec ce changement référentiel. Ainsi, peut-on encore supposer une parfaite homogénéité entre le champ épistémologique de la science et celui de l'art, et accepter cette belle continuité de la cosmologie rationnelle kantienne ?

Les représentations d'Ernst Haeckel, ces planches qui dévoilent l'univers ordonné des formes de la nature (*Kunstformen der Natur*, 1904) ne peuvent simplement être assimilées à une géométrisation presque infinie du réel, qui permettrait de constater la régularité parfaite du monde. La découverte de cet inframonde est guidée par l'idée panthéiste d'une entité qui intégrerait nature et cosmos, une âme universelle qui définirait les propriétés immanentes de la matière organique. Si ce nouveau répertoire de formes a enrichi tout le vocabulaire de l'Art nouveau, en introduisant ces motifs et ces formes des micro-organismes dans les réalisations d'Henry Van de Velde, d'Hermann Obrist ou de Joseph Maria Olbrich, on ne peut se tenir à cette simple extension d'une syntaxe formelle des motifs décoratifs. Au-delà de cette esthétique de la forme, ce qui fascine un très large public, c'est bien cette autonomie du vivant qui génère des biomorphies jusqu'alors insoupçonnées. D'Arcy Thomson réduira d'ailleurs tout principe d'une extériorité pour définir une complète auto-organisation des morphologies du vivant à partir d'un petit nombre de formes prototypes. Son ouvrage fameux, *On growth and form* (1917), revendique l'autonomie d'une organisation de la complexité, mais aussi l'absence définitive de toute extériorité. La vision cosmologique de l'infini bascule en une capacité perpétuelle de détermination, qui transgresse toute référence traditionnelle à l'échelle humaine, qui outrepasse les échelles géométriques d'une détermination de l'espace, héritées de la Renaissance. La vue y perd sa référence anthropocentrique, elle n'est plus articulée sur la position du corps, elle se multiplie en prothèses, microscopes, photographies, radioscopies, qui brisent les dimensions de l'espace et du temps. Les travaux d'Haeckel concrétisent cette mutation radicale, qui change à la fois le champ de la représentation et la définition d'un ordre spatial. C'est en ce sens qu'il faut comprendre la fascination d'Hermann Finsterlin, ami d'Haeckel, pour ce monde biomorphique qui l'amène à étudier de nouvelles relations entre les formes géométriques primaires – cône, sphère, cube, pyramide – pour les basculer dans le domaine matériel de la morphogenèse. Les projets de Finsterlin débordent tout expressionnisme, ils ne se reconnaissent d'aucune forme, ils n'appellent pas de geste sculptural. L'architecte tente d'organiser une architecture qui nie tout rapport à l'espace géométrique, au plan, à la fondation, pour esquisser l'unité de la construction au sein d'un domaine en perpétuelle mutation. Pris par la fluidité, les projets de Finsterlin sont des états suspendus de formes transitoires entièrement inspirées du milieu organique.

La forme absolue de la raison illuministe, pyramides et sphères d'Étienne-Louis Boullée ou de Claude-Nicolas Ledoux chères aux interprétations néokantiennes d'Émile Kaufmann, fait place au monde obscur des monolithes de Böcklin, pour avancer une autre lecture de *L'Île aux morts*, préparant une nouvelle unité du monde et de la cognition. À cette unité inerte de la raison se substitue progressivement une autre forme dynamique et ouverte, qui semble être en dialogue avec le contexte. De la forme initialement expressionniste du monolithe, nombre d'artistes ou d'architectes comme les frères Luckhardt semblent extraire une forme cristalline et minérale, un gemme à facettes qui apparaît de plus en plus comme une allégorie de la cognition. C'est certainement le poète Paul Scheerbart qui incarne le mieux ce passage de l'expressionnisme vers une osmose avec un monde directement issu de la cognition. Son ouvrage le plus célèbre, *L'Architecture de verre*, aboutit une nouvelle conception cosmologique qui appelle à une Renaissance de la relation de l'esprit au monde. L'idéologie de la transparence, qui guidera Bruno Taut pour ses tours de saphirs, ses dômes d'émeraudes, ses châteaux de diamants, répond au souhait de Scheerbart qui voyait «sur Vénus et sur Mars des buildings de verre flottants, se transfigurant en des tonalités colorées qui changent selon les réflexions de la surface du sol[10]». Bruno Taut, qui érige l'architecte en démiurge dans une pièce de théâtre dédicacée à Scheerbart, *Der Weltbaumeister* (*L'Architecte du monde*, 1919), accomplit cette notion générique d'une transparence, qui se refuse à la forme avec le fameux Pavillon de verre de l'exposition du Werkbundt (Cologne, 1914). L'idée du carrousel, du kaléidoscope, induit pleinement cette conception d'une architecture cognitive qui se transfigurera à l'échelle urbaine, en prônant avec *Die Stadtkröne* (1919) une véritable dissolution de la ville minérale traditionnelle, *Die Auflösung der Städte* (1918), pour reprendre le titre de son ouvrage utopique. «La construction quand tout est dit et fait est la reconnaissance de la matière et l'abolition de toute séparation avec l'esprit.»

Cette énergie intérieure qui outrepasse le cadre rationaliste est peut-être une clé de lecture de nombre d'œuvres expressionnistes. Si l'on se réfère à l'influence exercée par Haeckel sur Edvard Munch, *Le Cri* (1893) s'affirme comme une manifestation de l'enfermement, carcan des formes de la sensibilité rationnelle. Comment l'âme peut-elle s'échapper de la sphère rationnelle qui semble résonner dans l'omniprésence de la rationalité du monde industriel ? À la traditionnelle référence au visage, phénoménologie de la figure, aux dernières métaphores de l'expression, métamorphies des passions et donc de l'aisthesis, il faudrait opposer la tête, siège de la cognition, mais aussi ultime point de référence de la cosmologie rationnelle. Il faudrait dresser une archéologie des têtes qui jalonnent les étapes de l'art moderne et qui accompagnent une tentative permanente d'échappatoire aux réifications de la création. De la *Tête mécanique* (1920-1921) de Raoul Hausmann aux premières têtes roboïdes des costumes de théâtre de Fortunato Depero, c'est bien sûr une mutation radicale du statut de la création qui s'affirme, fin du monde intérieur, affirmation de la machine célibataire, mais aussi intégration des procédures industrielles au sein du processus de cognition. John McHale, artiste de l'Independant Group, auteur de *The Future of the Future*, ouvrage qui analyse les implications de la conquête spatiale, transmue cette figure de la tête-machine en un dernier collage, *The Personage* (1957), et inaugure l'ultime manifestation d'une altérité de la pensée. La machine doit alors élargir le champ cognitif, elle doit induire un domaine étendu de perception, d'expérience, ouvrir des horizons spatio-temporels multiples comme ce *Mind Expander* (1968) d'Haus Rucker et Co. L'architecture radicale multipliera les casques perceptuels, tel cet environnement de Coop Himmelb(l)au (*Villa Rosa*, 1968) qui tente d'impliquer dans le quotidien l'expérience spatiale du voyageur cosmique. Inventer un monde, ce ne serait plus décrire une société alternative, âge d'or d'Hésiode reconduit par toutes les figurations d'un monde clos, une île ou un territoire libre, une enclave qui échappe à l'ordre du réel,

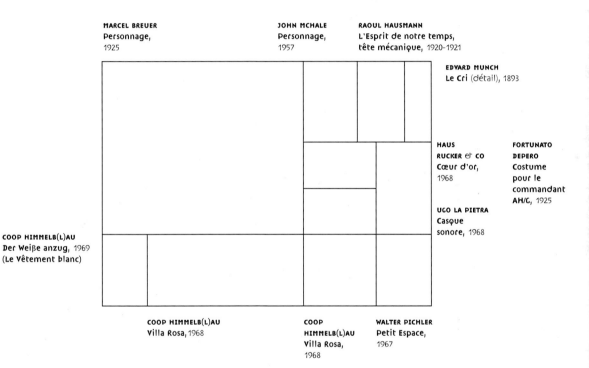

MARCEL BREUER
Personnage,
1925

JOHN MCHALE
Personnage,
1957

RAOUL HAUSMANN
L'Esprit de notre temps,
tête mécanique, 1920-1921

EDVARD MUNCH
Le Cri (détail), 1893

**HAUS
RUCKER et CO**
Cœur d'or,
1968

**FORTUNATO
DEPERO**
Costume
pour le
commandant
AH/G, 1925

UGO LA PIETRA
Casque
sonore, 1968

COOP HIMMELB(L)AU
Der Weiße anzug, 1969
(Le Vêtement blanc)

COOP HIMMELB(L)AU
Villa Rosa, 1968

**COOP
HIMMELB(L)AU**
Villa Rosa,
1968

WALTER PICHLER
Petit Espace,
1967

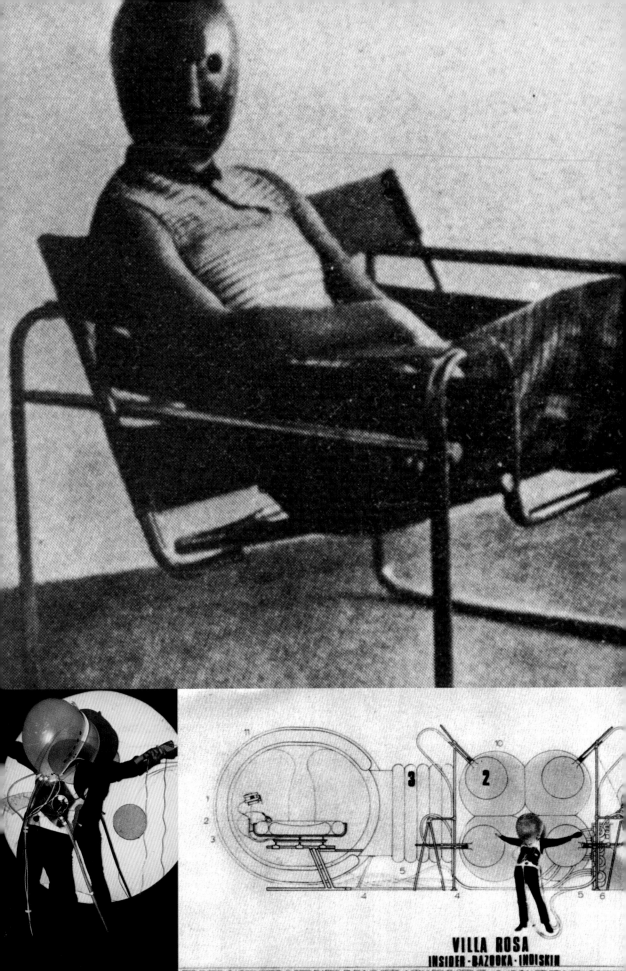

VILLA ROSA
INSIDER · BAZOOKA · INDISKIN

mais se replier sur la capacité interne de l'esprit à créer, à construire l'effectivité du réel. C'est peut-être Hans Hollein qui accomplit définitivement la forme rationnelle de l'utopie pour la transfigurer en une intériorisation complète incorporant toute extériorité de l'espace et du temps. De l'enfermement de l'architecte dans une bulle gonflable, action effectuée lors de la Documenta 5, jusqu'aux pilules qu'il distribue dans le catalogue de l'exposition «Trigon» pour la biennale de Graz (1969), afin de convertir chacun à l'expérimentation ouverte de domaines spatio-temporels pluriels, nulle complaisance psychologique ou quête psychotrope, sa proposition consiste simplement à induire l'accès aux mondes possibles, ou plutôt au possible des mondes pour reprendre un concept de la logique modale. ❧

1 Emmanuel Kant, *Rêves d'un visionnaire*, Vrin, Paris, 1967, trad. F. Courtés, p. 108.

2 Ernst Cassirer, *Individu et cosmos dans la philosophie de la Renaissance*, Les Éditions de Minuit, Paris, 1983, p. 209.

3 Erwin Panofsky, *Idea, Contribution à l'histoire du concept de l'ancienne théorie de l'art*, Gallimard, coll. Idées, Paris, 1983, p. 112.

4 Louis Marin, *Utopiques, Jeux d'espaces*, Les Éditions de Minuit, Paris, 1973, p. 26.

5 F. W. Schelling, *Les Âges du monde*, Aubier Montaigne, Paris, 1949, trad. S. Jankelevitch, p. 17.

6 Henri Maler, *Congédier l'utopie, l'utopie selon Marx*, Harmattan, Paris, 1994, p. 69.

7 Ernst Bloch, *L'Esprit de l'utopie*, Gallimard, Paris, 1977, p. 228.

8 Jean-Pierre Changeux, «De la science vers l'art», *L'Âme au corps, arts et science, 1793-1993*, Réunion des musées nationaux, Electa/Gallimard, Paris, 1993, p. 33.

9 Jean Clair «Petit dictionnaire raisonné de l'âme et du corps», *L'Âme au corps, arts et science, 1793-1993*, Réunion des musées nationaux, Electa/Gallimard, Paris, 1993, p. 49.

10 Cité par Wolfgang Pehnt, *L'Architecture expressionniste*, Thames et Hudson, Londres, 1973, p. 74.

WASSILI LUCKHARDT
Cristal sur
la sphère, 1920

WASSILI ET HANS LUCKHARDT
Forme, 1919

BRUNO TAUT
La Ville couronne,
1919

JOHANNES MOLTZAHN
Idée architecturale,
1919

BRUNO TAUT
Pavillon de verre,
Cologne, 1914

BRUNO TAUT
Das Karussell, 1920
(Le Manège)

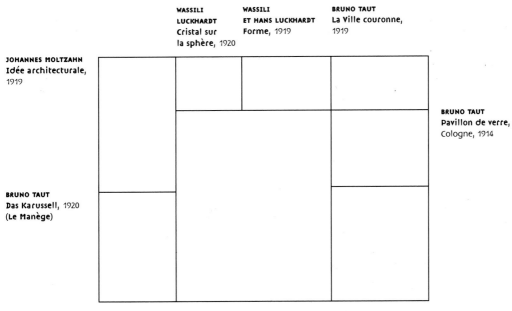

HAUS RUCKER et CO
Ein Stuck Natur, 1973
(Un échantillon de nature)

ERICH MENDELSOHN
Tour Einstein,
Postdam, 1920-1921

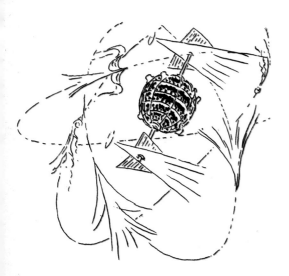

DAS KARUSSELL

Kosmisch-komisches Luftvergnügen in Silber

Auf der grossen Kugel Sitzreihen über einander
Sie wird von Flugzeugen getragen u. dreht sich um sich
durch Schrauben flügel im Wind ~ Flugzeugs Kameten
verkleidet, um schwirren das Karussell ~~~~

Mobilité et migration dans l'architecture des années 50 et 60

Marie-Ange Brayer

« L'homme se défixera. »
Ionel Schein, 1957

« Nous sommes en train de devenir des nomades. »
Constant, 1966

De quelle mobilité nous parle l'architecture des années cinquante et soixante en France et en Europe ? Mobilité d'un objet, architecture elle-même ou migration des sujets qui entraînerait celle de l'architecture ? La temporalité est ici celle de l'instant : ériger un habitat en quelques heures ou en quelques jours, de manière temporaire ou déplaçable. Dans cette anticipation radicale des webs et réseaux de toute nature qui traversent aujourd'hui notre espace privé et social, comment s'y rencontrent les hommes, quels types de liens se tissent puisque les architectes nous entretiennent de connexions, de raccordements, de branchements, de *plugs* entre les habitats qui s'ouvrent à l'espace social de la ville : le « secteur » dans la New Babylon de Constant, le « seuil » dans les villes obliques de Claude Parent/Paul Virilio. Comment s'effectue le déplacement dans ces espaces traversés de flux ? Constant nous parle de « désorientation » dans New Babylon ; Parent/Virilio de « dérivation » dans les villes obliques ; Yona Friedman d'« autoplanification » ; d'autres encore, parmi lesquels Archigram en Angleterre, Pascal Haüsermann, Chanéac, Antti Lovag en France, d'« agrégation » et de « translation des cellules ». Les labyrinthes de Constant à Friedman sont arpentés ; ils sont également des réseaux, des grilles, des structures spatiales tridimensionnelles qui hissent l'architecture au-dessus du territoire et la transforment en « paysage artificiel ». L'architecture ainsi appréhendée est devenue une topographie propre. La carte de géographie n'est plus apte à en rendre compte, car ce site architecturé est déjà devenu en lui-même une représentation, un graphe, un diagramme autonome, qui se joue des

YONA FRIEDMAN
Structure métal, s. d.
FRAC Centre, Orléans

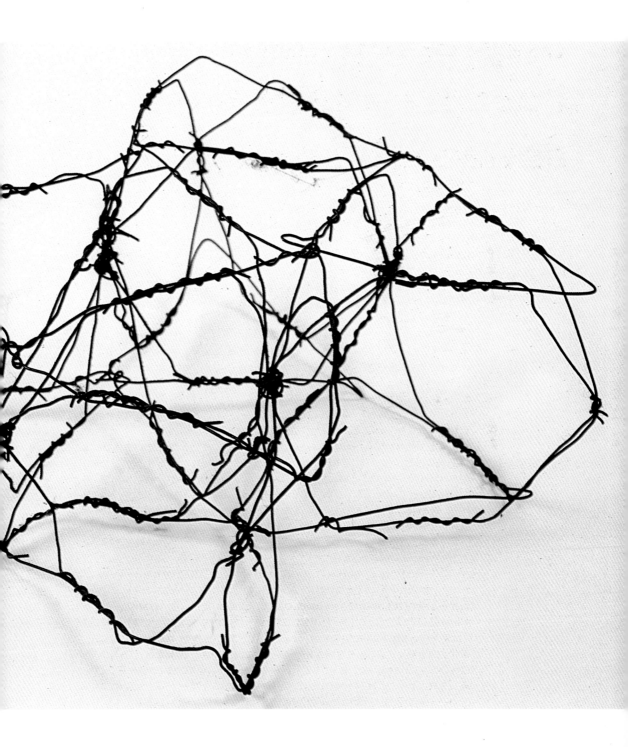

contraintes factuelles du territoire comme extériorité. L'architecture est ici une carte de géographie, mais sans référent.

La période entre 1956 et 1960 est la plus fertile en mobilité. Cette dernière est aussi celle des architectes eux-mêmes qui se croisent et travaillent ensemble : Parent travaille d'abord avec Schein jusqu'en 1954 et revendique la mobilité, ensuite avec Nicolas Schöffer qui élabore dès 1952 ses «villes spatiodynamiques», avant la rencontre en 1963 avec Virilio d'où naîtront Architecture-Principe et la fonction oblique ; Constant avec Guy Debord et les situationnistes français : les cartes psycho-géographiques de Debord en 1957 et la New Babylon qui se développe au même moment dessinent un territoire marqué par des flux migratoires ; Haüsermann, Chanéac, puis Lovag qui, dans les années soixante, élaborent des cellules pouvant se connecter les unes aux autres, créant un espace commun et de communauté.

Constant et Friedman, Friedman et Eckhard Schulze-Fielitz qui, dans le sillage des structures spatiales de Robert Le Ricolais dès les années trente et de Konrad Wachsmann et son hangar d'aviation en 1954, planifient leur ville en adoptant des structures tridimensionnelles pour mieux la détacher de toute inscription. Ou encore, Guy Rottier et Paul Maymont qui imaginent des villes flottantes. L'époque est riche en rencontres et collaborations, certes avant les ruptures et les scissions, mais après avoir œuvré ensemble pour une autre ville. Ce qui est projeté est d'ailleurs souvent appelé une «ambiance» (Haüsermann), une «atmosphère» (Constant), termes qui dénotent le caractère erratique de cette nouvelle architecture.

VILLE RÉTICULÉE ET DÉSORIENTATION : CONSTANT, FRIEDMAN

En 1956, lors du Xᵉ CIAM (Congrès international d'architecture moderne) à Dubrovnik, la plupart des architectes qui remettent en cause les préceptes du modernisme abordent le concept de mobilité dans son rapport au bâtiment et à la réalité de son déplacement. Rottier et Jacques Péré-Lahaille y présentent un projet de ville mobile. Friedman est cependant le seul à l'entendre comme une architecture permettant les transformations continues nécessaires pour assurer la mobilité sociale grâce à des logements et à des dispositions urbanistiques composables et recomposables suivant les intentions de ses habitants. La mobilité est bien celle d'une liberté nouvelle conférée à l'usager. L'architecture mobile signifie ici l'autoplanification, à savoir «l'habitat décidé par l'habitant» à travers des «infrastructures non-déterminées et non-déterminantes». En décembre 1958, Friedman fonde le GEAM (Groupe d'études d'architecture mobile) et publie son manifeste Architecture mobile.

La Ville spatiale de Friedman – une structure tridimensionnelle à l'enjambée – doit toucher le sol en une surface minimum ; les constructions doivent y être démontables et déplaçables, transformables à volonté par l'habitant. Pour Friedman, la théorie que sous-entend la

YONA FRIEDMAN

**La Ville spatiale,
1958-1960**
**Maquette Quartier
spatial (n° 34),** 1959

**Différents Niveaux
d'une ville spatiale,**
vers 1958-1960

**Différents Niveaux
d'une ville spatiale,**
vers 1958-1960

FRAC Centre, Orléans

«ville spatiale» doit inclure toutes les «hypothèses individuelles» au sein du principe d'indétermination des structures.

Cette structure spatiale, surélevée sur pilotis, contient des volumes habités, insérés dans certains de ses «vides». Ces architectures tridimensionnelles sont conçues à partir d'éléments trièdres qui fonctionnent par

quartiers, dans lesquels se distribuent librement les habitants. L'étagement de la ville sur plusieurs niveaux indépendants les uns des autres détermine l'«urbanisme spatial». Les pilotis contiennent des circulations verticales : ascenseurs, escaliers.

Des villes résidentielle, commerciale et industrielle peuvent cohabiter sur un même site. La ville spatiale constitue de la sorte ce que Friedman a nommé une «topographie artificielle», une trame suspendue dans l'espace qui trace une cartographie nouvelle du territoire, à l'aide d'un réseau homogène continu et indéterminé. Cette maille modulaire autorise une croissance sans limite de la ville. Outre les «villes spatiales», Friedman imagine dans les années soixante des «villes-ponts», tout comme le feront également dans un autre contexte Schein et Architecture-Principe.

Au même moment, Constant développe la New Babylon. La similitude formelle de certains dessins de villes suspendues de Constant et de Friedman masque cependant leurs divergences radicales. En effet, la mobilité est pour Constant celle de la migration; c'est le déplacement des individus qui entraîne la transformation de l'architecture. En cela, Constant perpétue les préceptes des «situations urbaines mouvantes» défendues par Debord et les situationnistes, dont il se sépare définitivement dès 1960. Il subit également l'influence des mégastructures, des «rues dans l'espace» de Team X et Aldo Van Eyck qui développent eux aussi des formes urbaines labyrinthiques, ainsi que d'Alison et Peter Smithson en Angleterre qui défendent des «changements incessants» au sein des trames urbaines et la complexité de l'«association humaine». En 1962, a lieu l'exposition «L'Architecture mobile» à Amsterdam, à laquelle participent Constant, Friedman, Maymont, Frei Otto, Schulze-Fielitz. Constant défend un espace social migratoire, tandis que Friedman revendique toujours une privacité étanche à la vie collective, l'habitant ne faisant que «déplacer» son habitat au sein d'une structure réticulaire, d'une ville décentralisée.

New Babylon de Constant est une ville globale. Elle est la terre entière qui n'appartient plus à personne en particulier. Il n'y a plus de frontière puisque l'humanité est devenue fluctuante. «La vie est un voyage sans fin à travers un monde qui change si rapidement qu'il en paraît toujours autre[1].» Dans New Babylon, la production automatisée a rendu la liberté créatrice à tous ses habitants. Les «secteurs» où se

à gauche
CLAUDE PARENT
Les Ponts urbains, 1971
FRAC Centre, Orléans

à droite
GUY ROTTIER

Urbanisme solaire,
Écopolis, 1970

Urbanisme solaire,
Écopolis, 1970

Collection de l'artiste/
Dépôt FRAC Centre,
Orléans

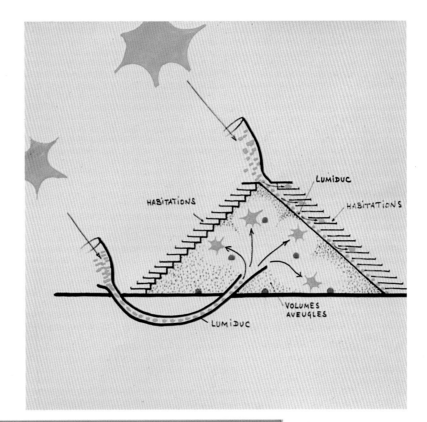

HABITATIONS

LUMIDUC

HABITATIONS

VOLUMES
AVEUGLES

LUMIDUC

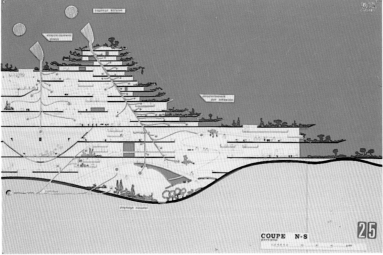

COUPE N-S

25

concentre l'espace social se connectent entre eux, s'étendant dans toutes les directions. À l'inverse du temps accéléré de la ville industrielle, le temps de New Babylon est celui de l'écoulement lent des flux humains : «L'espace, vécu plus intensément, semble se dilater[2].» «Le relevé topographique de New Babylon pose des problèmes qui ne peuvent pas être résolus à travers les moyens habituels de la cartographie. Étant donné, d'un côté, son organisation sur de nombreux niveaux (sol, à l'intérieur du volume sectoriel, toits-terrasses), la connexion entre les niveaux, la nature des communications et les solutions de continuité créées entre les niveaux, elle peut seulement émerger à travers la forme d'un modèle. [...] En fait, il s'agit plus d'une microstructure en continuelle transformation, dans laquelle le facteur temps, la quatrième dimension, joue un rôle considérable[3].» Les liens y sont sans cesse faits et défaits et la mobilité induit la désorientation au sein d'un labyrinthe «dynamique», toujours susceptible de changer de forme selon les activités. À la différence de la Ville spatiale de Friedman, toute activité revêt une dimension publique, dans une New Babylon résolument ludique et non-fonctionnaliste.

Irrégularité, indétermination, autoplanification, disposition sont en revanche les mots-clés pour comprendre la démarche de Friedman. La trame régulière de la Ville spatiale est une «feuille blanche» sur laquelle l'usager vient écrire, de manière toujours imprévisible, son propre espace, et dessiner son habitat. Friedman joue sur les réfractions du désordre sur l'ordre. Pour lui, l'architecture est le reflet de l'univers et notre époque ne peut qu'engendrer des configurations spatiales erratiques. Refusant le diktat de la géométrie, il est l'un des rares à délier la valeur structurelle de l'ornement. L'ornement comme pure expressivité de l'espace individuel, structuration spatiale libre, ainsi qu'en témoigne l'incroyable intérieur de son propre appartement, dans lequel les objets de toutes sortes accumulés – qui prolifèrent sur les murs, saturant chaque parcelle, comme doués chacun d'une vie autonome – dissolvent les contours de la pièce et induisent à leur manière une forme de «désorientation» spatiale que recherche précisément Friedman à travers la ville spatiale : assemblage paradoxal de «mathesis» et de hasard, de géométrie libre et d'ornement débridé. Cette apologie des structures irrégulières se retrouve dans les étonnantes feuilles pliées, en résille de métal, irisation de lumière comme ces grilles qui tamisent le soleil dans la ville spatiale, voiles ou nuages topologiques aux formes effacées et toujours transitoires, qui nous renvoient à la non-détermination de l'architecture pensée par Friedman.

«Depuis quarante ans, je préconise l'apparition de ce que j'appelle la "ville-continent" : une centaine de villes qui existent depuis des siècles et qui sont maintenant reliées entre elles par un réseau de transports très rapides. La "ville-continent", contrairement aux mégalopoles, satisfait à la croissance démographique et aux fluctutations économiques. [...]

L'Europe unie, de nos jours, est peut-être la première "ville-continent" moderne [...]. Elle est peut-être le modèle de la ville globale à venir[4].» Dans son livre *Utopies réalisables*, publié en 1974 et réédité en 1999, Friedman aborde la migration comme une utopie réalisable, facteur d'autorégulation sociale : la ville globale, alternance de zones urbaines et agricoles, est ainsi composée de villages urbains égalitaires, ouverts à la mobilité.

Pour Constant, la ville telle qu'elle existe aujourd'hui est «une forme d'urbanisation caractéristique de la société utilitariste, une place fortifiée pour la protection contre l'hostilité du monde extérieur[5]». De manière différente, New Babylon est un «environnement artificiel», entièrement «reconstruit», qui engage chaque être humain dans une relation dynamique avec lui. Constant recourt à la métaphore du kaléidoscope, aux facettes solidaires et sans cesse mouvantes, pour rendre compte de l'interaction et de la simultanéité de toutes les activités sociales de New Babylon. Alors que «la ville est spécifiquement – et ce, depuis son invention – un lieu où "rester"[6]», il n'y a plus ici d'enracinement, mais une libre circulation de tous, qui favorise les contacts et les rencontres. Pour Constant, les aéroports annoncent cette «mobilité sociale» de New Babylon où l'on ne fait que se déplacer. L'espace collectif est devenu un «lieu pour l'exploration, l'aventure et le jeu[7]» où se perd le sens du temps.

VILLE NUCLÉAIRE ET PROLIFÉRATION : SCHEIN, HAÜSERMANN, CHANÉAC, EMMERICH

Si Adolf Loos a déjà, à travers sa théorie du Raumplan, ouvert les espaces les uns aux autres, Frederick Kiesler revendique la continuité spatiale, seule à même de développer de nouvelles formes de communication[8]. Cette permanence se manifeste à travers l'unité spatiale et organique de la coque. Kiesler défend tout autant «l'interaction continue entre l'homme et ses environnements, naturel et technologique[9]». Cette continuité procède de la division cellulaire présente dans la nature : «Prenez [...] le polype d'eau douce que l'on trouve sur les nénuphars des étangs, et découpez-le en morceaux : demain, vous découvrirez que chaque morceau a donné naissance à un polype complet[10]», écrit Kiesler citant un biologiste. Ainsi ce continuum spatial se donne-t-il telle une interaction de cellules entre elles : «Chaque élément d'un bâtiment ou d'une ville [...] est envisagé comme un noyau de possibles que la coordination avec les autres éléments va développer» (*Manifeste du corréalisme*, 1947). Dans Space Theater, les niveaux sont reliés entre eux par un système de rampes, que portera à son accomplissement la fonction oblique d'Architecture-Principe dans les années soixante.

La Endless House (1950-1959) déploie quant à elle un retournement topologique de l'intérieur et de l'extérieur, qui trouvera un écho dans les sculptures-habitacles d'André Bloc.

Les «espaces nucléaires» de Kiesler dans les années quarante nous mènent à la conception d'un habitat marqué par la croissance organique

IONEL SCHEIN

ci-dessus
Cabines hôtelières mobiles, 1956

ci-dessous
Cabine hôtelière, 1956

FRAC Centre, Orléans

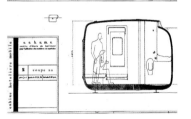

et, par extension, à la prolifération de cellules qui développeront un nouveau type de logement urbain dans les recherches conjointes de Haüsermann et de Chanéac dès 1958. Mais c'est Schein qui conçoit et réalise la première unité d'habitation autonome, transportable par camion, et ce dès 1956. Schein déclara : «L'homme se défixera. Les formes construites auront l'allure d'enveloppes, d'abris portatifs [...]. L'aménagement évolutif, dynamique des volumes viabilisés, doit être laissé à la libre détermination des individus ; c'est ce seul domaine qui constituerait la propriété privée. Ce ne sont pas les routes qui appartiennent par tranches à chaque habitant d'un pays, mais les véhicules qui y roulent.» Dès 1955, à partir de recherches sur l'utilisation nouvelle des matériaux de synthèse, Schein explore une nouvelle forme d'habitat, à même de s'adapter aux nouveaux rythmes de l'homme. On trouve les prémices d'une architecture-capsule dans la Dymaxion House (1928) de Richard Buckminster Fuller. En 1953, Schein se rend avec Parent au IXe CIAM sur l'habitat à Aix-en-Provence, qui marque une rupture décisive par rapport aux autres CIAM puisqu'une jeune génération d'architectes (Peter Smithson, Georges Candilis, Jacob Behrend Bakema), qui se regrouperont dans Team X, s'oppose alors au fonctionnalisme de Le Corbusier et de la charte d'Athènes. En 1956, Schein expose au Salon des arts ménagers à Paris son prototype de la Maison tout en plastique, dont la forme hélicoïdale doit lui permettre de croître en même temps que la famille. Le succès est immédiat et immense. Parallèlement, Schein développe ses cabines hôtelières mobiles, toutes premières unités d'habitat autonome, transportables par camions, dont Reyner Banham, le critique du pop art et d'Archigram en Angleterre, reproduira le dessin en 1961 dans un article d'*Architectural Review*, intitulé «Stocktaking [11]». Ainsi que le remarque Frédéric Migayrou, Banham y utilise pour la première fois un terme qui fera fortune chez les architectes d'Archigram, à savoir celui de cellules «pluggées», c'est-à-dire branchées les unes aux autres. À ce titre, pensons à la tour de cellules Corn on the Cob (vers 1962) d'Arthur Quarmby ou au Plug-in-City (1964-1966) de Ron Herron. Pour Schein, l'industrialisation de ces unités d'habitation en plastique devait libérer l'homme de son inscription. Son influence est aussi sensible au niveau international : sur Archigram, mais aussi sur les métabolistes japonais.

En 1956, Kisho Kurokawa visite son agence et repart avec un dossier complet sur les cabines hôtelières en plastique. En 1960, celui-ci fonde le groupe Métabolisme qui se définit comme un «ensemble de processus qui permettent aux organismes vivants de se maintenir en vie et de

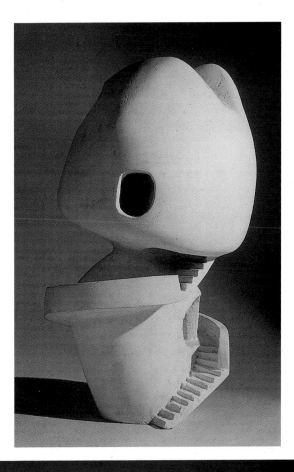

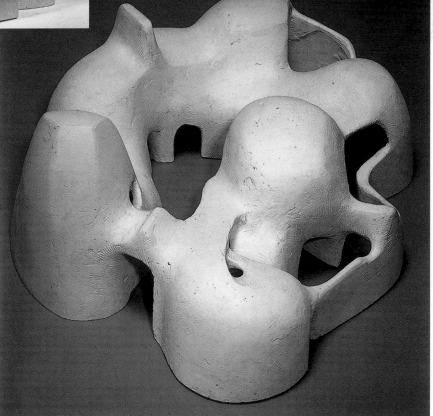

ANDRÉ BLOC

ci-dessus
Habitation, 1962

en haut à droite
Habitacle, vers 1960

en bas à droite
Habitation, Carboneras,
Espagne, 1964-1966

Centre Georges-Pompidou/
Musée national d'art moderne,
Paris

croître par le jeu équilibré de l'assimilation et du catabolisme». En 1970, il présente son habitat-capsule à l'Exposition universelle d'Osaka. Il déclare : «La capsule est une architecture cyborg.»

Un nouvel espace fait de modulation, de prolifération et d'agglomération de cellules, se met en place. Sur le dessin d'une de ses cabines, Schein écrit : «L'agglomération n'est plus une croissance désordonnée et polygame, mais un tout indissoluble, pensé, voulu, dès sa création.» Ou encore, «le volume n'est plus une succession de surfaces planes, mais une enveloppe continue». Matières plastiques et coque monobloc vont permettre à la notion d'assemblage de cellules autonomes et connectées entre elles de se déployer (Haüsermann dès 1958, Maneval vers 1968). Le phénomène d'autoconstruction, que revendiquera Lovag avec l'«habitalogie» et qui deviendra la préoccupation de nombreux architectes des années soixante et soixante-dix, est ainsi inauguré par Schein. Chanéac fait alors des recherches sur l'industrialisation de cellules en plastique ; Haüsermann réalise sa première maison-cellule en voile de béton armé sans coffrage, en 1959 à Grilly, ainsi que le prototype d'une cellule d'habitation en matière plastique à Minzier, en Haute-Savoie.

En 1960, Chanéac développe ses «cellules polyvalentes» («éléments modulaires volumétriques fabriqués en masse»). Ces «structures polyvalentes», qu'il développe entre 1958 et 1975, sont des «sortes de cellules biologiques proliférant dans l'espace pour répondre avec richesse plastique, aux besoins de l'instant avec, en contrepoint des structures "mégalithiques" enracinées [12]». La ville est une prolifération de modules industrialisés. Les «villes-cratères» de Chanéac se donnent comme un «tissu continu», où la ville et la campagne ne sont pas différenciées. Ce «paysage artificiel» doit permettre de créer instantanément des volumes habitables. Chanéac défendra également une «architecture insurrectionnelle», qui se signalera entre autres par une bulle pirate, «cellule parasite, ventouse que l'on fixe sur des façades», accrochée par Marcel Lachat sur une HLM de Genève en 1971.

Haüsermann adhère en 1966 au CIAP (Groupe international d'architecture prospective), fondé en 1965 par le critique Michel Ragon avec les architectes Yona Friedman, Walter Jonas, Paul Maymont, Ionel Schein, Nicolas Schöffer. Les modules d'habitation d'Haüsermann sont conçus pour être construits en usine et transportés ensuite sur place. Ils doivent permettre un coût avantageux et une grande flexibilité dans la conception de son propre habitat par l'usager. Avec Patrick Le Merdy, Haüsermann conçoit les Domobiles, coques en mousse de polyuréthane recouvertes de polyester armé. Ce principe d'évolutivité de l'habitat, de sa mobilité, de son extrême économie de moyens, développé à travers des formes organiques, laisse à l'habitant une liberté d'adaptation dans l'extension ou la combinatoire des cellules entre elles. La cellule est l'élément de base d'une architecture modulaire qui procède par

CHANÉAC
Ville cratère, 1963
Dépôt Nelly Chanéac/
FRAC Centre, Orléans

agrégats, raccordements, entassements, juxtaposition libre d'éléments, pour former un ensemble habitable.

À partir de ses recherches sur la morphologie des structures, David-Georges Emmerich développe dès 1958 des assemblages de structures autotendantes. On retrouve la notion de «grille spatiale» dans cet espace combinatoire où les éléments de tension et de compression sont diffusés en continu, à travers l'articulation d'éléments modulaires identiques. Emmerich rejoint le GEAM en défendant une même dimension de la non-permanence, de l'inscription flexible dans le déplacement à travers les structures autotendantes qui doivent permettre une architecture autostable, légère et sans fondation, ouverte à la mobilité. La structure est ici combinaison, assemblage d'éléments isomorphes et répétitifs. Les structures d'Emmerich rendent compte d'un univers cristallographique invisible, qui se réfère notamment à l'étude des radiolaires explorés par Le Ricolais depuis les années trente. Mais l'on peut aussi évoquer, pour cette utopie du cristallin, les polyèdres du *Timée* de Platon, le Pavillon de verre de Bruno Taut en 1914, Lyonel Feininger, ou encore Paul Scheerbart. Les structures autotendantes s'inspirent également de l'art ornemental des systèmes décoratifs persans, égyptiens ou irlandais, où l'équipartition de l'espace donne lieu à des combinaisons géométriques, dans lesquelles la surface se stratifie en plissements qui s'interpénètrent. À la masse de l'architecture, Emmerich substitue le plissement de deux ou plusieurs espaces topologiques qui conflueront dans le nœud, le pli topologique, tout à la fois situation et connexion, induisant une mobilité potentielle. Pour Le Ricolais, la topologie est autant «géométrie de situation» que «science des connexions». De même, pour Emmerich, «pour définir un espace, la nature des éléments [...] n'a pas d'importance; seule compte la situation entre les éléments; l'espace est distribution». Cet espace connectif est composé de nœuds vectoriels, d'agrégats cristallins, de configurations isomorphes, qui induisent une croissance organique («au lieu de la carapace, l'épiderme flexible avec ses possibilités de croissance», écrit Le Ricolais).

L'architecture se rapproche ainsi d'un réseau cristallin, marqué par la contiguïté et la répétitivité d'un même élément invariable. Ces empilements autotendants se diffuseront en agglomérations spatiales, leur système de prolifération procédant par interpénétration de strates ou de nappes. La structure autotendante d'Emmerich est un graphe planaire, un réseau diagrammatique susceptible d'engendrer des habitacles ellipsoïdes, sphériques, nervurés, etc. Leurs jeux de construction procède par dispersion, mouvement et croissance qui influent de la mobilité à l'architecture [13].

VILLE INSTANTANÉE ET ÉLÉVATION : ARCHIGRAM, COOK

Pour Constant, la spatialité est «sociale», résolument interactive. New Babylon est l'anticipation d'une ville électronique, un circuit de réseaux également audiovisuels, qui maintiennent les contacts au sein d'une

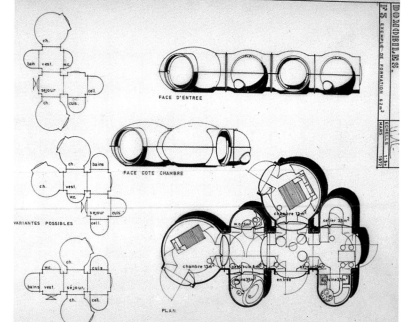

PASCAL HAUSERMANN

Domobiles,
mars 1972

Ambiance sociale urbaine, s. d.

Cellules plastiques, façades 1/50°,
novembre 1969

FRAC Centre, Orléans

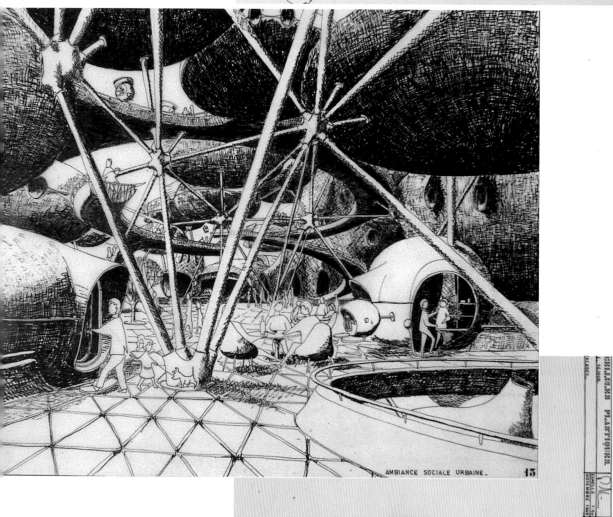

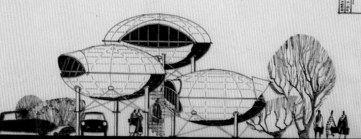

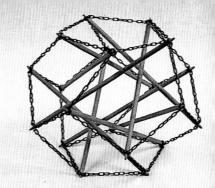

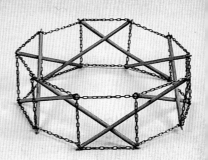

DAVID-GEORGES EMMERICH
Structures autotendantes
(Z 3-1; Z 4-Z 4"; Z 5-7)
FRAC Centre, Orléans

population nomade; au caractère transitoire des flux humains répond la flexibilité des événements. Le «secteur» peut être vu comme une sorte de «nuage» cristallisé dans les airs. Pour les architectes du groupe Coop Himmelb(l)au, qui développent eux aussi dans les années soixante des projets d'habitats-capsules tels que Villa Rosa, «les nuages sont symboles d'états rapidement changeants. Ils se forment et se transforment par le jeu complexe de situations différentes. L'architecture en tant que développement urbain peut être comparée à des masses nuageuses [14]».

Cette métaphore est parfaitement applicable à la New Babylon de Constant. De même, pour Coop Himmelb(l)au, l'espace public est un «événement fluctuant des réseaux médiatiques». Cette architecture-événement qui se donne dans l'instant est celle des projets d'Archigram, parmi lesquels Instant City (1968-1969) de Cook. L'architecture comme objet construit est-elle encore légitime? L'efflorescence du pop art, qui s'approprie la culture populaire, la nouvelle société médiatique, l'univers électronique, la découverte de l'espace se répercutent dans les projets d'Archigram. L'habitat devient lui-même un objet jetable, consommable, éphémère, déclare Rottier, dès la fin des années cinquante, imaginant alors des villages en carton à brûler après usage. Pour Archigram, l'architecture doit créer une «situation», la ville ne doit plus être assujettie à une logique de localisation; elle sera itinérante, suivra les flux de l'événement. Déjà en 1928, Buckminster Fuller avait imaginé une ville aérienne. Cette architecture de l'air se revendique chez Archigram comme une «non-architecture». Instant City est un village global, un *package* disponible pour tous, à tout moment. Cette ville-dirigeable témoigne de l'importance de l'architecture pneumatique à la même époque. En mars 1968, a lieu une exposition sur les structures gonflables au musée d'Art moderne de la Ville de Paris, où sont exposés, entre autres, les projets de gonflables du groupe Aeroland (Antoine Stinco, Jean Aubert, Jean-Paul Jungmann). La ville transportée dans les airs par des dirigeables ou des montgolfières se dépose sur une autre cité où elle crée un événement. Cette architecture éphémère est le *software* d'un *hardware* qui est la ville bâtie, inerte, statique, réifiée. La ville est, pour Archigram, la création d'une situation par un individu ou un groupe. L'architecture est une machine efficiente, réactive, qui ne fonctionne qu'avec l'instabilité urbaine.

VILLE PULSÉE ET DÉRIVATION : ARCHITECTURE-PRINCIPE

À propos des recherches de Parent et de Virilio sur la fonction oblique, Migayrou écrit qu'il s'agit du «premier manifeste d'une architecture critique qui bat en brèche un espace géométrique fondamentalement préservé par les recherches utopiques sur l'agglomération cellulaire ou le gonflable, caractéristiques de l'époque». L'inscription est devenue un «état critique, une fracture, un moment différentiel [15]». «Après la rupture de la guerre, il est devenu évident qu'un espace d'inscription ne

ARCHIGRAM, RON HERRON
Walking City, 1964
Centre Georges-Pompidou/
Musée national d'art
moderne, Paris

ARCHIGRAM, PETER COOK
Instant City, 1968
FRAC Centre, Orléans

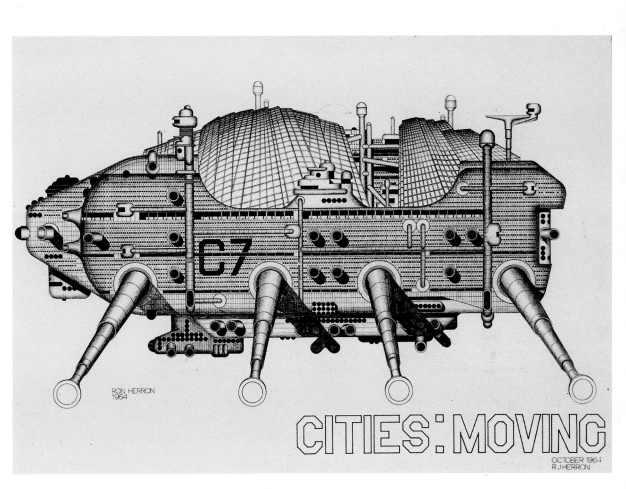

1 Constant,
«Een schets voor een kultuur, 1960-1965» in Mark Wigley, *Constant's New Babylon. The Hyper-Architecture of Desire*, Witte de With, Center for Contemporary Art/010 Publishers, Rotterdam, 1998, p. 161.

2 *Ibid.*, p. 163.

3 *Ibid.*, p. 161.

4 Yona Friedman,
Utopies réalisables, L'Éclat, Paris, nouvelle édition, 1999.

5 Constant, *op. cit.*, p. 160.

6 Constant, «Over het reizen, 1966», *op. cit.*, p. 200.

7 Constant,
«Het principe van de desoriëntatie, 1973», *op. cit.*, p. 225.

8 Beatriz Colomina,
«La Space House et la psyché de la construction», *Frederick Kiesler, artiste-architecte*, Centre Georges-Pompidou, Paris, collection Monographie, 1996, p. 67-76.

9 Frederick Kiesler,
«L'architecture comme biotechnique», *op. cit.*, p. 81.

10 Frederick Kiesler, *idem*, p. 86.

11 C'est Frédéric Migayrou qui, le premier, a redécouvert cet article et mis à jour les relations entre Schein et Archigram.

12 *Chanéac architecte*, Maison de la Culture et des Loisirs, Saint-Étienne, 11 mars-11 avril 1976.

13 *Cf.* «David-Georges Emmerich. Une utopie rationnelle», éd. HYX/FRAC centre, Orléans, 1997.

pouvait plus être considéré comme un espace de fondation», déclare Parent. La fluidité contre l'inscription, une continuité en rupture comme l'écart du *clinamen* de Lucrèce au sein du mouvement des atomes, la surface au lieu de l'espace seront les termes de cette architecture «en surrection» que vont développer Parent et Virilio, et dont la réalisation la plus radicale sera l'église Sainte-Bernadette-du-Banlay à Nevers, en 1966. Il importait de «repenser l'unité dans la fracture et dans la discontinuité de l'espace» et de «combattre tout système d'illusionnisme», écrit Parent. Avant sa rencontre avec Virilio, Parent avait déjà exploré la fracture du plan, l'instabilité à travers le basculement de cubes ou par le biais de ses premiers dessins de Turbosites et de villes-cônes. Avec Virilio, sont fondés le groupe et la revue *Architecture-Principe*, qui développent la fonction oblique basée sur la «topologie des surfaces orientées [16]».

Les plans inclinés, les porte-à-faux, l'obliquité des masses seront les vecteurs du déplacement. Parent écrit dans un texte intitulé «Pulsions»: «L'architecture devient support du déplacement [17].» «L'oblique est le support de la continuité spatiale. Elle est continuité. Son développement permet le cloisonnement sans s'opposer jamais au déplacement. En tant que support structurel, l'oblique est donc associée à tout mouvement de fluides, engendré par l'homme ou la nature [...]. Le fluide se meut sur l'architecture qui, sans déplacement, réinvente la mobilité [18].» «Contre toute idée de fondation, le sol doit se recomposer, il doit retrouver sa qualité lithosphérique [19].»

«L'architecture mettra bientôt en évidence un élément jusqu'ici dissimulé, le sol-plancher, à la fois moyen de contact et moyen de survol. En prenant toute sa signification, le sol tendra à absorber les autres éléments architecturaux: à la fois cloisonnement, couverture, façade, etc. Cette transformation, rendue possible par l'usage de l'oblique, est imminente, car le sol est le moins abstrait de tous les éléments, le plus utile [20].» Et Parent déclare à l'encontre du Corbusier: «Libérer le sol est devenu faux. Occuper le sol au sens militaire du mot devient la seule action vraie [21].» Surfaces et rampes vont opérer des soulèvements du sol en plaques «topotoniques» qui permettront la circulation, le mouvement.

«L'incliné précède la fluidité humaine du futur, basée sur le vol humain autonome. Il est geste de liaison avec l'espace ("Fluidité"). [...] Le territoire n'est plus bâti sur des espaces délimités mais sur des liaisons, il est nécessairement polycentrique. [...] Les liaisons sont dans leur expression soumises à l'expression du tout. [...] La systématisation de l'emploi des rampes permet l'utilisation concrète de l'architecture ; on peut la parcourir. Les notions de façades, de murs, de cloisons, au sens traditionnel du mot, disparaissent. Ces éléments deviennent actifs en se pliant au parcours : ce sont des supports. [...] La hauteur devient longueur[22]», et la ville oblique déploie des visions plongeantes et contre-plongeantes. «L'architecture oblique devient une sorte de générateur d'activité.» L'être énergétique fait place à l'être statique puisque le potentialisme oblique fait appel à son physicalisme, à sa dimension participative, tandis que «la centralité cède la place au mouvement, au glissement des choses, à un déplacement continu des lieux et des activités[23]».

Dégagée de la surface au sol, la ville inclut ainsi des «sites de dérivation», qui se déroulent comme des vagues. «Répétées, elles déterminent un rythme de déroulement sans fin. Elles dérivent [...], elles engendrent des ondes qui se développent de l'une à l'autre par saccades [...]. Entre elles, "le vide oblique", la "faille", lie les deux falaises basculées. Les hommes cheminent naturellement sur la surface courbe et plongent sous le surplomb du porte-à-faux[24]», parcourant turbines et cratères. Le principe majeur de la fonction oblique est celui de la «circulation habitable», rendue possible à travers les plans inclinés, le sol artificiel et les systèmes de rampes : «Nous ne pouvons plus dissocier l'habitation de la circulation et désormais deux tendances architecturales vont s'affronter : rendre L'ARCHITECTURE MOBILE OU LA CIRCULATION HABITABLE[25].» «LE CONTINUUM est la prise de conscience de l'appartenance à un monde architectural continu, sans solution de continuité, sans cloisonnement, en déroulement permanent[26].» Pour Virilio, «il faut réaliser des structures médiates, conjointement circulatoires et habitables, organisées en faisceaux tensoriels, dépliant et déployant au-dessus des régions et sur les axes vitaux d'un territoire, une stratification d'usages, selon les nécessités du temps et des masses. FRANCHIR et AFFRANCHIR se révèlent ainsi comme les termes de base de la nouvelle urbanisation[27]».

«L'habitation tend à se spatialiser, à s'ouvrir toujours davantage au monde extérieur, échappant ainsi de plus en plus à son caractère clos et limité[28].» ❧

14 Coop Himmelb(l)au, «L'architecture des nuages», *Architecture-Principe 1966 et 1996. Paul Virilio et Claude Parent*, Les Éditions de l'Imprimeur, Paris, 1996, p. 154.

15 Frédéric Migayrou, «Manifeste d'une inscription différentielle – Le complexe de Nevers», *op. cit.* note n° 14, p. 148-149. *Cf.* aussi Frédéric Migayrou, *Bloc. Le Monolithe fracturé* (Édifices culturels, architecture de recherche), VIᵉ Exposition internationale d'architecture de Venise, 15 septembre-16 novembre 1996, AFAA/HYX.

16 Claude Parent, «Architecture : singularité et discontinuité», *op. cit.* note n° 14, p. 153.

17 *Ibid.*

18 *Ibid.*

19 Frédéric Migayrou, *op. cit.* note n° 14.

20 Paul Virilio, «Nevers chantier», *op. cit.* note n° 14.

21 Claude Parent, *Aujourd'hui*, n° 51, Paris, 1965.

22 Claude Parent, «Expérimentation», *op. cit.* note n° 14.

23 Claude Parent, «Les limites de la mémoire : pour une architecture critique», *op. cit.* note n° 14, p. 16.

24 Claude Parent, «Les vagues», *op. cit.* note n° 14.

25 Paul Virilio, «Circulation habitable», *op. cit.* note n° 14.

26 Claude Parent, «Structure», *op. cit.* note n° 14.

27 Paul Virilio, «La cité médiate», *op. cit.* note n° 14.

28 Paul Virilio, «Infrastructure», *op. cit.* note n° 14.

Des corps et des globes

Bart Lootsma

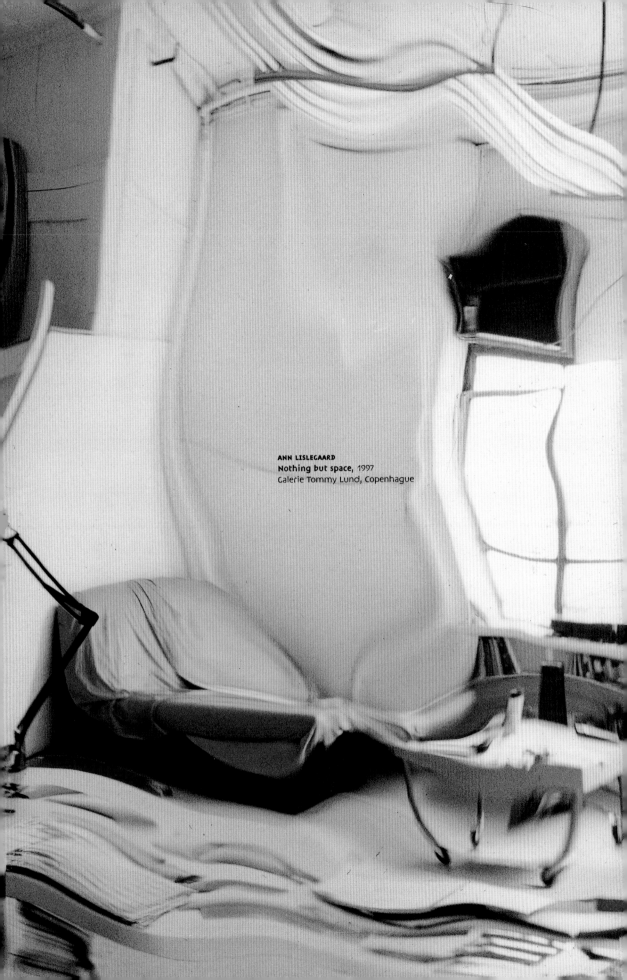

ANN LISLEGAARD
Nothing but space, 1997
Galerie Tommy Lund, Copenhague

«L'homme est dans l'espace!», titre la une du *Journal du dimanche* du 27 novembre 1960. Voilà qui, à l'époque, a dû passablement attirer l'attention. On apprend ensuite qu'un artiste a bondi dans le vide. Sur la photographie, un homme en complet veston saute par la fenêtre d'une banale maison de banlieue, comme Superman, tellement pressé de courir au secours de l'univers qu'il en a même oublié de se changer. Sur d'autres photographies, le même homme, l'artiste Yves Klein, devant un arrière-plan plus vague, prend une pose qui suggère davantage la chute que la lévitation. Il s'agit bien sûr d'un journal factice, d'une savante imitation du *Journal du dimanche*, l'édition dominicale de *France Soir*. En 1965, Frederick Kiesler expose au musée des Arts de l'université d'Iowa un groupe de sculptures nommé *US, YOU, ME*. Parmi les différents personnages, surplombés par un anneau dans lequel se trouve un gong, deux sont de plus grande taille. Selon Kiesler, «l'une est une image de David dans sa jeunesse et l'autre celle d'un homme en fuite vers l'espace sidéral [1]».

Ces œuvres font toutes deux référence – de manière très critique, comme nous le verrons – à la conquête de l'espace au début des années soixante. Le «saut dans le vide» de Klein précède immédiatement le premier vol spatial habité et, peu après, Kiesler présente son personnage en fuite vers l'espace sidéral. Ces deux œuvres, lorsqu'elles sont mises en relation avec l'art et l'architecture, nous donnent une idée de l'influence du vol spatial sur la façon dont nous percevons le monde – la terre et nous-mêmes – et sur notre conception de l'habitat. Les vols spatiaux ne font plus la une des journaux, mais leur impact continue de se manifester, même si nous n'en sommes pas toujours conscients. Ils ont évidemment eu des conséquences radicales sur l'architecture des années soixante. Elle s'est totalement libérée de son ancrage au sol, de sa fonction de marquage du territoire pour se consacrer davantage à la notion d'abri, de protection corporelle et de connection aux infrastructures du monde extérieur. Les positions de Klein et de Kiesler nous permettent ainsi de dessiner une histoire alternative de l'architecture contemporaine.

LE STADE DU MIROIR

On pourrait interpréter les premiers vols spatiaux comme une sorte de miroir dans lequel se reflète le monde. Ils nous ont permis, pour la première fois, de cerner d'un coup d'œil le globe terrestre dans son intégralité. Les vingt-quatre satellites géostationnaires du GPS (Global Positioning System) permettent en effet de localiser instantanément tout point à la surface de la planète.

Pour Jacques Lacan, le stade du miroir est une phase cruciale dans le développement psychologique de l'enfant. À ce stade, qu'il atteint entre six et vingt-quatre mois, l'enfant reconnaît pour la première fois son image réfléchie comme étant la sienne; il s'y identifie, à tel point que, lorsqu'il entend son nom, il regarde parfois vers le miroir plutôt que de réagir de l'intérieur. Il préfère l'image réfléchie, qui est entière.

CARSTEN HÖLLER
Untitled, 1996
Galerie Massimo
De Carlo, Milan

Rétrospectivement, le corps tel qu'il est perçu avant le stade du miroir a une apparence fragmentaire, c'est un corps morcelé. L'image réfléchie est le fondement d'une identité, car c'est aussi l'identification avec quelque chose qui n'est pas l'enfant. Il ne s'agit pas non plus, bien sûr, de l'autre, mais d'un semblable[2].

Il est certain que non seulement notre vision du monde a changé avec les expéditions dans l'espace, mais notre perception du corps s'est radicalement transformée, de façon opposée aux modifications survenues durant le stade du miroir. Vu de l'espace, un corps humain n'est pas décelable, il n'atteint pas la taille d'une fourmi. Pour survivre à l'expérience du voyage spatial, il est nécessaire de suivre un entraînement, de s'équiper de prothèses : le corps de l'astronaute est devenu un cyborg, un organisme cybernétique, un être humain dont certains processus sont assistés, réglés ou accomplis par des moyens mécaniques, pharmaceutiques ou électroniques. Plus que jamais, il s'est transformé en objet subissant l'influence de forces extérieures. Curieusement, à partir du moment où l'on a pu percevoir et envisager la terre dans son ensemble, le corps est redevenu, par renversement, désarticulé ; jamais la question de l'identité n'a été aussi problématique. L'identité est devenue quelque chose que chaque individu peut produire et fabriquer, en fonction de sa volonté et de ses passions, qu'il peut à la fois mettre en scène et expérimenter.

PERDU DANS L'ESPACE

Le numéro du *Journal du dimanche*, dans lequel paraissent le célèbre article sur Klein et «le saut dans le vide», sort un peu plus de trois ans après les vols de Spoutnik 1, le 4 octobre 1957, premier satellite lancé dans l'espace, et de Spoutnik 2, le 3 novembre 1957, avec à son bord la petite chienne Laïka. Elle meurt après une semaine de manque d'oxygène, puis son corps se consume au moment où sa capsule mal isolée pénètre dans l'atmosphère terrestre, le 14 avril 1958. Ce n'est pas Laïka qui apparaît sur les photographies que nous connaissons, mais un chien qui lui ressemble. À partir de ce moment-là, les États-Unis et l'Union soviétique s'engagent dans une course acharnée pour devenir la première puissance capable d'envoyer un homme dans l'espace. Cette bataille atteint un premier sommet en septembre-octobre 1960, alors que les Soviétiques approchent du but. Le vol de Spoutnik 5 cause bien de l'effervescence, car il a toute une ménagerie à bord : deux chiens cette fois, Belka et Strelka, deux rats, quatre souris, puis des mouches, des plantes, etc. L'engin revient sur terre, même si la survie des animaux n'est pas confirmée. En août de la même année, l'observation des satellites fait de nombreux adeptes suite au lancement du premier satellite américain de communication Écho 1, visible dans le ciel. Le succès de ce passe-temps acquiert une telle popularité que les journaux publient les horaires de leur passage au même titre que les programmes radio. C'est une époque où tout semble possible. L'homme vient de se montrer capable de fissurer l'atome et il est déjà en train de conquérir le cosmos.

Quelques années plus tard, en 1968, Charles et Ray Eames expriment cette idée ainsi que la joie dans leur film *Powers of Ten*; le spectateur y fait un voyage imaginaire des confins de l'univers jusque dans un atome gisant au creux de la main d'un homme endormi. La science et la technique ne connaissent plus de bornes. Il faudra pourtant attendre le 12 avril 1961 pour voir réussir le premier vol habité, celui de l'engin russe Vostok 1, avec Youri Gagarine à bord.

Nous nous rappelons, bien sûr, les noms de certains de ces héros de la conquête spatiale, en particulier ceux des premiers chiens, rats, singes et êtres humains, mais de nombreuses victimes anonymes ont payé de leur vie cette épopée. Ce n'est que depuis quelques années que certaines d'entre elles ont été immortalisées, notamment au mémorial des Astronautes, à Cap Canaveral.

Il est probable que parmi les cosmonautes russes morts, bon nombre ont littéralement disparu, comme s'ils n'avaient jamais existé. C'est le cas d'Ivan Fiodorovich Istochnikov, qui fait partie des expéditions Soyouz 2 et Soyouz 3, en 1968. Son histoire a probablement été inventée. Mais qui s'en souciera, puisque nous parlons d'un sujet sur lequel règne le secret le plus complet, à une époque où les activités de renseignement et de contre-espionnage font planer un doute sur la quasi-totalité des événements, et où les photographies subissent des retouches minutieuses ? Souvenez-vous du sort de Laïka. Souvenez-vous du *Journal du dimanche*.

Istochnikov est accompagné en vol par le chien Kloka, avec lequel il est prévu qu'il se promène dans l'espace. Les deux Soyouz doivent s'arrimer l'un à l'autre, mais la tentative échoue et le contact se perd. Le jour suivant, lorsque les capsules se retrouvent, Istochnikov a disparu et son module porte les marques d'un impact avec une météorite. Pour les autorités soviétiques, il est hors de question d'admettre un nouveau fiasco. Elles concoctent donc une explication machiavélique, annonçant que l'expédition Soyouz 2 est un vol automatisé, sans pilote. Les registres officiels font état de la mort, due à la maladie, d'Istochnikov deux mois plus tard. « Pour empêcher les voix de s'élever, les membres de sa famille sont enfermés, ses collègues menacés, les archives falsifiées et les photographies retouchées[3]. » Sa veuve est envoyée dans un « sharaga », une certaine catégorie de goulag pour intellectuels. Lorsqu'elle demande ce qui arrivera si elle parle, le ministère de la Défense lui répond qu'il s'intéresse à ses antécédents anticommunistes et à son attitude antipatriotique : « Que vaut l'honneur d'un homme contre la honte de tout un pays ? [...] Nous serions vraiment désolés si vous deviez, ou si l'un de vos amis devait avoir un fâcheux accident. [...] ne nous forcez pas à vous envoyer au Lubianka (le KGB, B. L.)[4]. »

À cette époque, les astronautes ne valent pas plus que de vulgaires mannequins tests, littéralement sanglés dans des camisoles de force et dans des combinaisons spatiales, à l'intérieur desquelles ils peuvent à peine bouger. Ces équipements sont en mesure de satisfaire la totalité des besoins, comme un utérus : protection, confort, oxygène, eau, nourriture, communication et un dispositif permettant la défécation. En revanche, la liberté de mouvement dans des capsules si exiguës est restreinte. Dans son livre *L'Étoffe des héros*, Tom Wolfe raconte que les plus célèbres pilotes d'essai américains, comme Chuck Yeager, refusaient de participer au programme spatial, car même un singe aurait pu se charger des tâches à accomplir[5]. Les Américains exigent que leur capsule comporte au moins un petit hublot par lequel regarder, des fermetures explosives qu'ils puissent ouvrir eux-mêmes et un dispositif de direction qui leur permette, par exemple, d'agir sur la position de la capsule au moment de son retour dans l'atmosphère. On leur installe tout, mais le dispositif de direction semble n'avoir aucun effet réel. C'est plus psychologique qu'autre chose.

Personne ne savait vraiment comment l'organisme humain supporterait l'apesanteur, ainsi que les accélérations et décélérations des décollages et atterrissages. John Glenn, l'un des premiers Américains à voyager dans l'espace, en 1962, écrit qu'il peut s'adapter assez rapidement à l'absence de gravité, et que l'expérience est agréable. Les cosmonautes suivent des programmes d'exercices intensifs avant de participer à un vol. On sait qu'ils s'entraînent en centrifugeuses et sous l'eau. Ces dernières années, la pratique de la danse est devenue une méthode de préparation courante, car elle permet d'améliorer la perception et la maîtrise du corps. Plus encore que le processus rationnel d'identification par le biais du miroir, la sensibilisation à la proprioception est devenue capitale.

LÉVITATION

Si l'on revient au «saut dans le vide» d'Yves Klein et à sa revendication d'être le premier homme dans l'espace, nous comprenons mieux où il voulait en venir. Son travail est souvent décrit comme un effort de réconciliation entre l'art et la vie; sur ce plan, il se rapproche d'une grande partie de l'art des années cinquante et du début des années soixante. À la réflexion, ce point de vue s'avère très éloigné de la vérité. Klein voit dans l'art un moyen de mettre les gens en contact avec une expression supérieure de la vie. Il ne la perçoit pas comme étant quelque chose que l'homme possède, mais bien comme une émanation d'un domaine supérieur. Il est possible de s'approprier la vie en cultivant ce qu'il appelle la «sensibilité cosmique[6]».

Les idées de Klein sont, dans une large mesure, basées sur celles de Max Heindel et la cosmologie théosophique. D'après Heindel, l'homme dans son évolution approche de la fin de l'ère de la forme et de la substance; il réintégrera bientôt une ère d'espace/esprit/vie, dans laquelle les conditions du paradis terrestre seront rétablies[7].

Dans ses tableaux monochromes, Klein cherche au moyen de la couleur pure à absorber et à transporter le spectateur qui, de ce fait, découvre les indices, aussi fugaces soient-ils, d'une liberté totale, mentale comme physique. Klein ne s'est pas arrêté à la peinture, il s'est penché sur les techniques permettant d'élever sa sensibilité cosmique dans le quotidien. Le mot «technique» est employé ici dans son sens littéral. Klein, dans sa convoitise impatiente, semble parfois mettre le progrès technique sur le même plan que la transcendance spirituelle. Il est alors logique que vers la fin des années cinquante, il se tourne vers l'architecture, qui lui offre une expérience plus complète de l'espace. Avec l'architecte Werner Ruhnau, il commence à élaborer une «architecture aérienne», dont les concepts supposent des aménagements climatiques de secteurs importants de la planète. Les plans de Klein et de Ruhnau expriment le désir d'une architecture immatérielle qui, non seulement offrirait un confort absolu, mais ferait aussi accéder ses habitants à un niveau de conscience supérieur. Klein voit dans l'architecture aérienne un éventuel moyen de se servir de la technologie pour créer le paradis sur terre, un Éden où l'homme puisse se promener nu. Le principe le plus simple de l'architecture aérienne met en jeu un toit d'air alimenté par une soufflerie, qui délimiterait une zone servant d'écran protecteur contre les pluies, la poussière, les phénomènes électriques, sans être opaque aux rayons ultraviolets et infrarouges, c'est-à-dire sans empêcher la chaleur et la lumière du soleil de pénétrer. On envisage de régler la température de la terre par un sys-

tème de climatisation souterrain. Dans l'exécution de leurs plans, les architectes tirent le meilleur profit des contraintes naturelles. On peut, par
exemple, recouvrir d'un flot d'air la totalité de l'espace compris entre les
deux versants d'une vallée. La surface occupée par chaque individu est
traitée par compression de l'air. Klein conçoit, entre autres, un lit d'air,
un matelas d'air comprimé sur lequel il est possible de s'étendre et de
se reposer. Le corps reçoit un massage continuel par circulation d'air.

L'architecture aérienne, propose-t-on, serait l'instigatrice d'une
sensibilité planétaire, devant aboutir à la lévitation universelle : « L'homme
peut enfin, par sa simple volonté, moduler la vie au point qu'elle révèle
constamment ses merveilles. L'homme est devenu si libre qu'il est capable
de lévitation ! » « Nous deviendrons ainsi des êtres aériens, nous ressen-
tirons les effets de l'attraction vers le haut, vers l'espace, à la fois vers
partout et vers nulle part ; une fois cette force d'attraction maîtrisée,
nous nous élèverons par lévitation, littéralement, dans une totale liberté
psychique et spirituelle[8]. »

Klein est resté obsédé par la lévitation jusque dans les dernières
années de sa vie. « Il a continué d'exercer sa respiration et n'a jamais
abandonné l'espoir de voir le corps s'élever dans un espace public[9]. » À la
fois par la manière dont il s'est servi de son propre corps et par ses
œuvres, Klein a saisi la conscience d'une nouvelle perception du corps et
de la planète, née du voyage spatial. C'est le corps lui-même qui est
devenu le point central, et par conséquent un instrument permettant
de contester, de critiquer et de transgresser du dedans les lois de l'architecture ; tandis que la contemplation de la terre depuis l'espace donnait
une nouvelle signification au lieu, devenant l'élément d'un ensemble
plus vaste.

THE ENDLESS HOUSE (LA MAISON SANS FIN)

À l'époque où Kiesler montre son groupe de sculptures US, YOU, ME, en
1965, la course à la conquête de l'espace entre les États-Unis et l'Union
soviétique est à son apogée. En expliquant son projet, Kiesler ne laisse
aucun doute sur la critique qu'il a l'intention d'exprimer. « À la base de
cette composition se trouve une profonde intuition personnelle : dans le
monde occidental, la grande majorité des gens s'active intensément,
principalement pour accumuler des biens matériels. [...] Cette grande
composition de sculptures montre des gens qui courent, pressés, seuls
ou en groupes, sans tête ni torse pour la plupart, avec seulement leurs
pieds se précipitant au dehors. Ils se dirigent vers des bureaux, courent
déjeuner, se dépêchent de rentrer ; à l'heure de pointe, c'est la ruée des
masses dans la rue, dans le métro, dans les autobus pleins à craquer, le
même manège frénétique se répétant de jour en jour, d'année en année,
de vie en vie ; tous en quête d'argent, de biens immobiliers, de maisons,
de voitures, d'investissements, pour assurer leur survie en cas de désastre
économique. Rien n'est fait en profondeur, car la profondeur ne s'encaisse

double page suivante

ARCHIGRAM

à gauche
MICHAEL WEBB
Suitsaloon,
(l'habitat-vêtement,
costume salon), 1968
Centre Georges-
Pompidou/Musée
national d'art
moderne, Paris

à droite
DAVID GREENE
Living Pod, 1966
Archives Archigram

pas comme un billet de banque, ne se verse pas dans un compte bancaire. Ils ne se rendent pas compte que chaque être humain est une île née d'elle-même et qu'il ne dépend que de lui-même. Il est à la fois le créateur et le jardinier de cet îlot éternellement fleuri qui brille dans l'obscurité de ses viscères[10].» Ensuite, dans une phrase qui raille presque la conquête de l'espace et de la lune, il s'exclame : «Oui ! Le corps humain est l'univers le plus extraordinaire. Il réunit toutes les planètes. Quelle indigence afflige notre pauvre terre, lorsqu'on la compare avec l'être humain : elle n'a aucun libre arbitre, elle subit l'influence d'innombrables forces invisibles, elle doit vivre tous ses détails, de la naissance à la mort, de la mort à la naissance, les intervalles portant le nom de vie[11].» Kiesler aussi se replie donc sur le corps humain. Pour lui, en revanche, le corps ne se limite pas à une entité isolée. Il fait partie de ce qu'il appelle le «Endless» (le sans fin). «Toutes les finalités se rejoignent dans le "sans fin" comme elle le font dans la vie. Les rythmes de la nature sont cycliques. Toutes les fins d'existence se rejoignent pour vingt-quatre heures, pour une semaine, une vie entière. Elles se donnent l'une à l'autre le baiser du temps. Elles se serrent la main, se disent au revoir, rentrent par les mêmes portes ou par d'autres, vont et viennent par les liaisons multiples, en secret ou avec ostentation, ou au hasard des caprices de la mémoire[12].» Il conçoit donc la Endless House qui, «comme le corps humain, n'a pas de limites – elle n'a ni début ni fin. Le "sans fin" est plutôt voluptueux, il ressemble davantage au corps féminin qu'au corps angulaire de l'homme[13]». La Endless House donne l'impression d'une croissance organique, c'est un espace continu dans lequel on peut pourtant isoler de petits espaces individuels. D'après Kiesler, si la nature crée des corps, l'art, lui, crée de la vie, que les occupants doivent constamment réinventer. Il n'y a pas de différenciation absolue entre les sols, les murs et les plafonds. Les dispositifs mécaniques sont envisagés comme des événements et doivent inspirer un rituel spécifique. C'est, comme le dit Kiesler, «le dernier refuge pour l'homme en tant qu'homme[14]».

COOP HIMMELB(L)AU
Villa Rosa, 1967
FRAC Centre, Orléans

CAPSULES, COMBINAISONS ET MÉGASTRUCTURES

La capsule et la combinaison spatiales représentent l'architecture la plus élémentaire que l'on puisse imaginer. Leurs fonctions sont identiques : il s'agit d'offrir confort et protection dans un environnement hostile, ainsi que des branchements à une infrastructure fournissant eau, gaz, égouts, communication et transport. Une seule différence existe : l'astronaute porte la capsule et la combinaison sur lui, à la manière de l'escargot ou du coquillage. C'est à la fois dans et avec sa maison qu'il se déplace, et sa dépendance de la technologie est totale. Il n'est pas fixé dans un endroit, mais il en est le centre.

Pour les premiers cosmonautes, le plus dur était la solitude, et ils étaient nombreux à tenter de prendre à bord quelques insectes ou objets pour leur tenir compagnie. On raconte que notre ami Fiodorovich avait

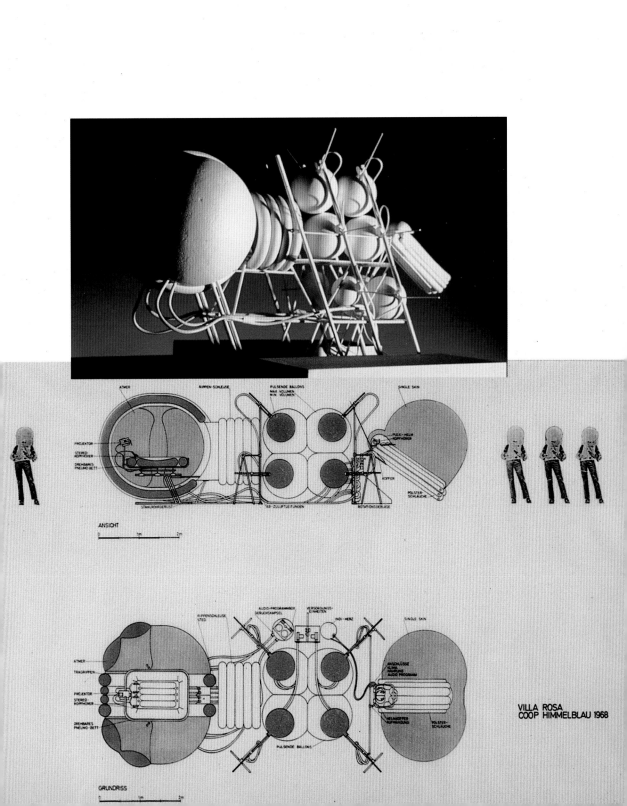

ANSICHT

0   1m   2m

GRUNDRISS

0   1m   2m

VILLA ROSA
COOP HIMMELBLAU 1968

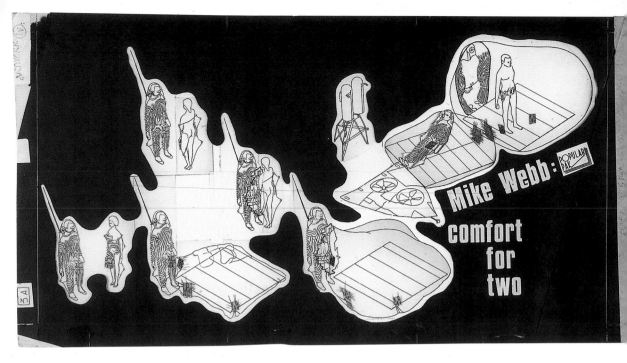

Mike Webb:

comfort
for
two

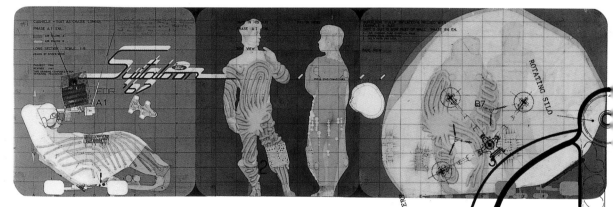

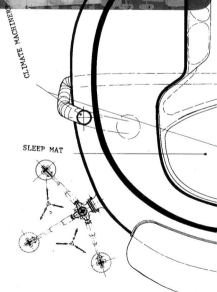

CLIMATE MACHINERY

ROTATING SILO

SLEEP MAT

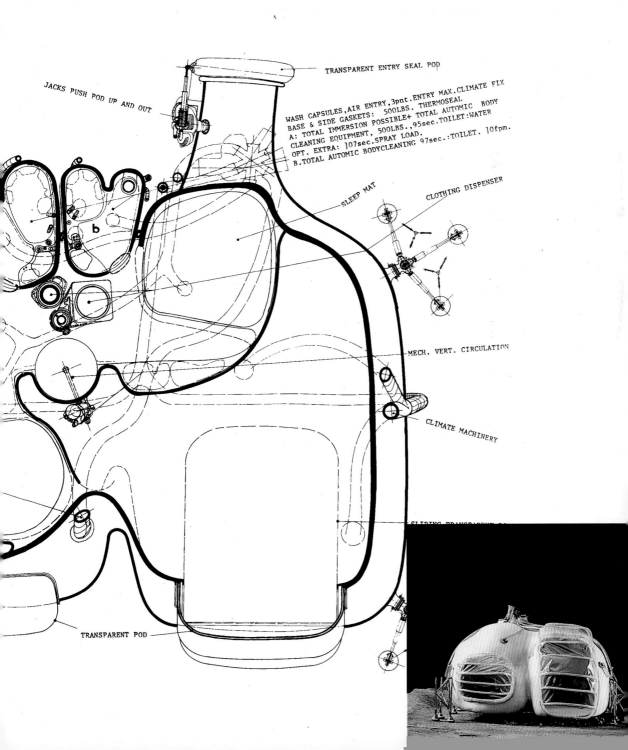

TRANSPARENT ENTRY SEAL POD

JACKS PUSH POD UP AND OUT

WASH CAPSULES,AIR ENTRY,3pnt.ENTRY MAX.CLIMATE FIX
BASE & SIDE GASKETS: 500LBS. THERMOSEAL
A: TOTAL IMMERSION POSSIBLE+ TOTAL AUTOMIC BODY
CLEANING EQUIPMENT, 500LBS.,95sec.TOILET:WATER
OPT. EXTRA: 107sec.SPRAY LOAD.
B.TOTAL AUTOMIC BODYCLEANING 97sec.:TOILET. 10fpm.

SLEEP MAT

CLOTHING DISPENSER

MECH. VERT. CIRCULATION

CLIMATE MACHINERY

SLIDING TRANSPARENT PO

TRANSPARENT POD

emporté, outre Kloka et son petit jeu d'échecs de voyage, une bouteille de vodka, qu'il avait prévu de lancer dans l'espace avec un message de détresse au cas où surviendrait un problème. C'est ce que de très sérieux instructeurs russes conseillaient de faire, en attendant patiemment les secours [15].

Les capsules et les combinaisons spatiales ont, bien sûr, immédiatement captivé l'imagination des architectes. Dans les années soixante, les capsules apparaissent dans de nombreux projets. Elles deviennent l'unité individuelle de base et, dans l'urbanisme, leur accumulation est presque illimitée, avec la création de structures sur lesquelles elles peuvent se fixer temporairement.

«Quel que soit le point de vue adopté, c'est la capsule spatiale qui fut la source de notre inspiration», écrit le groupe Archigram [16]. Très récemment, Peter Cook a qualifié l'œuvre d'Archigram de «Rencontre entre Kiesler et la capsule spatiale [17]». Avec les Capsule Homes, conçues par Warren Chalk en 1964, un concept d'habitation et de mode de vie fonctionnel et sophistiqué totalement nouveau voit le jour. Ses éléments, fabriqués de manière industrielle, reflètent le niveau technologique de l'époque et peuvent devenir facilement interchangeables, en fonction des désirs de ses occupants.

L'intérêt d'Archigram pour les capsules se concentre sur le confort, la mobilité et les connections aux infrastuctures, comme Plug-in-City. Nombre de leurs projets, de 1966 à 1968, tiennent à la fois du camping et du voyage interplanétaire, comme le Cushicle et le Suitaloon de Michael Webb, objets entre la tente et la combinaison spatiale. Déjà en 1965, Reyner Banham et François Dallegret dessinent leur Un-House, une espèce de ballon avec en son centre un poste de télévision et une chaîne stéréo, à l'intérieur duquel ils se voient nus. Cela illustre ainsi inconsciemment la déclaration de Marshall McLuhan selon laquelle, à l'ère de la télévision, c'est l'humanité tout entière qui est notre peau [18].

Pour Archigram, la technologie est la machine à jouir du film de science-fiction *Barbarella*, une machine qui tente de faire mourir l'héroïne de plaisir, mais dont les fusibles sautent, ce qui donne l'occasion à son adversaire O'Shea de prononcer la meilleure réplique du script, selon Reyner Banham : «T'as pas honte ?» Ce «triomphe du *software*» – c'est ainsi que Banham décrit l'impudence de Barbarella – permet à Archigram de spéculer librement et avec optimisme sur toutes les possibilités positives offertes par la technologie [19].

EXPANSION MENTALE

En Autriche, les architectes semblent beaucoup plus intéressés par les implications et par les répercussions corporelles et psychologiques de la capsule et de la combinaison. Hans Hollein et Walter Pichler, Haus Rucker Co et Coop Himmelb(l)au connaissent personnellement Kiesler – un de leurs compatriotes – et, dès la fin des années cinquante ou au début des années soixante, ils sont même nombreux à lui avoir rendu visite à New York au moment de ses travaux sur la Endless House. Leurs premières œuvres en sont ouvertement inspirées. Ils tirent également plusieurs idées de Marshall McLuhan, Timothy Leary et Wilhelm Reich.

Tandis que les projets d'Archigram ne quittent jamais la planche à dessin, les architectes autrichiens réalisent beaucoup des leurs, sous forme d'installations et de prototypes expérimentaux.

Les rôles de Hollein et particulièrement de Pichler s'avèrent d'une importance cruciale. Comme Archigram, Hollein et Pichler, lors de leur première exposition à Vienne en 1963, «Architektur», incorporent les visuels de la conquête spatiale, de la mode, de la technologie et de l'histoire de l'architecture. Mais l'ambiance, à la différence d'Archigram, est plus lugubre, empreinte de répression totalitaire.

En 1967, Pichler présente à la galerie Nacht-St-Stephan, à Vienne, «huit prototypes». Des objets aux fortes connotations sexuelles, des croquis de mobilier et de combinaisons. La Kleiner Room (Petite Salle) et le TV Helmet (Casque télé) sont deux de ces prototypes d'appareils méticuleusement réalisés, et qui semblent conçus pour la production en série. Kleiner Room est une sorte de casque dans lequel la tête s'apparente à un poste de radio composé de sphères intersectées. Un micro incorporé amplifie la voix, diffusée par un sytème de haut-parleurs externes. Des perforations, similaires à celle que l'on trouve d'ordinaire devant un haut-parleur, permettent de voir sans être vu. Le TV Helmet, au contraire, isole complètement le sujet de son environnement, en ne lui laissant voir qu'un écran de télévision. Sa forme allongée lui fait prendre une direction précise, ce qui évoque *L'Homme unidimensionnel* de Herbert Marcuse[20].

L'écrivain Oswald Wiener consacre un texte aux dessins et aux prototypes de Pichler. Allant bien au-delà des fantasmes de l'artiste, il propose la conception d'un appareil qui libérerait la conscience de sa base organique et psychologique. «Cet appareil offre l'opportunité du siècle: la libération de la philosophie par la technologie. Il est conçu pour se substituer au monde afin de prendre le contrôle sur l'environnement naturel, qui s'est révélé jusqu'à présent totalement inadéquat à transmettre et à recevoir les messages d'une importance vitale, à savoir la nourriture et les loisirs [...].

Le bioadapter contrôle désormais les états physiques et mentaux jusqu'au plus infime détail, il peut alors s'occuper de l'expansion (l'amélioration) de la conscience du biomodule. Il ne faut au bioadapter qu'une quantité minimale d'anesthésique, car il est capable de connecter tout signal afférent à son propre transformateur de stimulation: par exemple, on pourrait amputer une des jambes du biomodule tandis qu'il ferait une délectable promenade dans la campagne hongroise. L'adaptateur simule l'interaction complexe des nerfs afférents avec les fibres kinesthésiques et proprioceptives, ainsi d'un seul coup d'œil à ses jambes, le biomodule sait que le plaisir du mouvement stimule ses membres. [...] Aujourd'hui, la conscience repose en elle-même, immortelle et fait émerger de ses propres profondeurs des objets éphémères [...][21].»

Voilà qui pousse à l'extrême les conséquences du voyage spatial dans le domaine de l'architecture. L'image qui s'en dégage rappelle dans les grande lignes la description du développement humain que Paul Virilio décrira vingt ans plus tard dans *L'Inertie polaire*, où il envisage l'homme comme un infirme, inerte, dans son cockpit parfait[22].

ESPACES DE LA PERFORMANCE

Avec le «saut dans le vide», Klein est l'un des premiers artistes à employer son corps dans une œuvre d'art. Dès la fin des années cinquante, avec la peinture expressionniste abstraite, le geste acquiert une telle importance qu'il devient l'aspect le plus marquant de l'œuvre. Des peintres comme Karel Appel ou l'Autrichien Hermann Nitsch se font filmer en plein travail. Arnulf Rainer fait photographier ses grimaces, dans le but de retrouver un mode différent de communication non-verbale, qu'il pense s'être perdu dans le processus de civilisation. Aux États-Unis, Allan Kaprow se met à un art «vivant» qu'il baptise *happening*, alors que d'autres, comme Robert Morris, produisent un type spécifique de sculptures dans lesquelles ils explorent le rapport entre leur corps et des objets architecturaux. Au cours des années soixante, la performance (le *body art*) s'établit comme une nouvelle forme artistique. Tous les aspects du corps sont examinés: on semble être dans une période de l'histoire où le corps, sous l'influence de la technologie, est devenu un mannequin anonyme, les artistes le redécouvrent alors comme fondement de l'existence et mesure du monde. Ils semblent revenir au stade antérieur, à celui du miroir. Le corps évolue et se prolonge dans l'espace, entre en conflit avec lui, le remplit de signification et d'énergie. Il produit somme toute lui-même l'espace.

Cette création d'espace par le corps entre souvent en conflit avec l'architecture, comme par exemple dans les performances d'Ulay et Marina Abramovic. Dans *Expansion in Space*, une performance exécutée au Documenta 6, à Cassel, en juin 1977, ils installent des colonnes mobiles entre les colonnes existantes, fixes. Leur corps nus se cognent contre les colonnes mobiles, les déplaçant, transformant ainsi l'architecture. Dans *Imponderabilia*, en 1977 également, ils créent une barrière psychologique en se plaçant nus à l'entrée d'une exposition, forçant ainsi les gens à se frayer un chemin entre eux. Vers la fin des années soixante-dix, c'est l'architecte Bernard Tschumi qui reconnaît les conséquences transgressives sur l'architecture de la performance, les explorent dans une série de textes, d'installations et d'«annonces publicitaires pour l'architecture», qui débouchent sur une théorie de l'architecture comme espace-

HANS HOLLEIN
Pilule, 1963
Centre
Georges-Pompidou/
Musée national
d'art moderne, Paris

WALTER PICHLER

ci-contre à gauche
TV-Helmet (Tragbares wohnzimmer), 1967

ci-contre à droite
Kleiner Raum (Prototyp 4), 1967
Generali Foundation,
Vienne

événement. Dans l'annonce la plus célèbre, on peut lire : «Pour apprécier réellement l'architecture, il faut peut-être que vous alliez jusqu'au meurtre. L'architecture se définit autant d'après les événements dont elle est témoin que par le périmètre tracé par ses murs. La différence entre Meurtre dans la Rue et Meurtre dans la Cathédrale est la même qu'entre les Amours de la rue et la Rue de l'Amour. Absolument[23].»

Ceci montre que les architectes deviennent de plus en plus conscients de la tension qui existe entre leurs projets architecturaux et la vie qui s'y déroulerait, entre le pouvoir organisateur et disciplinaire de l'architecture et le désir des gens d'organiser eux-mêmes leurs activités et de vivre leur propre vie en toute liberté. [...]

ORGANISME, TECHNOLOGIE, PAYSAGE

Ces dernières années, les tentatives de réconcilier différemment le corps avec la vaste échelle du paysage sont nombreuses. La lecture des espaces lisses et striés, dans les écrits de Gilles Deleuze et de Félix Guattari, puis

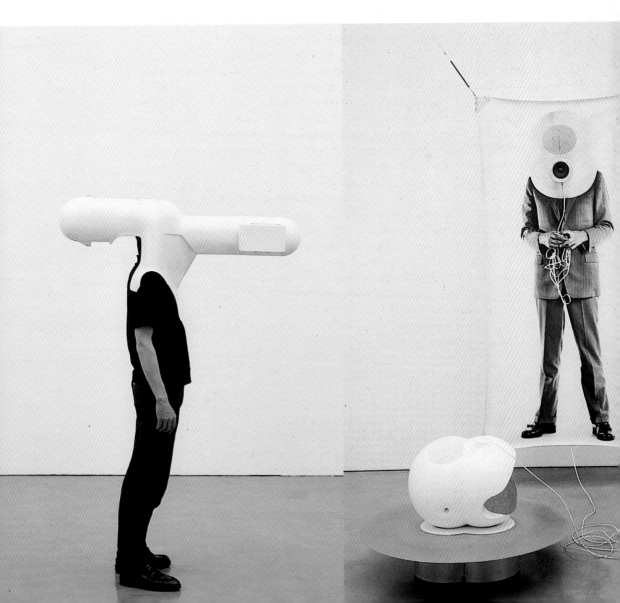

les réflexions de Deleuze sur le pli encouragent les architectes à développer une architecture et un urbanisme qui se basent davantage sur un plissement illimité du paysage, favorisant ainsi une espèce d'existence nomade où les gens forment et reforment des groupes spontanément[24].

Le travail de Raoul Bunschoten en offre l'exemple le plus frappant. Pour son installation *Soul's Cycle* de la manifestation «Architecture et Imagination», à Fort Asperen, en 1989, Bunschoten fabrique une série de gros ballons à la surface ridée et l'installe, telle une sorte de système planétaire, dans le couloir circulaire de la forteresse. Dans son projet *The Skin of the Earth*, en 1990, Bunschoten fait un pas de plus et examine le potentiel architectural de simples fragments de cette surface plissée, en considérant que les plis eux-mêmes seraient habitables.

S'il s'intéresse principalement à la très grande échelle de l'épiderme terrestre, de nombreux architectes contemporains se tournent davantage vers la simple création des plis, pour produire des formes architecturales plus spécifiques, à une échelle plus réduite. On en trouve des exemples dans les travaux d'architectes aussi divers que OMA, MRVD, Ben Van Berkel, NOX et Greg Lynn. Ce dernier s'intéresse encore aux analogies des formes corporelles et architecturales, d'une manière similaire à celle de Kiesler: en tant que représentation du Endless. C'est aussi vrai de NOX, mais il envisagent consciemment les plissements du paysage comme un moyen de contrecarrer l'inertie menaçante que provoquent, selon Virilio, les progrès de la technologie et des médias. Un paysage onduleux remplit l'intérieur du pavillon H2O de NOX en Zélande, un pavillon d'exposition consacré à l'eau; ce paysage est animé par de nombreux dispositifs techniques interactifs et oblige les visiteurs à grimper, à descendre, non pas pour les désorienter, mais pour qu'ils soient stimulés et qu'ils perçoivent leur corps en relation avec l'environnement. Le sol du V2 Medialab, à Rotterdam, est également une sorte de relief sur lequel il faut des sièges réglables spéciaux pour s'asseoir de manière stable et travailler. Dans ces environnements hautement technologiques, où les limites entre le physique et le virtuel, le sol et le plafond, le bâtiment et la machine, l'intérieur et le cadre sont dans un flou constant, le fait que notre corps soit la seule chose sur laquelle compter nous est continuellement rappelé. D'après Lars Spuybroek de NOX, nous devons constamment exercer notre faculté de proprioception pour éviter les dangers d'une technologie qui, sous des apparences utiles, n'est finalement là que pour nous rassurer, nous dorloter, nous endormir, nous plonger dans un état d'inertie polaire. Le seul espace que nous puissions habiter, c'est le corps. ❧

traduction: Jean-Marc Billaud

LARS SPUYBROEK, NOX

H2O expo, 1993-1997
Pavillon d'eau
et installation
interactive,
île de Neeltje Jans,
Zélande

ci-dessous
Vue extérieure
Vue intérieure

ci-contre
Vue intérieure,
dessin AutoCAD

N. B. : la version complète en anglais du texte de Bart Lootsma
sera sur le site internet www. mondesinventes.com.

1 Frederick Kiesler, «US, YOU, ME», *Frederick J. Kiesler, Selected Writings*, Verlag Gert Hatje, Stuttgart, 1997.

2 Jacques Lacan, *Écrits*.

3 Piotr Muraveinik, «Episodes in a Life devoted to Space» *Sputnik*, cat. d'exp. du même nom, Fundación Arte y Tecnología, Madrid, 1997.

4 *Idem*.

5 Tom Wolfe, *L'Étoffe des héros*, Gallimard, Paris, 1991.

6 *Cf.* Pierre Restany, *Yves Klein*, Chêne, Paris ; Paul Wember, *Yves Klein*, Dumont, Cologne, 1969, réédition 1982 ; «Yves Klein, my position in the battle between line and color», *ZERO 1*, Cambridge (USA), 1973, réimpression.

7 Thomas McEvilley, «Yves Klein, messenger of the age of space», *Artforum 20*, janvier 1982 *in* Wember, *op. cit.* et Restany, *op. cit.*

8 Pierre Restany, *op. cit.*

9 *Idem*.

10 Frederick Kiesler, *op. cit.*

11 *Idem*.

12 *Idem*.

13 *Idem*.

14 *Idem*.

15 Michael Arena et Piotr Muraveinik, «Le rapport Beregovoi», *Sputnik, op. cit.* note n° 3.

16 Peter Cook, *Archigram*, Bâle, Boston, Berlin, 1991.

17 Peter Cook, «Conférence sur Archigram au New Babylon Symposium», TU, Delft, 26 janvier 2000.

18 Marshall McLuhan, «Pour comprendre les médias», *Les Prolongements technologiques de l'homme*, Mame/Éditions du Seuil, Paris, 1977.

19 Reyner Banham, *Design by Choice, Ideas in Architecture*, New York, 1981.

20 Georg Schöllhammer, «The Bolted Gesture», *in* Sabine Breitwieser (sous la direction de), *Pichler, Prototypes 1966-1969*, Generali Foundation, Vienne, 1998.

21 Oswald Wiener, *Die Verbesserung von Mitteleuropa*, Vienne, Generali Foundation, 1969.

22 Paul Virilio, *L'Inertie polaire*, Christian Bourgois, Paris, 1990, réédition 1994.

23 Bernard Tschumi, *Architecture and Disjunction*, MIT Press, Cambridge (USA), 1994.

24 *Cf. Architectural Design Profile*, n° 102, Folding in Architecture, Londres, 1993.

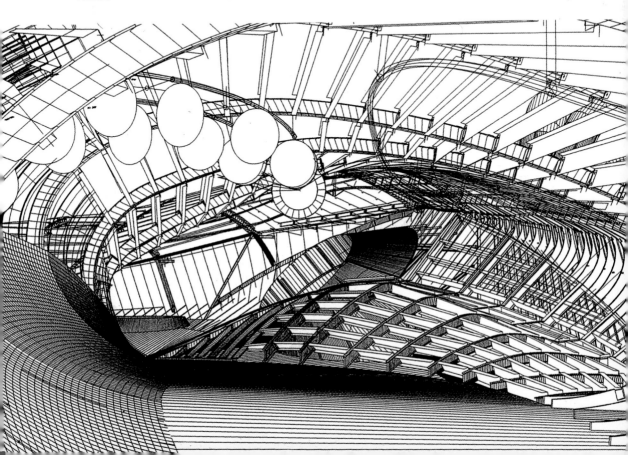

Atelier Van Lieshout

skulls

1 Atelier Van Lieshout,
A Manual,
Museum Boymans-
Van Beuningen,
Nai Publishers,
Atelier Van Lieshout,
Rotterdam,
1997, p. 173.

On connaît la théorie de Wilhelm Reich (1897-1957) selon laquelle la libido est l'expression fondamentale des êtres humains, la manifestation de l'énergie cosmique primordiale, qu'il nomme «Orgone». La réalité pour Reich est la circulation incessante de flux énergétiques.

Persécuté par le régime nazi, il s'installe aux États-Unis en 1939. Il entreprend des recherches sur les bions, vésicules chargées d'énergie bio-électrique, et invente en 1940 l'accumulateur d'Orgone, appareil sensé augmenter la résistance aux maladies, notamment au cancer.

L'Atelier Van Lieshout a produit, outre les collections de meubles et les systèmes de constructions multifonctionelles, un ensemble d'objets intitulés *skulls* (crânes) et *helmets* (casques), inspirés de l'accumulateur d'Orgone de Reich.

Les *skulls* sont comme de petites capsules dans lesquelles un adulte peut s'enfermer, pour se retirer du monde. Ils rappellent, comme le note Bart Lootsma[1], ces caissons de flottabilité, emplis d'une solution saline dans laquelle on s'immerge pour quelques heures afin de se relaxer ou de rajeunir.

Les *skulls* de Van Lieshout ont des formes parfois assez inquiétantes, entre la cuisinère à gaz et le cercueil ou l'œuf de dinosaure. Certains contiennent de l'Orgone. ✸

ATELIER VAN LIESHOUT

Super Orgone Helmet,
1998
Atelier Van Lieshout,
Rotterdam

**Orgone Sleep/
Dinette Skull,** 1998
Stedelijk Van
Abbemuseum,
Eindhoven

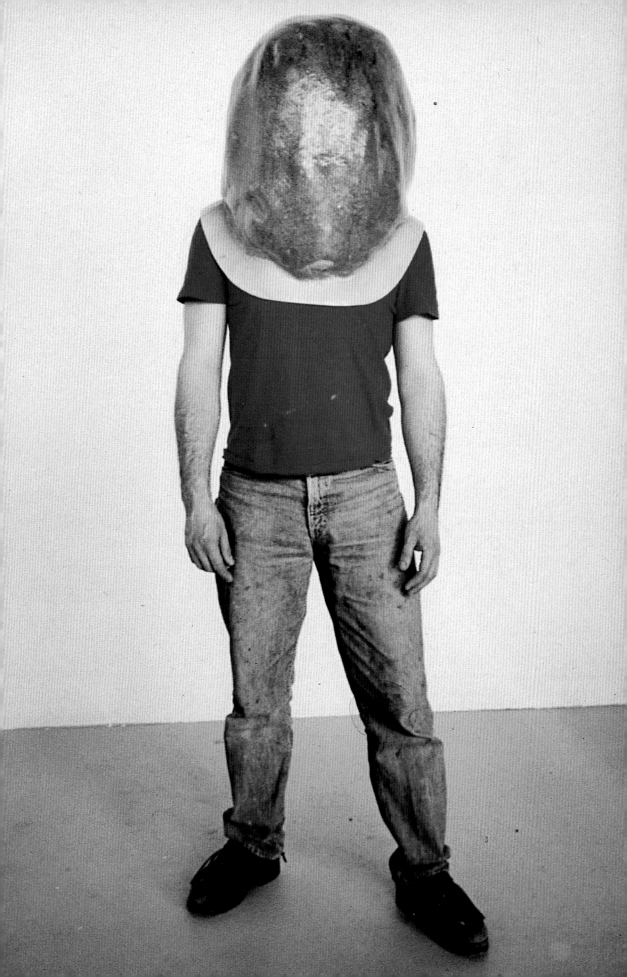

Un nouvel icarisme
des mondes inventés aux mondes virtuels

Christine Buci-Glucksmann

Vos essais sur la topologie baroque publiés il y a quinze ans vous conduisent aujourd'hui à repenser la topologie en architecture.

Quand j'ai commencé mes recherches, je m'intéressais essentiellement à ce qu'on pourrait appeler aujourd'hui les régimes non-euclidiens de la vision. C'est le cas de la vision baroque qui ne procède pas d'un point fixe et où il n'y a pas de frontalité, mais un multiperspectivisme et une trajectoire. Ce que j'ai appelé «la folie du voir» relève de la double vision que l'on a dans l'anamorphose, et plus largement des paradigmes de conversion des formes. La topologie s'articule sur les modèles donnés par les mathématiques baroques, qui intègrent pour la première fois l'infini dans le mouvement comme dans l'ellipse ou la spirale.

KISHO KUROKAWA
Métamorphosis, 1965
Centre Georges-Pompidou/
Musée national
d'art moderne, Paris

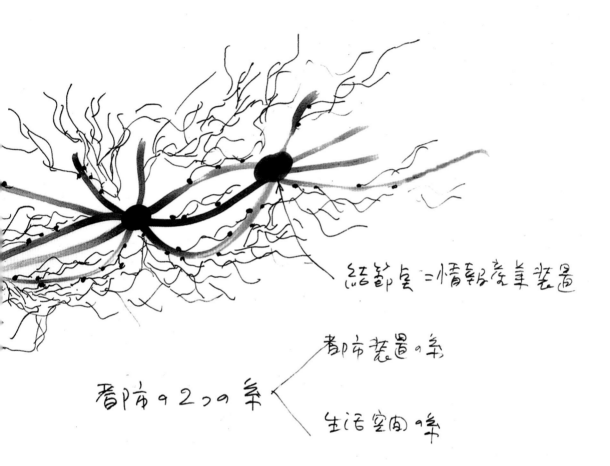

結節点＝情報産車装置

都市装置の糸

都市の2つの糸

生活空間の糸

Cette intégration de l'infini dans la question des paradigmes formels m'a conduite à l'époque à penser les modèles topologiques à partir de Maurice Merleau-Ponty. Ce n'est plus le modèle représentatif de l'«être devant», mais celui de l'«être dans»: une topologie à la fois ontologique et corporelle.

Avec Leibniz, j'ai abordé l'idée du multiperspectivisme et de l'entre expression. Ce qui m'a intéressée, c'est que le baroque situe l'infini dans le temps et dans l'espace. C'est une sorte d'espace-temps des formes, de leur mutation, mais c'est aussi, contrairement à ce que l'on pense, un espace rigoureux et mathématiquement calculé. Cette sorte de contradiction qui lie art et science à partir d'une réflexion sur l'infini m'a menée à la topologie en général et à celle de l'inconscient freudien: les nœuds, le ruban de Möbius et la topologie de Jacques Lacan.

Enfin, à partir de la rupture née de la vision icarienne, je me suis occupée de la mise en question des paradigmes euclidiens dans l'architecture actuelle, avec d'un côté une architecture de l'apesanteur, du suspendu, et de l'autre un travail d'exploration topologique, permettant de renouer avec les virtualités du baroque grâce aux manipulations numériques.

Est-ce que vous pouvez parler de la relation entre le travail que vous avez effectué sur l'œil-monde, la carte et cette vision icarienne ?

Il m'a semblé que la distance caractérisait le problème de la vision, qu'elle soit microscopique, macroscopique ou stellaire. Cette question impliquait un détour, et je me suis penchée sur une histoire de la carte dans l'art. Ce qui distingue la vision icarienne, c'est la projection de l'infini du monde sur un plan, selon des dispositifs de construction – ce que j'ai appelé un «plan-transfert».

La carte est un artefact, voir c'est construire. La vision n'est pas une donnée strictement naturelle, elle implique des modèles. Le regard icarien est un regard d'en haut sur le lointain. C'est pourquoi j'ai pris comme point de départ le tableau de Bruegel l'Ancien *La Chute d'Icare*, sur le lointain de la mer infinie. C'est un regard qui couple l'œil attentif – celui du minuscule, de la microforme – avec celui de l'univers. Il confronte également le site et le non-site, pour employer les termes de Robert Smithson, puisqu'en permanence le monde est à la fois présent et absent.

Finalement, le monde est le non-site du site, une sorte de dialectique que j'ai développée et qui nous amène à l'idée qu'en réalité, l'infini est «le virtuel» de la carte, projeté sur cette dernière: «Un œil monde.»

Toutefois, ce qui me semble essentiel en art et en architecture, c'est ce que j'ai appelé «l'œil éphémère». Il s'agit précisément de l'introduction du temps dans la forme, ce dont le baroque a rêvé. Mais je pense que la temporalisation des formes implique désormais une tout autre pensée : des modèles cosmiques, de fluidité, de virtualité, et par conséquent une véritable révolution copernicienne dans l'approche plastique et la construction virtuelle des modèles.

Peut-on revenir sur chacun de ces modèles ? Quels sont les artistes dans cette traversée du XXᵉ siècle qui ont commencé à penser ces modèles cosmiques, et comment l'ont-ils fait ?

Je crois que deux peintres ont mis le modèle cosmique au centre de leur œuvre et de leur théorie : il s'agit de Paul Klee et de Frantisek Kupka. On s'aperçoit que Klee, très marqué par l'Asie, le yin et le yang, s'intéresse non pas à la forme mais à la «formation», au modèle génétique du monde, qui s'organise à partir d'un point gris aveugle et d'un univers en expansion. Klee explore ce qu'il appelle les «entre-mondes», qui sont les interstices du cosmos. Plusieurs modèles de ces entre-mondes existent : ceux qui sont vus de très près, c'est-à-dire les feuilles, les fleurs, où le regard attentif déploie une sorte de cartographie des formes végétales ; ceux des villes et des architectures flottantes qui exercent le primat de la ligne sur le trait, une «ligne-univers», dirait Gilles Deleuze, qui construit un espace sans matérialité.
Les chambres aux perspectives complètement déformées, les chambres habitées, les villes flottantes... Il s'agit vraiment chez Klee de mettre en question la pesanteur, le haut et le bas, le plein, toute une topologie au fond traditionnelle. Cet entre-monde renvoie à l'idée, véritablement japonaise et chinoise, que la forme n'est jamais que le déploiement, le pli et le «dépli» de l'énergie, un modèle cosmique permettant de déplacer le regard en créant des paysages intérieurs et irréels. Chez Klee, les villes flottantes sont des paysages imaginaires et musicaux : il introduit le rythme, la ligne et non la forme. Il vide la perspective, n'explore pas une alternative radicale, mais renoue avec ce qui est sa grande métaphore, la création du monde comme corrélat de l'art, «rendre visible l'invisible». On pourrait dire que l'art est une sorte de cartographie de l'invisible cosmique.
Ce cycle de la création du monde inspire autrement Kupka, qui s'est intéressé en tant que scientifique et physicien aux ondes lumineuses, aux mécanismes de la télépathie, aux photographies lunaires... C'est incroyable de penser aux dizaines d'années qu'il faudra attendre pour avoir un regard ayant pour origine la lune ! Kupka avait vraiment un regard visionnaire. Je pense aux *Printemps cosmiques* ou à *Facture robuste*. Il voulait pénétrer à l'intérieur des corps et peindre les ondes électriques, les flux et les effluves. Si, comme il l'a dit, l'œil est «enregistreur», cet enregistrement traverse les frontières et les dualismes de l'intérieur/extérieur, du stable et de l'instable, du formel et de

l'informel. Car peindre les flux, c'est engendrer la luminosité comme telle, en une nouvelle architecture de plans. C'est la recherche du seuil lumineux des choses, de passages à l'extrême, par la surimpression, la décomposition, une architecture de plans suspendus et de prismes, souvent très colorés. En fait, ce cosmos est une topographie et une topologie de la luminosité, de la transparence et du fluide, à la différence de celui de Klee, qui est plutôt du côté du suspens et de l'entre-deux des limbes.

Dans les différents modèles de vision que vous abordez, on peut aussi parler de celui que propose Frederick Kiesler, qui concerne la fluidité, un continuum spatio-temporel.

Si le baroque est «le pli à l'infini», je dirais que Kiesler est la courbe. Il a réellement pensé un concept non-cartésien de l'espace, qui revendique l'espace-temps, une poétique des formes et un dialogue réel entre terre et ciel.

Kiesler se demande comment représenter l'infini dans l'architecture, en sculpture et dans les arts en général. Or, l'infini présuppose bien sûr de sortir des paradigmes euclidiens de Vitruve. Cela lui a permis de développer ce qu'il appelle des «concepts curvilignes», c'est-à-dire de penser le tout dans un espace courbe à l'infini, alors que le schéma occidental dominant de la représentation est l'espace-plan. Ses modèles sont la spirale et l'ovoïde. La Endless House (la Maison sans fin) est une sorte d'ovoïde plat qui se déploie à l'infini. L'œuf est aussi une forme à la fois finie et infinie, toujours liée à un mouvement elliptique, à une continuité intérieur/extérieur avec l'environnement. Le principe de l'infini, du «sans fin» implique une immersion totale – spirale, anneau, serpentement –, le corps «dans», l'être «dans». Cette recherche est très proche du Grand Verre de Marcel Duchamp, ami de Kiesler, qui disait: «Le virtuel c'est la quatrième dimension.» Duchamp cherchait les passages – le verre étant à la fois une surface de distance et de passage – et la pluralité des espaces: un espace perspectiviste en bas – les célibataires – et un espace à quatre dimensions, parfaitement fluide et invisible, en haut. Cette recherche de matériaux non-visibles est complètement en affinité avec Kiesler.

Si on fait maintenant le lien avec les architectures du fluide générées par ordinateur, qu'est le corps virtuel en regard du corps baroque ou du corps icarien ?

Si l'on ne veut pas devenir schizophrène, il faut cesser d'opposer le réel et le virtuel, de dire que dès qu'on est dans le virtuel, il n'y a pas de corps mais déréalisation et pur simulacre. Revenons à la notion de virtuel et parlons, comme dirait Deleuze, de l'actualisation dans le virtuel. Une idée du corps très intéressante, que reprendra Leibniz, apparaît dans les textes médiévaux. À côté du corps en trois dimensions (longueur, largeur et profondeur), c'est-à-dire le corps cartésien et perspectiviste, il y a le corps virtuel. Il s'agit là de toute la tradition issue d'Aristote. Ce corps virtuel est fait de résistances, et donc de forces, il est intérieur et invisible. C'est un corps en surface et en énergie qui appartient aux possibles du corps, ou encore au ki exploré par la pensée chinoise, puis japonaise. Il est en mouvement, en puissance, et constitué de potentialités infinitésimales. En fait, comme le disait déjà Spinoza, «nous ignorons ce que peut un corps», car il surpasse la seule représentation. Il exprime et affirme une dynamique, celle que cherchait le baroque, au-delà de toute anthropologie traditionnelle.

On retrouve ce corps dans les architectures actuelles, notamment au Japon avec les édifices suspendus : être sur une passerelle au-dessus du vide, c'est faire l'expérience d'un corps plus léger. C'est ce dernier, à l'opposé de la pesanteur, qu'explore la danse. Un corps icarien, si l'on peut dire, en envol et léger, que je ressens toujours lorsque je prends un avion pour une longue durée. L'autre aspect du corps, c'est celui qui est vu et exploré de l'intérieur, grâce aux nouvelles techniques du scanner, du virtuel. Il existe un corps sexué intérieur, plié et plissé, de forme organique, visible/invisible. Mais il faut sortir de l'opposition traditionnelle : la ligne euclidienne ou la vie, idée un peu naïve du biologique. Nous n'en sommes plus à l'œil floral de l'Art nouveau, où la ligne courbe, le motif décoratif était déjà le pli, une manière de saisir le biologique. Maintenant, il semble que ce dernier présuppose la construction de nouvelles formes fluides, complexes et machiniques, programmables par ordinateur. Elles sont beaucoup plus abstraites même si elles font référence à la vie. Mais parce qu'elles sont calculées à l'ordinateur, elles posent des difficultés proprioceptives et visuelles tout à fait nouvelles, comme dans le dispositif de NOX.

Robert Smithson eut l'intuition de ces architectures/désarchitectures, s'appuyant sur le New York des années trente et affirmant : «La forme s'égare.» L'ultramoderne est une forme en mouvement, vague et fluide. Ce n'est pas un hasard s'il explora plus qu'un autre la spirale à l'infini et le vortex, ces deux paradigmes du fractionnement des formes.

Ville flottante, pneumatique (Coop Himmelb(l)au), en hélice selon le modèle en spirale de Tokyo (Kisho Kurokawa), ville-pont (Paul Virilio, Claude Parent), l'architecture est un immense réservoir d'«hétérotopies» où l'on est passé progressivement des «mondes inventés» aux «mondes virtuels». Si bien que la recherche d'une architecture sans fin propre à Kiesler ou celle de la mécanique des fluides d'Étienne-Jules Marey se combinent désormais avec la construction de nouveaux modèles d'architecture. Surface pliée et plissée, «inflexueuse» et courbe à souhait, ou «postéphémère» des écrans et transparences multiples (Toyo Ito, Itsuko Hasegawa), elle devient le lieu d'engendrement des formes et des volumes comme l'a montré Greg Lynn. Si bien que la transparence «littérale» de la ville-cristal des miroirs et du verre laisse place peu à peu à une tout autre transparence plus «phénoménale», celle des enveloppes virtuelles, des flux de l'écran et des vortex de l'information. Il faut donc revenir au corps-énergie, pour échapper à l'étau de l'humain/posthumain. Un corps intérieur/extérieur, matriciel et non pas seulement érigé, vertical et «masculin». En résumé, un corps plus aformel qu'informel, enroulé sur soi, polysensoriel et peut-être biologiquement bisexué. Fluide, il est pris dans ses effets de plis et de vagues, comme le Pavillon d'eau de NOX.

Pour revenir à la notion d'événement et de temps, vous parlez du lieu comme «site du temps» et de «ce moment stoïcien» de l'événement, qui vous interpelle.

Je travaille en effet à un livre sur les métamorphoses du temps, avec pour exemple le Japon où j'ai séjourné plusieurs mois. Car l'introduction de cette notion permet de dépasser toute une conception du site en terme identitaire, en tant que «génie du lieu». Ce qui m'intéresse, c'est de différencier les modalités de ces «sites du temps», et de développer ce que George Kubler appelait «les formes du temps», à la frontière de l'art et de la science. Or, le virtuel est une véritable machine à explorer et à manipuler le temps. Ces machines à la H. G. Wells ne sont plus linéaires : le temps y est feuilleté, élastique ou flexible, sinusoïdal et enroulé sur lui-même. Il fait des boucles, des nœuds, des seuils et engendre «l'architecture-diagramme» de l'âge électronique dont parle Ito. Les «sites du temps» affectent donc les formes et, tout comme il existe des espaces à courbure nulle (ou euclidiens), il en est aussi des sphériques (à courbure positive) ou des hyperboliques (à courbure négative). Or, les manipulations numériques en architecture permettent d'explorer ces espaces courbes, leur plissé, leur déformation et leur flou, et de concevoir des hybrides formels très complexes, aux interconnections multiples.

Ce qui me passionne au Japon, c'est que l'on ne se trouve pas dans un temps-mémoire au sens occidental du terme. Le temps est présent, issu de la tradition bouddhiste du passager, de l'éphémère et de la non-permanence (Mujô). Nous sommes dans un temps-devenir, celui de l'actualisation et du passage. Tokyo, c'est la ville de l'avenir, comme Paris est la ville des perspectives, des miroirs et de la mémoire. Lorsque l'événement se produit dans une ville comme Tokyo, avec cet urbanisme à l'infini (sur plus de cent kilomètres), cette amibe tentaculaire et sans forme, qui vous absorbe et dissimule son «ordre caché» – fait d'additions, d'interconnexions, de circulations et d'enveloppements –, on est déjà dans un œil cartographique et virtuel. Tout se connecte et l'événement devient alors événement-flux et devenir, parfois difficile à penser, et qui me semble être celui du XXIe siècle[1].

Un nouvel icarisme en somme, pratiquant le pli électronique et nous projetant dans une multiplicité de mondes virtuels, où notre conception du réel sera nécessairement transformée, comme elle le fut avec Albert Einstein. Vivre avec son temps, c'est toujours le réinventer, avec le défi et le risque de la chute et de l'envol. ❧

propos recueillis par Arielle Pélenc

[1] Sur ces questions, voir deux articles récents:
«Of the diagram in art», *Diagram work,* Any, New York, 1999 et «Vers une architecture icarienne», *Architecture et événement,* Parachute, n° 96, Montréal, octobre-décembre 1999.

Mathieu Briand

JAVA
CRYPTO

SYS

ENTRÉE
Contre une pièce
d'identité,
on peut se munir
d'une bague,
mais il n'est pas dit
pourquoi,
juste « ça va servir »

LA SALLE DES MACHINES
La pièce est plongée
dans une lumière orange
et coupée de toute lumière
extérieure. Un rythme binaire
est diffusé à l'intérieur.
Il y a un module, constitué
de trois machines PC
sans clavier, trois assises.
Il y a un connecteur de bagues
pour chacun, avec à côté
un petit schéma explicatif.

LES BAGUES
Les écrans sont allumés,
on peut y voir évoluer
des sphères à facettes, passant
d'un écran à l'autre,
se déplaçant en groupe
ou seules. Lorsqu'on connecte
une bague, plusieurs sphères
restent dans l'écran, associé au
connecteur sous la forme d'une
architecture, et disparaissent
sur les autres écrans.

SYS*13.TrE*01/SeR °)InE\AnU-X
FONDATIO 33@

LES SPHÈRES

C'est un environnement 3D, un espace virtuel.
On peut s'y déplacer à l'aide d'un cyberpuck (souris aérienne).
On peut donc tourner autour de l'architecture formée par les sphères.
Il y a sur chaque sphère des «facettes d'accès»
qui permettent d'y rentrer.
À l'intérieur de la sphère, les facettes sont des alcôves.
Lorsque l'on va dans une alcôve, on accède à une information, qui lui
est particulière, mais qui n'est pas indiquée : photos, vidéos, textes...
Il y a des «alcôves de passage». Pendant qu'on évolue à l'intérieur
de la sphère, l'architecture à l'extérieur ne cesse de changer, les sphères
se regroupant et se dispersant sans cesse.
Lorsque deux sphères sont connectées à l'intérieur, l'alcôve
qui correspond à la facette connectée devient un passage sur l'autre
sphère. L'information n'est donc jamais la même, car le chemin
et la structure ne sont jamais les mêmes.
Si plusieurs bagues se connectent, il est possible dans le même temps
que des «facettes d'accès» se créent entre les architectures de chacune.
Les bagues s'enrichissent alors de nouvelles sphères. Ainsi, lorsqu'une
sphère primaire (bague A) entre en contact avec une ou plusieurs autres
sphères (bague B, C, etc.) dites secondaires, la sphère secondaire apparaît
alors dans l'environnement de la bague A
et devient à son tour une sphère primaire (bague A).
Les sphères secondaires deviennent visibles pour les bagues
dont les architectures se sont connectées.

SORTIE
Les visiteurs
laissent leur bague
à la sortie,
elles seront
réutilisées
par d'autres.

la musique abyssale de Seiko Mikami

Sabu Kohso

EXAMEN CLINIQUE

Invité à pénétrer seul dans la chambre anéchoïque[1] de Seiko Mikami, le spectateur ne peut s'empêcher de ressentir une sorte de frayeur. Face à cet espace inconnu, il est soudain submergé par la peur d'être enfermé, par un sentiment de claustrophobie, comme on en éprouve rarement. Et il se retrouve effectivement coupé de l'environnement extérieur, à la fois visuellement et acoustiquement, et par là même préparé à l'événement proprement dit. Aucun son ambiant, pas d'écho, vos oreilles semblent bouchées. La petite pièce de cinq mètres carrés évoque l'intérieur d'une cellule carcérale ou biologique; ses murs sont entièrement recouverts d'indentations géométriques et pourtant étrangement organiques, faites d'un matériau fibreux de couleur chair. Au milieu de la pièce, un fauteuil à usage visiblement médical vous attend.

Dès que la connexion avec le monde extérieur est coupée, votre attention se reporte vers l'intérieur. Petit à petit, vous découvrez vos propres sons, les bruits que nous produisons tous inexorablement, tant que nous sommes en vie: borborygmes, gargouillis liquides, froissements étonnamment bruyants, peut-être de la cire sèche dans vos oreilles, et par-

SEIKO MIKAMI
World, Membrane and the Dismenbered Body, 1997
Collection NTT/ InterCommunication Center, Tokyo

dessus tout, la pulsation répétitive mais irrégulière de votre cœur. La musique produite par cet ensemble de sons incroyablement riches provient d'un point étrange, à la fois proche et lointain. On a la sensation d'être suspendu dans le puits sans fond d'un son/environnement biologique ; c'est la musique de l'abîme, la perte d'appui de notre propre corps.

Par définition, anéchoïque (sans écho) ne signifie pas dépourvu de son (ce qui est le cas d'un vide, par exemple), et n'est bien sûr pas synonyme de silence, celui-ci résultant d'une situation plus rhétorique que physique. Même au cœur d'un espace urbain frénétique, le silence peut se produire si on marque un temps pour en prendre conscience, interrompant une conversation avec autrui, détachant notre attention de la routine. Notre environnement est constitué de niveaux sonores, parmi lesquels le silence est un acte momentané qui consiste à écarter certaines strates afin de porter attention au milieu ambiant. Les phénoménologues appellent cette technique de déplacement de l'attention «mise entre parenthèses subjective». Ainsi est-il possible, même en écoutant les bruits de la rue, de parvenir consciemment au silence, en transposant tout bruit existant du côté de l'inattention. En ce sens, la production de silence, principalement liée à la structure dialogique, autrement dit à la communication, est un événement particulièrement culturel.

Mais ici, l'emprisonnement dans une chambre anéchoïque vous prive d'un contexte dans lequel accomplir cette mise entre parenthèses : on se retrouve malgré soi dans une situation où toute certitude se décompose et une solitude abyssale ouvre grand la bouche. Il paraît que les chiens et autres animaux placés en chambre anéchoïque ne vivent que très peu de temps, justement à cause de cette perte d'orientation ; et on sait que de tels espaces ont déjà servi d'instruments de torture.

Ceci n'est que le prélude à l'événement principal. Après vous avoir invité à vous asseoir dans le fauteuil, et vous avoir attaché une sorte de stéthoscope sur la poitrine, vous entendez et voyez un édifice se construire à partir de votre son/environnement interne. C'est le moment où l'abysse s'organise en une variété de configurations spatiales. On vous a contraint à devenir une gigantesque oreille de l'abîme et, du coup, votre attention se met à produire activement des schémas de formes et de sons variés. D'abord le «ba-boum, ba-boum, ba-boum, ba-boum» répétitif de votre cœur provient maintenant de l'extérieur, et non plus de l'intérieur. Puis la pièce s'assombrit, causant la surprise, la peur, peut-être mêlée de curiosité, du spectateur. Bizarrement, mon battement de cœur naît de quelque part derrière mon oreille, loin au départ, puis de plus en plus près, enfin de partout à la fois ; il surgit de différents points et repart dans de multiples directions. Parfois il est doux comme une cascade, puis il devient soudain agressif comme un coup de feu. En un éclair, il se met à tournoyer autour de ma tête pour se disperser ensuite dans l'espace. Puis, parallèlement à ce battement de cœur errant, mon propre être semble se déplacer dans la pièce, en formant divers schémas

SEIKO MIKAMI
System of Molecular Informatics, 1996
Diagramme

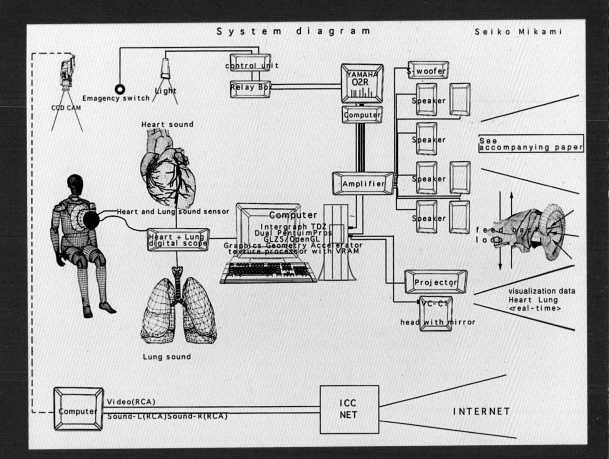

System diagram — Seiko Mikami

spatiaux, accompagné par mon pouls qui devient ici la respiration même du monde. Devenant son, le je construit une architecture espace/temps d'une autre dimension. Le je est totalement délocalisé, retourné, décentré par rapport à ce qui maintient en place son identité de tous les jours. Il devient l'espace même de la pièce, l'oreille géante. Après huit minutes de cette construction spatio-temporelle évolutive, la lumière revient, et à nouveau ce «ba-boum, ba-boum», comme au début. Dénouement: on est reconduit hors de la chambre. Une expérience, une abstraction de quinze minutes en tout et pour tout, mais qui a duré un temps incommensurable, à la fois infiniment long et étonnamment bref.

La composante visuelle est tout aussi importante, mais sans doute moins envoûtante: pendant les huit minutes d'obscurité, un motif abstrait réticulaire s'élargit en projection sur la cloison fibreuse. En observant ce développement quasi biogène, on s'aperçoit peu à peu que son mouvement est en synchronie avec notre déploiement acoustique dans l'espace de la chambre. Ainsi, notre expérience acoustique se matérialise en un schème de filet évolutif, dont la visualisation nous permet de détecter et de mesurer la forme spatiale de notre propre production de sons, de notre expérience auditive. Il faut bien dire que grâce à cette référence visuelle, notre conscience parvient à préserver son intégrité. En nous donnant la possibilité de nous orienter dans l'espace, le visuel arrime et renforce l'unité corps/âme sur le point de s'effondrer. Le sujet ou visiteur, d'abord jeté dans l'abîme, se reconstruit dans l'architecture spatio-temporelle qui se développe corrélativement à sa condition biologique.

HISTORIQUE DU CAS
Ces dernières années, Mikami a demandé aux spectateurs de prêter leur corps à son œuvre. Dans Borderless Under the Skin (Sans frontière sous la peau) par exemple, elle empruntait notre pouls et dans Molecular Informatics (Informatique moléculaire), il s'agissait de notre regard: dans chacune de ses œuvres, les données de notre corps constituent l'interface du programme. Dans Molecular Informatics, les spectateurs invités à «voir» le travail donnaient leur propre regard au programme par lequel, en tant que participants, ils vivaient en direct la scission entre leur passivité existentielle (mouvements réflexes de l'œil) et leur activité cognitive (l'intention de voir), division présente depuis toujours au cœur même de leur formation subjective. Dans l'œuvre qui nous intéresse ici, World, Membrane and the Dismembered Body (Monde, membrane et le corps démembré), le rôle de la vision est inverse: au lieu de provoquer ce moment de rupture, «voir» induit une certaine réparation de la cassure, en générant une construction. Les différences, liens et développements entre les deux projets semblent correspondre à la nature des circuits de l'audition et de la vision dans notre corps. Selon Mikami, la fonction de l'oreille/audition est plus passive que celle de l'œil/vision. «À la différence de l'œil, l'oreille n'exprime pas de conscience interactive. Elle ne mani-

feste pas le fait qu'elle entend. L'oreille ne bouge pas selon la volonté de son propriétaire. Alors que l'œil se ferme pour refuser une information donnée, l'oreille est totalement passive, elle se contente de recevoir sans opérer de sélection. Elle ne cherche pas non plus. Le son présente simplement son orientation et son mouvement à notre instrument de perception acoustique ; et il nous est difficile de détecter la source du son par la seule audition, sans le support de la perception visuelle. »

Molecular Informatics et *World, Membrane and the Dismembered Body* concernent les deux données sensorielles – perceptions visuelle et acoustique – sur lesquelles les institutions culturelles d'aujourd'hui s'appuient le plus ; les deux domaines dans lesquels la culture actuelle produit puissamment et activement le plus d'illusionnisme fantasmagorique. Mikami déclare à propos de ses deux projets que « l'oreille ne se contente pas d'entendre, l'œil ne se contente pas de voir ». C'est là que se situe le dénominateur commun à ces œuvres : il s'agit dans les deux cas de montrer la discordance entre la fonction des organes sensoriels fragmentés par notre monde de réseau techno-culturel et la théorisation qu'en opère communément l'ordre symbolique culturo-linguistique. Nous sommes en effet l'objet d'un programme capitaliste destiné à vendre le produit de l'information, tout en étant le sujet qui juge et achète cette information. Dans le même temps, notre être ou sujet est divisé en êtres et sujets des différents organes sensoriels : la chose qui voit (publicités, films, télévision, art, etc.), et la chose qui entend (prière, agitation, musique, etc.). L'œuvre de Mikami nous rend conscients de la passivité de l'existence, en décomposant carrément l'être humain authentique – intégrité corps/âme – en parties fonctionnelles déjà impliquées et inscrites dans le réseau du tout invisible que nous tentons d'appeler le « monde ». Notre sujet pense/dit « je vois », « j'entends », alors qu'il est souvent contraint de voir et d'entendre dans le contexte de la technologie et de l'analyse scientifique. En ce sens, ces œuvres sont des arènes où se déroulent des luttes stupéfiantes entre notre passivité existentielle et notre activité. Ces combats désignent la façon dont le « monde » se construit partout, jour après jour ; l'œuvre de Mikami présente alors une anatomie du cogito contemporain : la chose qui voit/entend, mais ne doute pas toujours.

Ce qui est en jeu dans *World, Membrane and the Dismembered Body* (que je désignerai à présent par WMD), c'est la passivité de la perception acoustique, plus intense que celle de la perception visuelle. Quand Mikami déclare que « la pulsation de notre cœur est l'expression de soi la plus rudimentaire », elle fait allusion aux limites de la production culturelle – le fait même d'exister, d'être ici simplement est déjà une « expression ». Comme l'œuvre nous le rappelle avec force, nous sommes depuis toujours un instrument, avant d'avoir écouté un seul son. Si notre cœur ne bat pas et si nos tympans ne vibrent pas avec lui, alors nous ne pouvons pas jouir du son/musique.

Le circuit cœur/oreille est extrait de son/notre environnement quotidien (ou de l'intégrité corps/âme) et est recomposé dans un nouveau contexte ; dans l'opération, le sujet est jeté sans pitié à bas de son trône, du haut duquel il observait, inspectait, définissait et dominait l'objet de perception (attitude habituelle des spectateurs lors de manifestations musicales ou culturelles). Dans cette situation, où celui qui produit le son et celui qui le perçoit – artiste/musicien et spectateur – ne peuvent maintenir entre eux une distance de sécurité suffisante, mais se retrouvent pêle-mêle au fond d'une même chambre d'expérimentation, le sujet spectateur doit faire face à un abîme fondamental, en fait originel. Comme le dit Gilles Deleuze, «"je pense" et "je suis" ne correspondent pas. L'abîme est le moteur du temps[2]». Ou encore, l'abîme est ce moment cruel où la scission du sujet intervient avec violence, mais c'est aussi l'instant où une nouvelle production spatio-temporelle surgit. Dans cet intervalle, la pulsation cardiaque frappe le sujet entendant comme une attaque préventive. Sans aucune préparation, le cogito est atteint par la nouvelle d'un accident, celui de notre être dans le monde. Écouter notre être dans WMD revient à écouter l'accident du monde ou le monde comme accident.

Dans WMD, nous reconnaissons le battement de notre cœur comme son parmi les sons, musique des musiques. Comme son primaire subsumant toutes les virtualités du son (de la même manière qu'au sens psychanalytique, le phallus subsume tout objet virtuel). Mais ce qui importe dans WMD, ce n'est pas tant le cœur en soi que le circuit cœur/oreille/cœur. Comme dans une bouteille de Klein, le courant qui vient du cœur est absorbé par l'embouchure gigantesque de l'oreille, qui est à nouveau reliée au cœur. L'oreille interface, le lieu d'échanges, se situe à un métaniveau par rapport au cœur inconscient, contingent ; et cependant «oreille» et «cœur» sont précipités ensemble dans une même continuité. Dans ce système, ce n'est pas simplement un phénomène naturel du corps qui est reconstruit, mais un moment de production – la machine humaine est connectée à d'autres machines. Dans l'ensemble de la machine productive, «la tête (oreille) est l'organe de l'échange, mais le cœur est l'organe amoureux de la répétition», déclare Deleuze.

À propos de l'expérience que le public vit avec son œuvre, Mikami note : «[Le spectateur] se trouve dans une situation en temps réel, en boucle, autoréférentielle : les bruits produits par son corps – des sons internes, subtils, générés par la résonance des organes, des tissus, des membranes – sont diffusés à l'extérieur du corps par le dispositif et réverbérés dans la pièce pour atteindre l'oreille du spectateur, celui-là même qui est partie prenante des sources sonores. Dans cette œuvre, rien – ni le corps, ni le dispositif, ni l'environnement – n'est le principal objectif d'expérimentation ; cependant, "l'oreille" se distingue comme un médiateur entre les systèmes, se manifestant comme une sorte de codage perceptif du topos.» WMD figure effectivement un topos plutôt

qu'une image; la restitution d'un objet donné – par l'image, la vision, la narration ou un système thématique – n'est pas le propos de l'œuvre. Bien plutôt, elle produit et révèle le mécanisme de représentation même – comment le sujet pensant et le sujet percevant sont embarqués ensemble dans la «machine» de production techno-culturelle. Ce qui désigne une vision du monde non comme «théâtre», mais comme «usine» (Gilles Deleuze, Félix Guattari): comme une usine gigantesque dans laquelle les théâtres du monde font partie de la production.

DIAGNOSTIC

Tout dans l'œuvre de Mikami s'organise autour du corps. L'artiste emploie «des fragments du corps (les organes sensoriels) en les décomposant en don-nées», parce qu'elle pense que «les éléments essentiels qui composent l'interface des programmes existent tous à l'intérieur de notre corps». Quel est alors ce «corps» qui appartient au spectateur, mais qui se retrouve objet d'expérience dans WMD ?

> Paul Valéry distingue quatre corps qui nous correspondent, à l'époque contemporaine. Le premier est «le corps pour soi». Valéry énonce: «Chacun de nous appelle ce corps *Mon Corps*, mais nous ne lui donnons aucun nom en nous-mêmes, c'est-à-dire en lui. Nous en parlons à des tiers comme d'une chose qui nous appartient; mais pour nous, il n'est pas tout à fait une chose; et il nous appartient un peu moins que nous ne lui appartenons[3]...» Dans WMD, ce que nous vivons si fortement ce sont justement ces appartenances mutuelles très ambiguës de notre sujet et de notre corps: l'abîme. Valéry continue: «Nous pouvons dire avec une égale évidence, mais en changeant simplement le réglage de notre vision intellectuelle, que sur lui [le corps] repose le monde, et que ce monde se réfère à lui, ou bien qu'il n'est lui-même qu'une sorte d'événement infiniment négligeable et instable de ce monde.» Dans une optique plus proche de la problématique qui nous occupe, nous pouvons même affirmer que notre corps constitue l'obstacle premier à nos idéaux. Sa résistance à nos pensées est le premier signe du trauma inhérent: le monde ne nous appartient pas; nous découvrons l'altérité. Pour notre cogito, cette vie – cet être – n'est rien d'autre qu'un acci-dent; cependant, il est primordial pour nous de faire comme si cette vie était autoaffirmante, voire *causa sui*. Le monde de passion (passivité) commence avec ce corps pour soi-même; c'est même ce corps qui le fonde. Pour le cogito, les relations sociales (y compris les conflits violents)

et notre corps (y compris la maladie) se connectent pour former un seul et même monde de guerres incessantes. Le corps de la première catégorie, déclare Valéry, est «informe»; «il n'a pas de passé». En ce présent anamorphique du corps, consiste le postulat de l'œuvre de Mikami.

Le deuxième corps que nous possédons est celui «avec lequel nous voient les autres». Il est regardé, jugé par autrui, livré au monde social. Pour que nous puissions voir, il faut d'abord que nous soyons vus par l'autre. Pour Sartre, Merleau-Ponty, Lacan, le regard que nous porte autrui est l'initiation de la formation subjective. Le corps touché par l'autre offre également le paradigme de l'amour; de plus, ce circuit particulier produit le code culturel du narcissisme. Alors, nous sommes l'autre.

La troisième catégorie est celle du corps apparaissant comme objet d'observation scientifique dans le contexte actuel. C'est un corps fragmenté en objets d'analyse, d'opération et de manipulation. Heidegger, comme Valéry, émet des réserves sur ce corps instrumentalisé, aboutissant à la perte de l'être ou de l'intégrité nature/esprit. En fait, tous les morcellements sont concurrents. Ainsi, l'apparition du troisième corps soulève la problématique de la technologie, ou techné, dans le monde moderne. Mikami adopte une stratégie qui exagère ces fragmentations, les pousse à leurs limites. La technologie élaborée et choisie par l'artiste fait apparaître son œuvre comme une critique de l'idée séduisante d'authenticité évoquée par Heidegger – à moins qu'elle ne la place en position de rivalité...

Le quatrième corps, enfin, est le plus complexe. Valéry utilise le terme «implexe» pour désigner ce corps à la fois réel et imaginaire; dans la terminologie actuelle, il s'agit du corps virtuel: la totalité du corps que nous possédons/expérimentons et que pourtant nous ne pouvons pas saisir à un moment donné précis par tel ou tel système de pensée. Il est composé de tous les corps que nous possédons/expérimentons en tant qu'être-dans-le-monde. Selon le philosophe Hiroshi Ichikawa[4], le corps comme synthèse réaliste n'est possible que grâce au potentiel de l'implexe, bien qu'en un sens il ne puisse se réaliser qu'en passant outre, en allant au-delà. Pour cette raison, le corps comme synthèse réaliste est considéré comme à la fois révélé et voilé. Cependant, à l'accomplissement de la synthèse, l'implexe est enterré sous le subconscient. Ce quatrième corps – dans la mesure où il n'est ni un objet synthétisé de façon réaliste ni un objet révélé – se situe au-delà de toute description phénoménologique.

WMD indique et produit le topos dans lequel interviennent ces quatre catégories de corps. Le spectateur affronte le premier comme un abîme; il/elle fait l'expérience d'un moment très proche du narcissisme en vivant son deuxième corps comme si c'était celui d'un autre; le troisième est employé par la programmation sophistiquée de l'artiste; et enfin, dans la petite chambre, nous faisons l'expérience du moment où cette chose indescriptible – l'implexe – construit l'édifice spatio-temporel, c'est-à-dire l'extension du corps.

En employant l'implexe, moteur invisible, ce projet construit un milieu unique qui rend extérieur l'environnement interne du spectateur. Ce retournement du dedans vers le dehors est peut-être l'essence de l'architectonique. Les propriétés de notre corps, à la fois proprioceptif (réceptif aux stimuli qu'il produit lui-même) et extéroceptif (sensible aux stimuli extérieurs), ou encore autopoïétique et allopoïétique, finissent par s'exprimer. Peut-être que la production par l'homme de son propre environnement – ce que nous appelons architecture – est aussi un moyen d'extérioriser l'environnement intérieur. L'espace virtuel, le quatrième corps ou implexe, assume le potentiel qui structure le retournement du dedans vers le dehors. Sans lui, il n'y aurait pas de « ici (here) et maintenant (now) » ou plutôt de *Erewhon*[5] duquel émerge à l'infini de nouveaux « ici » et « maintenant » différemment distribués, reprend Deleuze à partir des glissements de mots de Samuel Butler. De la même façon que l'anagramme de l'écrivain anglais *here and now* (ici et maintenant) est essentiellement produite par *nowhere* (nulle part), le *nowhere* productif devient *now here* (maintenant ici) par le simple saut du dedans vers le dehors, organisé par le corps virtuel.

OPÉRATION

L'œuvre de Mikami ne découle pas d'une volonté d'exprimer quelque chose, en s'appuyant sur une indubitable authenticité de l'art ou du monde de la représentation. Ce n'est pas un art qui utilise la technologie et les médias pour aboutir à un certain effet. L'œuvre désigne plutôt une situation où l'art et la technologie ne sont pas encore séparés, en accentuant la prééminence de la technologie. Comme nous l'avons vu, WMD crée un circuit par lequel notre corps s'étend dans le réseau technoculturel, grâce à un capteur de perception élaboré. Pour décrire ce mécanisme, évoquer un art interactif qui fasse participer le public se révèle insuffisant. Car nous sommes en présence d'un art qui élabore une façon particulière de faire du monde notre propre corps et de vivre dedans – là, se trouve la force productive de la technologie. À un autre niveau, l'œuvre de Mikami dénonce intensément, et même cruellement, notre fragmentation ainsi que notre appartenance de plus en plus forte à un monde qui s'étend en complicité avec la force brutale et accidentelle de la technologie. En nous donnant l'expérience directe de l'ambiguïté technologique, l'œuvre de Mikami nous renvoie au principe d'immanence. Et pourtant, l'artiste refuse de représenter le monde dont nous faisons partie dans sa totalité ; elle compose des interfaces de diverses parties du corps et les connecte en un réseau en extension, qui ne présuppose aucunement l'existence d'un tout. Production de divers arrangements « machiniques », l'œuvre s'implique alors dans une affirmation du chaos.

Dans la mesure où l'œuvre elle-même persiste à être ambiguë – une interface – il paraît quasiment impossible de conclure. Cependant, je suggérerais en guise de conclusion, sans vouloir en faire une définition ultime ou un point final, que l'œuvre de Mikami soit une médiation entre deux tectoniques philosophiques : celle de l'être et celle du chaos. Ce qui revient à dire que l'œuvre demeure une médiation et une interface refusant toute finalité. De plus, moi qui ai été un patient, un cobaye, un donneur d'organes et un spectateur dans son œuvre, j'avoue que je me suis retrouvé totalement disséqué, désorienté et perdu, à tel point qu'il m'est difficile d'en disserter comme de n'importe quelle œuvre d'art. Faire partie d'une œuvre de Mikami ne laisse pas au spectateur la possibilité d'être un observateur sûr et objectif. Cette expérience vous oblige à aborder l'œuvre au milieu d'une déconstruction et d'une résurrection totales. ❦

traduction : Valérie Morlot

1 La chambre anéchoïque ou chambre sourde est notamment utilisée dans l'industrie automobile pour expérimenter les bruits de moteur en dehors de tout contexte sonore.

2 Gilles Deleuze, *Différence et Répétition*, PUF, Paris, 1996.

3 Paul Valéry, « Problème des Trois Corps », *Variétés*, œuvres philosophiques, Gallimard, Bibliothèque de la Pléiade, *Œuvres complètes*, vol. I, p. 923-931.

4 Hiroshi Ichikawa, *Toshiteno Shintai*, Kodansha, 1992.

5 *Erewhon* est le nom d'un récit utopique de Samuel Butler (1835-1902), écrit en 1872.

sur la table d'opération

Mark Wallinger

L'image projetée est celle de la lampe au-dessus de la table d'opération. Ces lampes sont d'un modèle très particulier, avec un point central de couleur sombre qui imite la pupille de l'œil. La fixation courbe supportant la lampe cherche à reproduire le contour de l'œil. L'image recouvre pratiquement toute la surface du mur avec, en son centre, la «pupille». Pendant la durée de l'œuvre et à intervalles irréguliers, l'image est tour à tour nette et floue. La bande sonore est tirée du début de l'Évangile selon saint Jean: «Au commencement était le Verbe, et le Verbe était tourné vers Dieu, et le Verbe était Dieu.»

Le texte, cependant, est disposé comme pour un examen de la vue et des personnes de tous âges et de tous horizons confondus sont invitées à le lire, lettre par lettre, du mieux qu'elles le peuvent. Ceci constitue la bande sonore de la performance: I.N.T.H.E.B.E.G.I.N.N.I.N.G. W.A.S.T.H.E.W.O., etc.

Certaines personnes n'ont pas de difficulté à distinguer les lettres. Celles qui ont une mauvaise vue ou une maîtrise relative de l'anglais ont quelques problèmes, et leur lecture est tour à tour audible et inaudible, parallèlement aux fluctuations de l'image.

C'est une œuvre à la fois belle et fascinante.

traduction: Sophie Mayoux

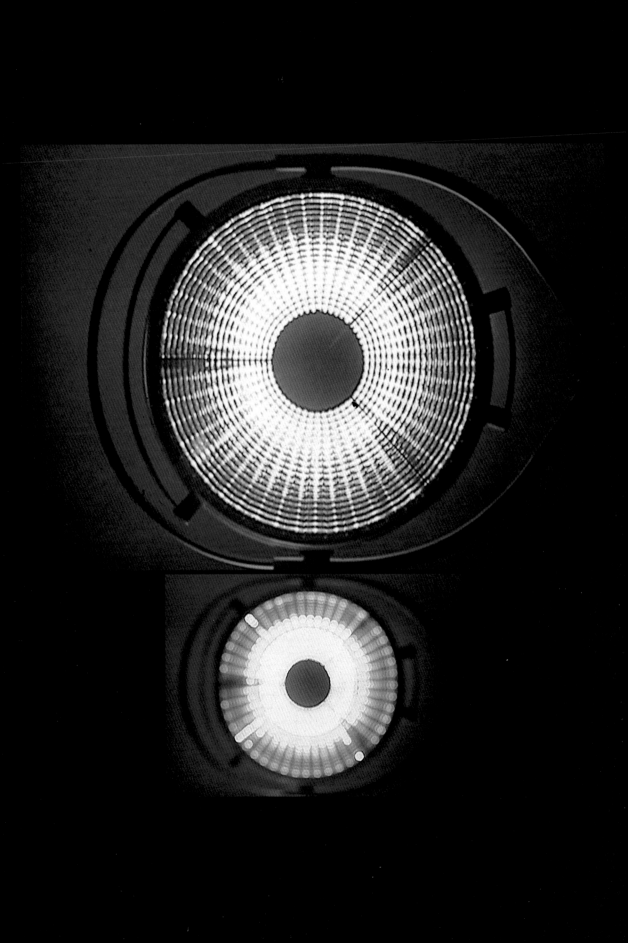

Liste
des œuvres
exposées

ANONYME

Sans titre, 1914-1918
9 14 cm
Collection du cercle métapsychique
de Bruxelles, Section de photographie
Collection particulière, Paris
repr. p. 14, 15

ARCHIGRAM

Peter Cook
Instant City, 1969
Dessin, 1/200", 205 60 cm
FRAC Centre, Orléans
p. 201

David Greene
Living Pod, 1967
Maquette, 90 90 80 cm
Collection David Greene/
Dépôt FRAC Centre, Orléans

JUDITH BARRY

Model for stage and screen, 1987
Installation
Collection de l'artiste
P. 109

ANDRÉ BLOC

Habitation, 1962
Maquette d'architecture, Plâtre,
45,5 59,5 51,5 cm
Centre Georges-Pompidou/
Musée national d'art moderne, Paris
p. 195

Habitacle, vers 1960
Maquette d'architecture, Plâtre,
64 35 32 cm
Centre Georges-Pompidou/
Musée national d'art moderne, Paris
P. 195

Habitation, Carboneras,
Espagne, 1964-1966
Maquette d'étude, Plâtre, 32 65 57 cm
Centre Georges-Pompidou/Musée national
d'art moderne, Paris
p. 195

Sans titre, 1960
Maquette métal, 102 98 57 cm
FRAC Centre, Orléans

VICTOR BRAUNER

Ville médiumnique, 1930
Huile sur toile, 72,7 91 cm
Musée d'Art moderne de Saint-Étienne
p. 92

Les Médiums, 1933
Huile sur toile, 53 65 cm
Musée d'Art moderne et contemporain
de Strasbourg

MATHIEU BRIAND

« SYS* 05.ReE* 03/SE* I\MŒ* 2-4 »
Installation informatique

(JEAN-LOUIS REY, DIT) CHANÉAC

Modules Amphores n° 2, 1973
Huit éléments en résine, 8,5 51 36 cm
FRAC Centre, Orléans

Modules Amphores n° 1, 1973
Maquette plâtre, 8,5 25,5 17,5 cm
FRAC Centre, Orléans

MIKALOJUS KONSTANTINAS CIURLIONIS

Composition Sérénité, 1903
Tempera, pastel et encre
sur papier, 9 14,2 cm
Musée national des beaux-arts
M. K. Ciurlionis, Kaunas

Soleil levant (Prélude), 1908
Encre indienne sur papier, 9,1 11,1 cm
Musée national des beaux-arts
M. K. Ciurlionis, Kaunas

Composition (Jehova), 1903
Tempera, aquarelle
et encre indienne, 9 14,2 cm
Musée national des beaux-arts
M. K. Ciurlionis, Kaunas

Esquisse du château, 1908-1909
Crayon sur papier, 13,5 19,3 cm
Musée national des beaux-arts
M. K. Ciurlionis, Kaunas

Conte de la forteresse, 1909
Crayon sur papier, 13,4 19,3 cm
Musée national des beaux-arts
M. K. Ciurlionis, Kaunas

Vignette pour une chanson
(Une nuit sombre va tomber), 1909
Encre indienne sur papier, 10,2 16,2 cm
Musée national des beaux-arts
M. K. Ciurlionis, Kaunas

Sonate 1 (Sonate du soleil)
Scherzo, 1907
Tempera sur papier, 60,3 57 cm
Musée national des beaux-arts
M. K. Ciurlionis, Kaunas

Sonate 1 (Sonate du soleil)
Andante, 1907
Tempera sur papier, 63 58 cm
Musée national des beaux-arts
M. K. Ciurlionis, Kaunas
p. 84

Sonate (Sonate du soleil)
Allegro, 1907
Tempera sur papier, 63,1 59,5 cm
Musée national des beaux-arts
M. K. Ciurlionis, Kaunas

Sonate 1 (Sonate du soleil)
Finale, 1907
Tempera sur papier, 63 59,7 cm
Musée national des beaux-arts
M. K. Ciurlionis, Kaunas

Été, 1907
Tempera sur papier, 35,8 29,9 cm
Musée national des beaux-arts
M. K. Ciurlionis, Kaunas
p. 36

Été, 1907
Tempera sur papier, 36,4 31,1 cm
Musée national des beaux-arts
M. K. Ciurlionis, Kaunas
p. 37

L'Aube I, 1906
Tempera sur carton, 26,3 28,5 cm
Musée national des beaux-arts
M. K. Ciurlionis, Kaunas
p. 82

L'Aube II, 1906
Tempera sur carton, 26,1 28,7 cm
Musée national des beaux-arts
M. K. Ciurlionis, Kaunas
p. 82

Cimetière (Motif), 1909
Tempera, aquarelle sur carton,
30,4 35,6 cm
Musée national des beaux-arts
M. K. Ciurlionis, Kaunas

La Ville (du cycle La Ville), 1908
Tempera sur papier, 36,8 30,5 cm
Musée national des beaux-arts
M. K. Ciurlionis, Kaunas
p. 35

La Ville (du cycle La Ville), 1908
Tempera, gouache sur papier,
36,2 31,5 cm
Musée national des beaux-arts
M. K. Ciurlionis, Kaunas
p. 38

(CONSTANT ANTON NIEUWENHUYS, DIT) CONSTANT

Construction
aux plans incurvés, 1954
Maquette, matériaux mixtes, acier,
Plexiglas, 88 79 45 cm
FRAC Centre, Orléans

LOUIS DARGET

Photographie de la pensée.
Tête de chien, vers 1896
9 14 cm
Collection particulière, Paris
p. 11

Photographie
de la pensée, vers 1896
9 14 cm
Collection particulière, Paris

Photographie de la pensée.
Planète et Satellite, vers 1896
9 14 cm
Collection particulière, Paris
p. 13

Le Docteur Fauque..., vers 1896
9 14 cm
Collection particulière, Paris
p. 25

Sujet C. Flammarion..., vers 1896
9 14 cm
Collection particulière, Paris

JACCI DEN HARTOG

Passing a Pleasant Summer II,
1999
Plastique, polyuréthane, acier,
56 335 61 cm
Galerie Nicole-Klagsbrun, New York
p. 109

Travelling with my Heart
above my Head, 1997
Polyuréthane, hydrocal, acier,
65 63 74 cm
Galerie Nicole-Klagsbrun, New York

Snow in the Morning, 1996
Polyuréthane, 26 24 18 cm
Galerie Nicole-Klagsbrun, New York
p. 109

Garden for Walking
through Water, 1999
Polyuréthane, hydrocal,
acier, 139 74 79 cm
Galerie Nicole-Klagsbrun, New York
p. 109

GASTON DURVILLE ET ROGER PILLARD

Sans titre, 21 février 1913
Photographies fluidiques, 13 18 cm
Collection Gérard Lévy, Paris
p. 19

DAVID-GEORGES EMMERICH

Structures autotendantes, Z 3-1,
Mât prismatique 4B racemique (b),
vers 1960
Maquette bâtonnets et chaînettes,
diam. 20 45 cm
FRAC Centre, Orléans
p. 199

Structures autotendantes, Z 3-8,
Mât pénétré, vers 1960
Maquette bâtonnets et chaînettes,
diam. 6 50 cm
FRAC Centre, Orléans

Structures autotendantes, Z2-Z2-12,
Hélice hexagonale, vers 1960
Maquette bâtonnets et chaînettes,
15 8,5 cm
FRAC Centre, Orléans

Structures autotendantes,
Z2-Z2-27, vers 1960
Maquette bâtonnets et chaînettes,
23,5 8,5 cm
FRAC Centre, Orléans

Structures autotendantes, Z 5-8,
Anneau octogonal, vers 1960
Maquette bâtonnets et chaînettes,
9 24 cm
FRAC Centre, Orléans

Structures autotendantes, Z 4-Z4-2²,
Petit mombicubocta 5444
(1ʳᵉ version) (b), vers 1960
Maquette bâtonnets et chaînettes,
diam. 20 20 cm
FRAC Centre, Orléans

Structures autotendantes, Z 4-Z4ᵉ-2,
Petit mombicubocta 5444
(1ʳᵉ version) (b), vers 1960
Maquette bâtonnets et chaînettes,
diam. 20 20 cm
FRAC Centre, Orléans

Structures autotendantes, Z 5-2,
Réseau entrelacé 6.3B NJ21 5 (b),
vers 1960
Maquette bâtonnets et chaînettes,
13 54 24 cm
FRAC Centre, Orléans

Structures autotendantes, Z 5-7,
Prisme décagonal 4410 (b),
vers 1960
Maquette bâtonnets et chaînettes,
7,5 24 cm
FRAC Centre, Orléans

Sans titre, vers 1960
Maquette bâtonnets et chaînettes,
H. 25 cm
FRAC Centre, Orléans

Z 14 B surfaces gauffrée: régulières
et composite, vers 1960
Dessin, 123 93 cm
FRAC Centre, Orléans

Z 18 6 papier, dessin de base,
partitions spatiales, planaires
et leurs dérivées convexe, vers 1960
Dessin, 113 83 cm
FRAC Centre, Orléans

Logomobile, projet d'habitat,
1957-1958, avant-projet industriel,
Z 35-9 tesselations composites (b),
vers 1960
Dessin, 110 87,5 cm
FRAC Centre, Orléans

Z 36 papier, projet d'étude
pour une salle, 1958
Encre sur papier, 173 132,5 cm
FRAC Centre, Orléans

Max Ernst

Le Soleil et la Forêt, 1928
Huile sur toile, 27 22 cm
Musée Sztuki, Lodz
p. 91

La Forêt, 1927
Huile sur toile, 80,7 100 cm
Musée d'Art moderne, Grenoble

La Nymphe Écho, 1936
Huile sur toile, 46,5 55,5 cm
Niigata City Art Museum
p. 74, 75

Histoire naturelle, 1926
Série de gravures, 32,4 50 cm
Musée des Beaux-Arts, Nantes
p. 32-33

Hermann Finsterlin

1. Maison de recueillement
– 2. Musée, vers 1919
(Série II, planche 5)
Crayon et aquarelle, 37,8 28,2 cm
Staatsgalerie, Stuttgart

1. Théâtre – 2. Voluptarium, 1915
(Série II, planche 2)
Crayon et aquarelle, 39,4 29,1 cm
Staatsgalerie, Stuttgart

Rêve en verre, 1920-1924
(Série XI, planche 5)
Crayon et aquarelle, 18,8 29 cm
Staatsgalerie, Stuttgart
p. 131

Architecture, 1920-1924
(Série XI, planche 5)
Crayon et aquarelle, 18,8 29 cm
Staatsgalerie, Stuttgart
p. 131

Château fort, vers 1920
(Série III, planche 10)
Crayon et aquarelle, 38 28,2 cm
Staatsgalerie, Stuttgart

La Maison rouge, 1921
(Réplique)
Crayon et aquarelle, 25 32,5 cm
Staatsgalerie, Stuttgart

1. Maison de la jeunesse
– 2. Maison au bord de la mer
Starnberger, 1920-1922
(Série III, planche 5)
Crayon et aquarelle, 25,8 31,5 cm
Crayon et aquarelle, 20,4 30 cm
Staatsgalerie, Stuttgart

Salle de concert, 1919
(Série IV, planche 5)
(Réplique)
Aquarelle, 25,2 32,4 cm
Staatsgalerie, Stuttgart

Université, 1919-1920
Plâtre peint, 28,5 34,5 19,5 cm
Staatsgalerie, Stuttgart
p. 132-133

Maison au bord de la mer
Starnberger, 1920
Plâtre peint, 26 22,5 13 cm
Staatsgalerie, Stuttgart

Cathédrale de la huitième colline
romaine, 1970
Plâtre peint, 36 34 23 cm
Staatsgalerie, Stuttgart
p. 125

Musée de l'hygiène, 1920
Plâtre peint, 37 26 23 cm
Staatsgalerie, Stuttgart

Yona Friedman

La Ville spatiale, 1958-1960
Maquette Quartier spatial (n° 34),
1959
Bracelets indiens et polystyrène,
75 54 50 cm
FRAC Centre, Orléans
p. 189

Deux Structures métal, s. d.
Structure fil de fer, 10 10 10 cm
FRAC Centre, Orléans
p. 187

Village over paddy fields,
vers 1958-1960
Deux dessins, un croquis, 60 50 cm
FRAC Centre, Orléans
p. 189

Étude de la Ville spatiale, 1958-1959
Photocopie et feutre sur papier,
29,7 cm 38,6 cm
Centre Georges-Pompidou/
Musée national d'art moderne, Paris

Étude de la Ville spatiale, 1958-1959
Photocopie et feutre sur papier,
29,7 cm 42 cm,
Centre Georges-Pompidou/
Musée national d'art moderne, Paris

Adrien Guébhard

Expérimentation destinée
à démontrer les causes d'erreurs
de la photographie fluidique,
1897-1898
Photographie, 9,5 10 cm
Musée d'Histoire naturelle, Nice
p. 21

Expérimentation destinée
à démontrer les causes d'erreurs
de la photographie fluidique,
1897-1898
Photographie, 17,8 23,7 cm
Musée d'Histoire naturelle, Nice

Expérimentation destinée
à démontrer les causes d'erreurs
de la photographie fluidique,
1897-1898
Photographie, 9,5 9,5 cm
Musée d'Histoire naturelle, Nice

Expérimentation destinée
à démontrer les causes d'erreurs
de la photographie fluidique,
1897-1898
Photographie, 8,7 9 cm
Musée d'Histoire naturelle, Nice
p. 21

Expérimentation destinée
à démontrer les causes d'erreurs
de la photographie fluidique,
1897-1898
Photographie, 9 13 cm
Musée d'Histoire naturelle, Nice

Expérimentation destinée
à démontrer les causes d'erreurs
de la photographie fluidique,
1897-1898
Photographie, 9 13 cm
Musée d'Histoire naturelle, Nice

Expérimentation destinée
à démontrer les causes d'erreurs
de la photographie fluidique,
1897-1898
Photographie, 9 13 cm
Musée d'Histoire naturelle, Nice
p. 23

Expérimentation destinée
à démontrer les causes d'erreurs
de la photographie fluidique,
1897-1898
Photographie, 9 13 cm
Musée d'Histoire naturelle, Nice
p. 22

Expérimentation destinée
à démontrer les causes d'erreurs
de la photographie fluidique,
1897-1898
Photographie, 10,3 12,3 cm
Musée d'Histoire naturelle, Nice
p. 23

Expérimentation destinée
à démontrer les causes d'erreurs
de la photographie fluidique,
1897-1898
Photographie, 10,5 14,1 cm
Musée d'Histoire naturelle, Nice
p. 22

Expérimentation destinée
à démontrer les causes d'erreurs
de la photographie fluidique,
1897-1898
Photographie, 10 10,7 cm
Musée d'Histoire naturelle, Nice

Expérimentation destinée
à démontrer les causes d'erreurs
de la photographie fluidique,
1897-1898
Photographie, 9 12,8 cm
Musée d'Histoire naturelle, Nice

Expérimentation destinée
à démontrer les causes d'erreurs
de la photographie fluidique,
1897-1898
Photographie, 9 12,8 cm
Musée d'Histoire naturelle, Nice

Pascal Hausermann

Projet d'église à Mulhouse, 1971
Plâtre, mousse, 30,5 36,5 42,5 cm
FRAC Centre, Orléans

Un choix du sens développement
des études/Industrialisation du
logement, 1965
Plan sur calque, encre noire, 42 54 cm
FRAC Centre, Orléans

Domobiles, 1955
Plan sur calque, encre noire, 42 54 cm
FRAC Centre, Orléans

Cellules plastiques, façades 1/50°
(vue frontale), novembre 1969
Dessin sur calque, 42 54 cm,
FRAC Centre, Orléans
p. 198

Ambiance sociale urbaine, s. d.
Dessin, encre sur calque, 60 80 cm
FRAC Centre, Orléans
p. 198

KAROL HILLER

Composition héliographique
«Zarginova» XLI, 1934
Héliographie sur papier photographique
(collée sur carton), 23,6 17,7 cm
Musée Sztuki, Lodz

Composition héliographique VII,
1934
Héliographie sur papier photographique
(collée sur carton), 39,8 29,7 cm
Musée Sztuki, Lodz
p. 115

Composition héliographique XI,
1935
Héliographie sur papier photographique
(collée sur carton), 39,2 29,3 cm
Musée Sztuki, Lodz
p. 115

Composition héliographique XIII,
1937
Héliographie sur papier photographique
(collée sur carton), 39,5 28,9 cm
Musée Sztuki, Lodz
p. 115

Composition héliographique XIX,
1938
Héliographie sur papier photographique
(collée sur carton), 39,7 29,7 cm
Musée Sztuki, Lodz
p. 119

Composition héliographique XXI,
1938
Héliographie sur papier photographique
(collée sur carton), 39,8 29,7 cm
Musée Sztuki, Lodz
p. 115

Composition héliographique XXXV,
avant 1938
Héliographie sur papier photographique
(collée sur carton), 39,4 29,5 cm
Musée Sztuki, Lodz
p. 119

COOP HIMMELB(L)AU

Villa Rosa, 1968
Encre noire, letraset, papier transparent,
53,5 100 cm
FRAC Centre, Orléans

Villa Rosa, 1968
Encre noire, letraset, papier transparent,
66 98 cm
FRAC Centre, Orléans

Villa Rosa, 1967
Maquette en bois, plastique,
pâte plastique, métal, peinture blanche,
68 68 45 cm
FRAC Centre, Orléans
p. 213

THOMAS HIRSCHHORN

Sculpture directe, 1999
Matériaux divers, 360 710 660 cm
Fonds national d'art contemporain,
Puteaux
p. 113

HANS HOLLEIN

Pillule Architecture non Physical
Environment, 1967
Pilule, carton, 21 14,5 cm
Collection Hans Hollein, Vienne

CARSTEN HÖLLER

Untitled, 1996
PVC cristal, Plexiglas, diam. 300, H. 285 cm
Galerie Massimo De Carlo, Milan

Expedition equipment, 1995
Mixed media, 100 47 47 cm
Galerie Shipper et Krome, Berlin

IMBERT ET BERTIN

Sans titre, 27 février 1896
Radiographie, 13 18,5 cm
Centre Antoine-Béclère,
faculté de médecine, Paris
p. 9

FREDERICK KIESLER

Vision Machine,
Plan for Vision Machine, New York,
1938-1942
Crayon sur papier calque, 31,3 45,6
Österreichische Friedrich
und Lillian Kiesler-Privatstiftung, Vienne
p. 149

Vision Machine,
Plan for Vision Machine, New York,
1938-1942
Crayon, gouache sur papier calque,
sur carton, 98,5 155 cm
Österreichische Friedrich und Lillian
Kiesler-Privatstiftung, Vienne

Vision Machine,
Study for Vision Machine,
New York, 1938-1942
Encre sur papier, 20,5 29 cm
Österreichische Friedrich und Lillian
Kiesler-Privatstiftung, Vienne
p. 149

Vision Machine,
First Sketch for Vision Machine,
New York, 1942
Crayon et crayon de couleur sur papier,
19,4 21,5 cm
Österreichische Friedrich und Lillian
Kiesler-Privatstiftung, Vienne

Vision Machine,
Study for Vision Machine,
New York, 1938-1942
Encre sur papier, 21,5 28 cm
Österreichische Friedrich und Lillian
Kiesler-Privatstiftung, Vienne
p. 149

Vision Machine,
Study for Vision Machine,
New York, 1938-1942
Crayon, crayon de couleur sur papier,
21,2 27,7 cm
Österreichische Friedrich und Lillian
Kiesler-Privatstiftung, Vienne
p. 149

Vision Machine,
Study for Vision Machine,
New York, 1938-1942
Crayon, crayon de couleur sur papier,
21 27,7 cm
Österreichische Friedrich und Lillian
Kiesler-Privatstiftung, Vienne

Perception,
Study of Perception, New York,
1938-1942
Encre sur papier, 21,5 28 cm
Österreichische Friedrich und Lillian
Kiesler-Privatstiftung, Vienne

Perception,
Study of Perception, New York,
1938-1942
Encre sur papier, 21,7 28 cm
Österreichische Friedrich und Lillian
Kiesler-Privatstiftung, Vienne

Art of This Century Gallery,
Study for Installation, New York,
1942
Gouache et crayon sur papier,
27,8 37,8 cm
Österreichische Friedrich und Lillian
Kiesler-Privatstiftung, Vienne
p. 142

Art of This Century Gallery,
Study for Installation, New York,
1942
Gouache et crayon sur papier,
27,8 37,8 cm
Österreichische Friedrich und Lillian
Kiesler-Privatstiftung, Vienne
p. 143

Art of This Century Gallery,
Study for Installation, New York,
1942
Gouache et crayon sur papier, 28 36 cm
Österreichische Friedrich
und Lillian Kiesler-Privatstiftung, Vienne
p. 143

Art of This Century Gallery,
Study for Installation, New York,
1942
Gouache et crayon sur papier, 26,3 36 cm
Österreichische Friedrich und Lillian
Kiesler-Privatstiftung, Vienne
p. 142

Perception of Art, Studies for
Lighting System for Art of This
Century Gallery, New York, 1942
Encre sur papier, 20,3 27,9 cm
Österreichische Friedrich und Lillian
Kiesler-Privatstiftung, Vienne
p. 147

Perception of Art,
Installation Studies for Art of This
Century Gallery, New York, 1942
Gouache et encre sur papier,
27,8 37,8 cm
Österreichische Friedrich und Lillian
Kiesler-Privatstiftung, Vienne

Perception of Art,
Conceptual Drawing of an Exhibition
Gallery, New York, 1942
Gouache sur papier, 27,3 37,5 cm
Österreichische Friedrich und Lillian
Kiesler-Privatstiftung, Vienne

Endless House,
Exterior shot, New York, 1959
Reproduction de photographie
Österreichische Friedrich und Lillian
Kiesler-Privatstiftung, Vienne
p. 145

Endless House,
Interior shot, New York, 1959
Reproduction de photographie
Österreichische Friedrich und Lillian
Kiesler-Privatstiftung, Vienne
p. 145

Endless House,
Interior shot, New York, 1959
Reproduction de photographie
Österreichische Friedrich und Lillian
Kiesler-Privatstiftung, Vienne

Endless House,
Interior shot, New York, 1959
Reproduction de photographie
Österreichische Friedrich und Lillian
Kiesler-Privatstiftung, Vienne

Endless House, Plans
and Elevations, New York, 1959
Crayon sur papier, 91,3 129,5 cm
Österreichische Friedrich und Lillian
Kiesler-Privatstiftung, Vienne
p. 145

Art of This Century Gallery,
Study for Painting Gallery,
New York, 1942
Gouache sur papier, 27,8 37,8 cm
Österreichische Friedrich und Lillian
Kiesler-Privatstiftung, Vienne

Perception, Study for installation
to look at picture, 1935
Gouache, encre de Chine sur papier,
14 21,5 cm
Österreichische Friedrich und Lillian
Kiesler-Privatstiftung, Vienne

Perception,
Study for installation to look
at picture, New York, 1938-1939
Crayon sur papier, 21,2 27,7 cm
Österreichische Friedrich und Lillian
Kiesler-Privatstiftung, Vienne

Interiors Magazine,
Lightening system, 1950
Dessin, env. 29,7 21 cm
Österreichische Friedrich und Lillian
Kiesler-Privatstiftung, Vienne

PAUL KLEE

Starres und Bewegtes geistert, 1929
(*L'Immobile et le mouvement*
rôdent en fantôme)
Plume sur papier monté sur carton,
45 30,2 cm
Paul-Klee-Stiftung, Kunstmuseum Bern
p. 62

Spiel auf dem Wasser, 1935
(*Jeu sur l'eau*)
Crayon sur papier monté sur carton,
17,9 27 cm
Paul-Klee-Stiftung, Kunstmuseum Bern

Gestirn über Felsen, 1929
(Constellation au-dessus des rochers)
Crayon sur papier monté sur carton,
20,5 22,7 cm
Paul-Klee-Stiftung, Kuntsmuseum Bern,
p. 65

Mosaik aus PRHUN, 1931
(Mosaïque de PHRUN)
Aquarelle et gouache sur papier
et carton, 35,5 45,5 cm
Niigata City Art Museum
p. 67

FRANTISEK KUPKA

Disques de Newton, 1911-1912
Huile sur toile, 49,5 65 cm
Centre Georges-Pompidou/
Musée national d'art moderne, Paris
p. 42

Primitive, 1910-1913
Huile sur toile, 100 72,5 cm
Centre Georges-Pompidou/
Musée national d'art moderne, Paris
p. 43

Facture robuste, 1914-1922
Huile sur toile, 107 99 cm
Centre Georges-Pompidou/
Musée national d'art moderne, Paris
p. 40

Motif hindou ou Dégradés,
1919-1923
Huile sur toile, 124,5 122 cm
Centre Georges-Pompidou/
Musée national d'art moderne, Paris

KISHO KUROKAWA

Métamorphosis, 1965
Feutre sur calque, 41 58,5 cm
Centre Georges-Pompidou/
Musée national d'art moderne, Paris

Métamorphosis, 1965
Encre de Chine sur calque, 35 58,5 cm
Centre Georges-Pompidou/
Musée national d'art moderne, Paris

Métamorphosis, 1965
Feutre sur calque, 24 41 cm
Centre Georges-Pompidou/
Musée national d'art moderne, Paris
p. 224-225

Métamorphosis, 1965
Encre de Chine et feutre sur calque,
41 50 cm
Centre Georges-Pompidou/
Musée national d'art moderne, Paris

Métamorphosis, 1965
Encre de Chine sur papier, 34 25 cm
Centre Georges-Pompidou/
Musée national d'art moderne, Paris

ANN LISLEGAARD

Nothing but space, 1997
Installation vidéo, dimensions variables
Galerie Tommy Lund, Copenhague
p. 204

JULES-BERNARD LUYS ET ÉMILE DAVID

Sans titre (Effluves digitaux), 1897
Photographie fluidique, 16,8 17 cm
Société française de photographie, Paris
p. 18

Sans titre (Effluves digitaux), 1897
Photographie fluidique, 22,7 28 cm
Société française de photographie, Paris

ADRIEN MAJEWSKI ET T. COURTIER

*Main de Majewski, doigts de
Courtier, fluidographie*, vers 1900
Photographie fluidique, 15,8 21 cm
Collection particulière, Paris
p. 18

ADRIEN MAJEWSKI

*Sans titre (Main posée
sur la plaque)*, vers 1900
Photographie fluidique, 13 18 cm
Société astronomique de France, fonds
Camille Flammarion, Juvisy-sur-Orge

ÉTIENNE-JULES MAREY

Sans titre, vers 1892-1893
Chronophotographie sur plaque fixe,
8,3 28,6 cm
Musée Marey, Beaune

Sans titre, vers 1892-1893
Chronophotographie sur plaque fixe,
10,2 31,4 cm
Musée Marey, Beaune

Sans titre, vers 1892-1893
Chronophotographie sur plaque fixe,
11,4 36,2 cm
Musée Marey, Beaune
p. 69

Sans titre, vers 1892-1893
Chronophotographie sur plaque fixe,
10,1 33,9 cm
Musée Marey, Beaune

Sans titre, vers 1892-1893
Chronophotographie sur plaque fixe,
11,9 33,6 cm
Musée Marey, Beaune
p. 71

Sans titre, vers 1892-1893
Chronophotographie sur plaque fixe,
9,6 33,4 cm
Musée Marey, Beaune
p. 71

Sans titre, vers 1900
Chronophotographie sur plaque fixe
sur carton, 39,2 27,7 cm
Musée Marey, Beaune

Sans titre, vers 1900
Chronophotographie sur plaque fixe
sur carton, 39,2 27,7 cm
Musée Marey, Beaune

Sans titre, vers 1900
Chronophotographie sur plaque fixe
sur carton, 39,2 27,7 cm
Musée Marey, Beaune

Sans titre, vers 1900
Chronophotographie sur plaque fixe
sur carton, 39,2 27,7 cm
Musée Marey, Beaune

Sans titre, vers 1900
Chronophotographie sur plaque fixe
sur carton, 39,2 27,7 cm
Musée Marey, Beaune

Sans titre, vers 1900
Chronophotographie sur plaque fixe
sur carton, 39,2 27,7 cm
Musée Marey, Beaune

(ROBERTO ANTONIO SEBASTIAN MATTA ECHAURREN, DIT) ROBERTO MATTA

L'Interrompeur, 1958
Huile sur toile, 207 405 cm
Great Art Inc./Galerie de France, Paris
p. 105

HENRI MICHAUX

Dessin mescalinien, 1957-1958
24,5 15,5 cm
Musée de Valence

Dessin mescalinien, 1956
Encre sur papier de couleur, 32,5 25 cm
Galerie Thessa-Herold, Paris

Dessin mescalinien, 1956
Crayon de couleur sur papier, 32 23 cm
Collection particulière, Paris

Dessin mescalinien, 1956
Crayon de couleur sur papier, 32 23 cm
Collection particulière, Paris

Dessin mescalinien, 1956
Crayon de couleur sur papier, 32 23 cm
Collection particulière, Paris

Dessin mescalinien, 1956
Crayon de couleur sur papier, 32 23 cm
Collection particulière, Paris

Dessin de réagrégation, 1969
Plume de trois couleurs sur papier,
38 29 cm
Collection particulière, Paris
p. 107

Sans titre, 1956
Dessin, 32 24 cm
Caisse nationale des monuments
historiques et des sites, Paris, collection
de l'abbaye de Beaulieu, donation
Geneviève Bonnefoi

*La Forme fendue d'un être
immense*, 1958
Dessin, 26,5 18 cm
Caisse nationale des monuments
historiques et des sites, Paris, collection
de l'abbaye de Beaulieu, donation
Geneviève Bonnefoi

SEIKO MIKAMI

*Seiko Mikami World, Membrane
and the Dismembered Body*, 1997
Installation, dimensions variables
Collection NTT/
InterCommunication Center, Tokyo
p. 235

WILHELM MORGNER

Composition astrale 24, 1912
Craie sur papier, 47 62,7 cm
Westfälisches Landesmuseum für Kunst
und Kulturgeschichte, Münster
p. 53

*Composition
(Paysage rayonnant)*, 1912
Huile sur toile, 107,5 117 cm
Westfälisches Landesmuseum für Kunst
und Kulturgeschichte, Münster
p. 57

Composition astrale III, 1912
Huile et tempera sur carton, 75 100 cm
Wilhelm-Morgner-Haus, Soest
p. 55

Composition ornementale XIV, 1912
Huile et tempera sur carton, 110 123 cm
Wilhelm-Morgner-Haus, Soest
p. 51

Paysage astral VII, 1913
Fusain sur papier, 47,5 63 cm
Wilhelm-Morgner-Haus, Soest

Paysage astral II, 1913
Fusain sur papier, 50,5 70 cm
Wilhelm-Morgner-Haus, Soest

Paysage astral II, 1913
Fusain (trempé dans l'huile) sur papier,
47,5 62,8 cm
Westfälisches Landesmuseum für Kunst
und Kulturgeschichte, Münster

Paysage astral III, 1913
Fusain (trempé dans l'huile) sur papier,
47,5 62,7 cm
Westfälisches Landesmuseum für Kunst
und Kulturgeschichte, Münster
p. 58

Composition astrale III, 1913
Fusain (trempé dans l'huile) sur papier,
47,5 61 cm
Westfälisches Landesmuseum für Kunst
und Kulturgeschichte, Münster

JACOB VON NARKIEVICZ-JODKO

*Sans titre (Main électrifiée
posée sur plaque)*, vers 1896
Photographie fluidique, 13 18 cm
Société astronomique de France, fonds
Camille Flammarion, Juvisy-sur-Orge
p. 18

CLAUDE PARENT

Les Ponts urbains, 1971
Maquette, 81 29 14 cm
FRAC Centre, Orléans

Les Inclisites, projet, 1971
Maquette murale, 99,5 51 39 cm
FRAC Centre, Orléans

Les Ponts urbains, projet, 1971
Perspective, encre sur papier,
98 83,5 cm
FRAC Centre, Orléans
p. 190

La Baule, projet, 1956
Ensemble de quatre croquis,
encre sur papier, 20,5 26 cm
FRAC Centre, Orléans

La Fonction oblique, 1963-1968
Ensemble de quatre croquis, encre,
crayon sur papier, 20,5 26 cm chaque
FRAC Centre, Orléans
p. 202

La Fonction oblique, 1963-1968
Sans titre, 25 juin 1966
Ensemble de quatre croquis, encre,
crayon sur papier, 20,5 26 cm chaque
FRAC Centre, Orléans

La Fonction oblique, 1963-1968
Pulsions humaines,
le désert du midi, 25 avril 1966
Ensemble de quatre croquis, encre,
crayon sur papier, 20,5 26 cm chaque
FRAC Centre, Orléans

WALTER PICHLER

Grosser Raum (Prototyp 3), 1966
Crayon sur papier calque, 39,6 68,2 cm
Generali Foundation, Vienne

Grosser Raum (Prototyp 3), 1966
Crayon sur papier calque, 30 44,5 cm
Generali Foundation, Vienne

Grosser Raum (Prototyp 3), 1966
Crayon sur papier calque, 30 52 cm
Generali Foundation, Vienne

Kleiner Raum (Prototyp 4), 1967
Crayon sur papier, 20 15 cm
Generali Foundation, Vienne

SIGMAR POLKE

Katastrophentheorie III, 1983
Huile sur toile, 160 200 cm
Collection Fritz Storz, Stuttgart
p. 107

Katastrophentheorie IV, 1984
Huile sur toile, 160 200 cm
Collection Gernot Schauer, Vienne
p. 107

Katastrophentheorie II, 1982
Huile sur toile, 160 200 cm
Collection Gernot Schauer, Vienne

JACKSON POLLOCK

Sans titre, 1950
Émail sur papier, 28,2 150 cm
Staatsgalerie Stuttgart

MATTHEW RITCHIE

Sans titre, 2000
Émail sur cintra
Galeries Andrea Rosen, New York
et Atle Gerhardsen, Oslo

Sans titre, 2000
Dessin mural
Galeries Andrea Rosen, New York
et Atle Gerhardsen, Oslo

Sans titre, 2000
Suite de sept dessins, 44 34 cm chaque
Galeries Andrea Rosen, New York
et Atle Gerhardsen, Oslo

GUY ROTTIER

Maison de vacances
volante, 1963-1964
Maquette d'hélicoptère éch. 1/10,
polyester, plastiques, bois et composites,
60 30 45 cm,
diam. des pales installées 150 cm
FRAC Centre, Orléans

Maison évolutive escargot, 1965
Maquette, balsa, Plexiglas, 50 50 20 cm
Musée d'Art moderne et contemporain,
Nice/Dépôt FRAC Centre, Orléans

Maison en carton n° 1, 1968
Maquette carton, 50 50 20 cm
Musée d'Art moderne et contemporain,
Nice/Dépôt FRAC Centre, Orléans

Maison en carton à brûler, 1969
Maquette, carton, aluminium, fils, nylon,
50 50 20 cm
Musée d'Art moderne et contemporain,
Nice/Dépôt FRAC Centre, Orléans

Urbanisme solaire, Écopolis, 1970
Dessin, 50 65 cm
Collection de l'artiste/
Dépôt FRAC Centre, Orléans

Urbanisme solaire, Écopolis, 1970
Dessin, 50 65 cm
Collection de l'artiste/
Dépôt FRAC Centre, Orléans

Urbanisme solaire, Écopolis, 1970
Dessin, 50 65 cm
Collection de l'artiste/
Dépôt FRAC Centre, Orléans

Urbanisme solaire, Écopolis, 1970
Dessin, 50 65 cm
Collection de l'artiste/
Dépôt FRAC Centre, Orléans

IONEL SCHEIN

Cabine hôtelière mobile, 1956
Calque, 75 50 cm
FRAC Centre, Orléans

Cabine hôtelière mobile, 1956
Calque, 75 50 cm
FRAC Centre, Orléans

Cabine hôtelière mobile, 1956
Calque, 75 50 cm
FRAC Centre, Orléans
p. 194

Cabine hôtelière mobile, 1956
Maquette, plâtre moulé peint,
24 24 35 cm
FRAC Centre, Orléans

Cabine hôtelière, 1956
Maquette, plâtre moulé peint,
24 24 35 cm
FRAC Centre, Orléans

Cabine hôtelière, 1956
Maquette, plâtre moulé peint,
24 24 35 cm
FRAC Centre, Orléans

Cabine hôtelière, 1956
Maquette, plâtre moulé peint,
24 24 35 cm
FRAC Centre, Orléans

(OSCAR ALEJANDRO AGUSTIN SCHULZ SOLAR, DIT) XUL SOLAR

Puerto Azul, 1927
Aquarelle sur papier, 28 37 cm
Fundación Pan Klub/Museo Xul Solar,
Buenos Aires

Fiordo, 1943
Tempera sur papier monté sur carton,
35 50 cm
Fundación Pan Klub/
Museo Xul Solar, Buenos Aires
p. 93

Ciudad Lagui, 1939
Aquarelle sur papier, 37,5 52 cm
Fundación Pan Klub/Museo Xul Solar,
Buenos Aires

PIERRE SZEKELY

Cité spirituelle, 1962
Maquette, terre cuite teintée sur socle
en bois, 80 80 30 cm
FRAC Centre, Orléans

Bateau ivre, 1952-1953
Dessin aux encres polychromes,
58 43,5 cm
FRAC Centre, Orléans

Cité aérienne, 1964
Deux croquis, 60 30 cm
FRAC Centre, Orléans

Cité aérienne, 1964
Maquette, relief résine teintée, montée
sur dalle Plexiglas, 62 62 5 cm
FRAC Centre, Orléans

YVES TANGUY

Nid d'Amphioxus, 1936
Huile sur toile, 60 80,7 cm
Musée d'Art moderne de Grenoble

Le Palais aux rochers
de fenêtres, 1942
Huile sur toile, 163 132 cm
Centre Georges-Pompidou/
Musée national d'art moderne, Paris

L'Inspiration, 1929
Huile sur toile, 130,5 97 cm
Musée des Beaux-Arts de Rennes
p. 195

PATRICK TOSANI

Circuit n° 9, 1989
Photographie, 265 225 cm
Collection de l'artiste
p. 111

Portrait n° 2, 1984
Photographie, 130 100 cm
Collection de l'artiste

Portrait n° 14, 1985
Photographie, 130 100 cm
Collection de l'artiste

ATELIER VAN LIESHOUT

Sensory Deprivation Helmet, 1997
Polyester, matériel isolant,
60 40 50 cm
Atelier Van Lieshout, Rotterdam

Super Orgone Helmet, 1998
Polyester, matériel isolant,
90 90 90 cm
Atelier Van Lieshout, Rotterdam
p. 223

Economy Helmet, 1997
Polyester, matériel isolant,
50 40 60 cm
Atelier Van Lieshout, Rotterdam

Orgone Sleep/Dinette Skull, 1998
Polyester, bois, moquette, orgone,
175,5 362,5 166 cm
Stedelijk Van Abbemuseum, Eindhoven
p. 222

STEINA et WOODY VASULKA

Matrix I, 1970-1972
Installation vidéo
Collection des artistes, Santa Fé
p. 121

MARK WALLINGER

On the Operating Table, 1998
Installation vidéo, dimensions variables
Galerie Anthony Reynolds, Londres
p. 247

(STANISLAW IGNACY WITKIEWICZ, DIT) WITKACY

Composition, 1922
Huile sur toile, 90 114 cm
Musée national de Cracovie

«Voluptueux Emmerdeur
au travail», 1936
Dessin sur papier, 22,8 29 cm
Musée national de Cracovie

L'Œil vert, 1918
Pastel sur papier, 50 70 cm
Musée Sztuki, Lodz
p. 97

Portrait d'un inconnu, 1928
Pastel sur papier, 56,5 49,8 cm
Musée Sztuki, Lodz

Conte, 1921-1922
Huile sur toile, 74,5 151 cm
Musée national de Varsovie

Composition symbolique, 1933
Fusain sur papier, 21 32,9 cm
Musée national de Varsovie

Portrait de Michal Choromanski,
1930
Pastel sur papier, 65 51 cm
Musée Sztuki, Lodz

Portrait d'Helena Bialynicka-Birula,
1927
Pastel sur papier, 63 48 cm
Musée Sztuki, Lodz

PAUL YVON

Sans titre (Main d'un cadavre
réchauffée à trente-cinq degrés
et main vivante
posées sur la plaque), 1897-1898
Deux photographies, 18 24 cm chaque
Musée d'Histoire naturelle, Nice

Crédits
photographiques

© **ADAGP**
Paris 2000 pour les œuvres
de Victor Brauner, Max Ernst,
Paul Klee, Frantisek Kupka,
Yves Tanguy et Patrick Tosani

BEAUNE
Musée Marey
J.-C. Couval, p. 69 ; p. 71

BELVÉDÈRE
Guy Rottier, p. 191

BERN
Paul-Klee-Stiftung,
Kuntsmuseum, p. 62 ; p. 65

BUENOS AIRES
Fundación Pan Klub/
Museo Xul Solar, p. 93

COPENHAGUE
Galerie Tommy Lund, p. 204

EINDHOVEN
Stedelijk Van Abbemuseum,
P. Cox, p. 222

JUVISY-SUR-ORGE
Société astronomique
de France,
fonds Camille Flammarion,
G. Alexandre, p. 18

KAUNAS
Musée national des Beaux-Arts
M. K. Ciurlionis,
S. Andrei, p. 35, 36, 37, 38 ;
p. 82, 83, 84

LODZ
Muzeum Sztuki
M. Lukawski, P. Tomczyk,
p. 91 ; p. 97 ; p. 115 ; p. 119

LONDRES
Archives Archigram, p. 201

Galerie Anthony Reynolds, p. 247

MADRID
Museo del Prado, p. 45

MARSEILLE
Mathieu Briand, p. 232

MILAN
Massimo De Carlo, p. 207

MONTROUGE
Patrick Tosani, p. 110

MÜNSTER
Westfälisches Landesmuseum
für Kunst und Kulturgeschichte,
S. Ahlbrand-Dornseif
G. Röing, p. 53 ; p. 57

NANTES
Musée des Beaux-Arts,
A. Guillard, p. 32

NICE
Musée d'Histoire naturelle,
G. Alexandre, p. 21, 22, 23

NIIGATA
Niigata City Art Museum,
p. 67 ; p. 74

NEW YORK
Judith Barry, p. 109

Galeries Andrea Rosen, p. 109

Galerie Nicole-Klagsbrun, p. 109

ORLÉANS
FRAC Centre
P. Magnon, J. Donada, p. 187 ;
p. 189, 190 ; p. 194 ; p. 196 ;
p. 198, 199 ; p. 202 ; p. 212, 213

OSLO
Atle Gerhardsen, p. 109

PARIS
Chantal Crousel, p. 113

L. de Seille, p. 158

Photothèque
des collections du Centre
Georges-Pompidou/
Musée national d'art moderne,
J. Faujour, B. Prevost,
p. 13 ; p. 40 ; p. 42, 43 ; p. 78 ;
p. 195 ; p. 201 ; p. 214 ;
p. 218 ; p. 222

Galerie de France/Great Inc.,
p. 105

Collection Gérard Lévy,
G. Alexandre, p. 19

Centre Antoine-Béclère,
faculté de médecine,
G. Alexandre, p. 9

Fonds national d'art
contemporain, F. Kleinefenn

Musée du Louvre, département
des Arts graphiques, Réunion
des musées nationaux, p. 31

Musée Rodin, p. 107

Société française
de photographie,
G. Alexandre, p. 18

PRAGUE
Deset Stoleti Architektury,
p. 165

RENNES
Musée des Beaux-Arts
A. Beaudoin, p. 95

ROTTERDAM
Atelier Van Lieshout
D. J. Wooldrick, p. 223

NOX Architekten
Lars Spuybroek

SAINT-ÉTIENNE
Musée d'Art moderne, p. 92

SANTA FÉ
Steina et Woody Vasulka,
p. 121

SLUPSK
Musée de Poméranie centrale,
p. 100, 101 ; p. 103

SOEST
Wilhelm-Morgner-Haus,
p. 51 ; p. 59

STUTTGART
Institut für Leichte
Flächentragwerke, p. 165

Staatsgalerie, p. 125 ; p. 127 ;
p. 131, 132 ; p. 135

TOKYO
NTT/InterCommunication
Center, p. 235

VIENNE
Albertina, collection de dessins,
p. 65

Collection Gernot Schauer, p. 107

Generali Foundation
W. Kaligofski, p. 219

Österreichische Friedrich und
Lillian Kiesler-Privatstiftung,
p. 44 ; p. 136 ; p. 139, 140, 141,
142, 143 ; p. 145 ; p. 147 ; p. 149

Bibliographie sélective

ATLAN Henri
Entre le cristal et la fumée.
Essai sur l'organisation du vivant
Éditions Pont/Éditions du Seuil,
Paris, 1986.

BERGSON Henri
L'Évolution créatrice
Quadrige/Presses Universitaires
de France, Paris, 1986.

BIOY CASARES Adolfo
L'Invention de Morel
Robert Laffont, Paris, 1952.

BLOCH Ernst
Le Principe espérance
Gallimard, Paris, 1982.

BRETON André
Les Manifestes du surréalisme,
suivi de *Prolégomènes*
à un troisième manifeste
du surréalisme ou non
Éditions du Sagittaire, Paris, 1947.

BUCI-GLUCKSMANN Christine
La Folie du voir.
De l'esthétique baroque
Galilée, Paris, 1986.

La Raison baroque.
De Baudelaire à Benjamin
Galilée, Paris, 1986.

CLOTTES Jean,
LEWIS-WILLIAMS David
Les Chamanes de la Préhistoire.
Transe et magie
dans les grottes ornées
Éditions du Seuil, Paris, 1996.

DELEUZE Gilles
Le Pli. Leibniz et le Baroque
Les Éditions de Minuit, Paris, 1988.

DELEUZE Gilles,
GUATTARI Félix
Capitalisme et schizophrénie.
Mille Plateaux
Les Éditions de Minuit, Paris, 1980.

FAUCHEREAU Serge
(sous la direction de)
Ciurlionis, par exemple
Diagraphe, Paris, été 1996, n° 77.

GUATTARI Félix
Chaosmose
Galilée, Paris, 1992.

HUXLEY Aldous
Les Portes de la perception
10/18, Paris, 1977.

IRIGARAY Luce
Ce sexe qui n'en est pas un
Les Éditions de Minuit, Paris, 1977.

JEANNEROD Marc
Le Cerveau-Machine.
Physiologie de la volonté
Diderot Éditeur, Paris, 1998.

KIESLER Frederick
Inside the Endless House
Simon et Schuster,
New York, 1966.

«Manifeste du Corréalisme»,
L'Architecture d'aujourd'hui
Paris, 1949.

KLEE Paul
Histoire naturelle infinie
Dessain et Tolra, Paris, 1977.

Journal
Grasset, Paris, 1959.

La Pensée créatrice
Dessain et Tolra, Paris, 1980.

Théorie de l'art moderne
Gonthier, Paris, 1969.

KUPKA Frantisek
La Création dans les arts plastiques
Éditions Cercle d'art, Paris, 1989.

LACAN Jacques
Le Séminaire. Livre XX. Encore
Éditions du Seuil, Paris, 1975.

LACOUE-LABARTHE Philippe,
NANCY Jean-Luc
L'Absolu littéraire.
Théorie de la littérature
et du romantisme allemand
Éditions du Seuil, Paris, 1978.

LYNN Greg
Animate Form,
Princeton Architecture Press,
New York, 1998.

LYOTARD Jean-François
Discours, Figure
Éditions Klincksiek, Paris, 1985.

MACH Ernst
L'Analyse des sensations.
Le rapport du physique
au psychique
Éditions Jacqueline Chambon,
Nîmes, 1996.

McLUHAN Marshall
«Pour comprendre les médias»,
Les Prolongements technologiques
de l'homme
Mame/Éditions du Seuil, Paris, 1977.

MERLEAU-PONTY Maurice
L'Œil et l'esprit
Gallimard, Paris, 1964.

Phénoménologie de la perception
Gallimard, Paris, 1976.

MICHAUX Henri
Connaissance par les gouffres
Gallimard, Paris, 1967.

L'Infini turbulent
Paris, Mercure de France, Paris, 1964.

Misérable Miracle
Gallimard, Paris, 1990.

MORIN Edgar,
LE MOIGNE Jean-Louis
L'Intelligence de la complexité
Harmattan, Paris, 1999.

PRYGOGINE Ilya
La Fin des certitudes.
Temps, chaos et les lois de la nature
Éditions Odile Jacob, Paris, 1996-1998.

PRYGOGINE Ilya,
STENGERS Isabelle
La Nouvelle Alliance.
Métamorphose de la science
Gallimard, Paris, 1979,
éd. augmentée 1986.

SERRES Michel
La Naissance de la physique
dans le texte de Lucrèce.
Fleuves et turbulences
Les Éditions de Minuit, Paris, 1977.

STENGERS Isabelle
Cosmopolitiques
Éditions La Découverte/Les empêcheurs
de penser en rond, Paris.

La Guerre des sciences
Éditions La Découverte/Les empêcheurs
de penser en rond, Paris, 1996.

L'Invention de la mécanique:
pouvoir et raison
Éditions La Découverte/Les empêcheurs
de penser en rond, Paris, 1996.

Au nom de la flèche du temps:
le défi de Prygogine
Éditions Là Découverte/Les empêcheurs
de penser en rond, Paris, 1997.

La Vie et l'artifice:
visages de l'émergence
Éditions La Découverte/Les empêcheurs
de penser en rond, Paris, 1997.

Mécanique quantique:
la fin du rêve
Éditions La Découverte/Les empêcheurs
de penser en rond, Paris, 1997.

Pour en finir avec la tolérance
Éditions La Découverte/Les empêcheurs
de penser en rond, Paris, 1997.

Thermodynamique:
la réalité physique en crise
Éditions La Découverte/Les empêcheurs
de penser en rond, Paris, 1997.

THOM René
Logos et théorie des catastrophes/
Colloque de Cérisy à partir
de l'œuvre de René Thom
Patino, Genève, 1989.

Modèles mathématiques
de la morphogenèse
Christian Bourgois, Paris, 1981.

Paraboles et catastrophes.
Entretiens sur les mathématiques,
la science et la philosophie
Flammarion, Paris, 1989.

THOMPSON D'Arcy
Forme et croissance
édition établie et présentée
par John Tyler Bonner,
préface de Stephen Jay Gould,
avant-propos d'Alain Prochiantz
Éditions du Seuil/
Éditions du CNRS, Paris, 1994.

VARELA Francisco J.
Invitation aux sciences cognitives
Éditions du Seuil, Paris, 1996.

VARELA Francisco J.,
THOMPSON Evan,
ROSCH Eleanor
L'Inscription corporelle de l'esprit.
Sciences cognitives et expérience
humaine
Éditions du Seuil, Paris, 1993.

VIRILIO Paul
La Machine de vision
Galilée, Paris, 1988.

Postface

Claude ALLEMAND-COSNEAU
Conservateur en chef

L'exposition «Vision Machine» est pour le musée des Beaux-Arts de Nantes une aventure inédite dont personne n'imaginait l'issue il y a deux ans. Elle vaut autant par ce qu'elle est maintenant que par son processus d'élaboration. L'histoire commence peut-être au moment où, il y a des années, Jean de Loisy formulait avec nous le projet utopique d'expositions thématiques dans les grandes villes d'Europe, pour lequel Nantes se serait attachée «aux singularités et à l'imaginaire». Devenu responsable de la programmation pour la Mission 2000, présidée par Jean-Jacques Aillagon, Jean de Loisy a tout naturellement soutenu le projet sur la thématique «Jules Verne, les mondes inventés», proposé pour les musées à l'initiative de Jean-Louis Bonnin, directeur général de la Délégation au développement culturel de la Ville. L'ensemble des musées municipaux fut associé par Jean Aubert, alors directeur des musées, à cette réflexion pluridisciplinaire dont Jules Verne et la fiction scientifique formèrent le premier fil directeur.

Pour fédérer l'ensemble, Arielle Pélenc, chargée de l'art contemporain au musée, proposa de faire appel à Serge Fauchereau connu pour son érudition, sa curiosité pour des artistes singuliers et sa passion pour Jules Verne et la bande dessinée de science-fiction. Il venait précisément de publier un petit ouvrage sur un artiste lituanien méconnu du début du siècle, Ciurlionis, dans lequel il faisait référence à Jules Verne et à Camille Flammarion. La bibliothèque municipale et le musée Jules Verne s'associèrent naturellement au projet.

Pour le musée des Beaux-Arts, Serge Fauchereau nous a permis de découvrir, outre Ciurlionis, de nombreux artistes du début du XXe siècle, peu connus en France, parmi lesquels nous avons retenu l'Allemand Morgner, l'Argentin Xul Solar et les Polonais Witkacy et Karol Hiller.

Construit initialement à partir d'un corpus de peintures et dessins de la première moitié du XXe siècle et d'œuvres d'artistes contemporains venus d'Europe, des États-Unis ou du Japon, le projet s'est ouvert à d'autres disciplines, grâce aux intuitions d'Arielle Pélenc : la photographie fluidique de la fin du XIXe siècle réunie en un ensemble inédit par Clément Chéroux et l'architecture visionnaire du XXe siècle dont le FRAC Centre conserve un ensemble remarquable, que Marie-Ange Brayer a bien voulu mettre à notre disposition. C'est à Orléans, dans l'exposition «Archilab» organisée précisément par le FRAC Centre et Frédéric Migayrou, qu'Arielle Pélenc a rencontré Lars Spuybroek de l'agence NOX (Rotterdam), dont la conception de l'architecture nous a semblé en totale adéquation avec le propos de l'exposition.

Tous les acteurs principaux étant en scène, le texte, les contours de l'exposition se sont précisés avec une sorte d'énergie foisonnante, qui s'est nourrie de neurobiologie, de sciences physiques, de littérature, de théorie du chaos, de philosophie... L'architecture de Lars Spuybroek, dans sa remise en cause radicale de nos habitudes muséales, a bousculé toutes les traditions et sans l'adhésion et le savoir-faire de l'équipe de l'Atelier municipal, nous en serions restés à une architecture de papier.

Chacun des auteurs du catalogue, spécialiste d'histoire de l'art, de l'architecture ou philosophe a apporté, au-delà de sa contribution, un soutien complice au projet. Nicolas Neumann des éditions Somogy a accepté notre souhait de faire appel à Pierre di Sciullo, qui a mis en œuvre pour nous une police de caractère de son invention, le «Durmou», répondant ainsi jusqu'au dernier détail à l'objectif novateur de notre propos.

On l'aura compris, «Vision Machine» est une aventure collective rare, qui n'a pu aboutir que grâce aux conditions exceptionnelles dont nous avons bénéficié avec le concours de la Mission 2000 et à l'engagement total des équipes du musée et de la direction des musées de Nantes, renforcées de nombreux concours.

Que tous trouvent ici l'expression de notre profonde gratitude.

Souhaitons que cette expérience, qui ne peut laisser personne indifférent, nous invite à imaginer différemment le musée du XXIe siècle. ✺

Ce catalogue a été publié à l'occasion de l'exposition
« Vision Machine » au musée des Beaux-Arts de Nantes,
du 13 mai au 10 septembre 2000.

Cette exposition placée sous le patronage de Jean-Marc
Ayrault, député-maire de Nantes, de Yannick Guin,
adjoint au maire chargé de la culture, a été réalisée
dans le cadre des expositions «Jules Verne, les mondes
inventés», sous la direction de Jean-Louis Bonnin,
directeur général de la Délégation au développement
culturel.

Comité scientifique des expositions
présidé par Serge Fauchereau

Elle a été financée par la Ville de Nantes, avec le concours
de la Mission 2000 en France et du ministère de la
Culture, direction régionale des Affaires culturelles
des Pays de la Loire.

ORGANISATION

Conservateur en chef du patrimoine
Claude Allemand-Cosneau

Commissaire de l'exposition
Arielle Pélenc
Chargée de l'art contemporain
Assistante scientifique
Judith Quentel
Assistants
Céline Bertron
Michel Gerson
Éva Prouteau

Administration
Yves Papin
Assisté de
Marie-Claude Mornon
et de Monique Leray
Secrétariat
Corinne Neau
Chrystel Ottenhof
Documentation
Anne Lassaux
Martine Robert

Action culturelle et communication
Dominique David
Assistée de
Véronique Triger
Pierre Grouhel
et Anttar Tehami

Service pédagogique et visites-conférences
Vincent Rousseau, conservateur
Christophe Cesbron
Rosemarie Martin
Assistés de
Maud Augeard

Site internet
www.mondesinventes.com

ARCHITECTURE

Architecte
Lars Spuybroek
Agence NOX, Rotterdam
Assisté de
Joan Almekinders, Dominik Holzer, Wolfgang Novak,
Sven Pfeiffer et Remco Wilke

Suivi de réalisation
Xavier Fouquet, architecte
Sylvain Gasté, architecte
Assistance et conseil
Sylvie Jullien, architecte de la Ville
Mise en œuvre par
l'Atelier municipal, sous la direction
de Jean-Yves Tougeron
Coordination de la réalisation sous la direction de
Christophe Lucas
et de Joël Rapiteau
Construction
Denis Avril, Dominique Beillard, Jean-Claude Bessin,
Philippe Bourgault, Henri Chardron, Paul Drouet,
Philippe Duval, Michel Giraud, Lionel Macé,
Christian Maillard, Laurent Peleau, François Petitjean,
Dominique Pyram, Guy Richard, Sylvain Robert,
Jean-Claude Sauvaget, Tom Tutsell,
Paul Vallée, Loïc Viaud
et toute l'équipe des transports

Équipe technique du musée des Beaux-Arts
sous la direction de
Gérard Gauthey
Assisté d'Éric Belard du Planty, Cyrille Besnard,
Gilles Blangis, Jean-Paul Briand, Gérard Bureau,
Michel Écoffet, Rémi Folliot, Thierry Le Dinahet,
Hubert Maura, Antal Szabo
et toute l'équipe de surveillance

CATALOGUE

Catalogue réalisé sous la direction d'Arielle Pélenc

Conception graphique et maquette
Pierre di Sciullo
Assisté de Stéphane Robert
Caractère « Durmou » © Pierre di Sciullo 2000
Traducteurs
Katarzyna Bilicka
Jean-Marc Billaud
Bénédicte Delay
Christine Lecerf-Héliot
Sophie Mayoux
Valérie Morlot

L'ouvrage a été réalisé par les éditions d'art Somogy
Coordination
Michaële Lienart
Suivi éditorial
Florence Jakubowicz
Fabrication
François Gautier

© Somogy éditions d'art, Paris, 2000
© Musée des Beaux-Arts de Nantes, 2000
ISBN 2-85056-390-0
Imprimé en Italie (Communauté européenne)
Dépôt légal : mai 2000